サービス・ビジネス特論

岸川 善光 〔編著〕
KISHIKAWA Zenko

朴 慶心 〔編著補〕
PARK Kyeong Sim

学文社

執　筆　者＜横浜市立大学大学院　特論タスクフォース＞
岸川善光　横浜市立大学大学院国際マネジメント研究科教授（第1章）
中野皓太　帝国データバンク（第2・3・4章）
山下誠矢　横浜市立大学大学院国際マネジメント研究科（第5章）
長村知幸　横浜市立大学大学院国際マネジメント研究科（第6章）
朴　慶心　横浜市立大学大学院国際マネジメント研究科（第7・8・9・10章）

執筆協力者＜横浜市立大学国際総合科学部　岸川ゼミ＞
摩庭光紗（第1章）／橋本勇亮＝河合敦子（第2章）／持田静香（第3章）／高橋竜馬＝服部直紀（第4章）／小林由香利（第5章）／岡本遥夏（第6章）／山崎清香（第7章）／安永倫子（第8章）／中村祐太（第9章）／大嶋大＝斉藤友哉（第10章）

── ◆ はじめに ◆ ──

　21世紀初頭の現在，企業を取り巻く環境は，高度情報社会の進展，地球環境問題の深刻化，グローバル化の進展など，歴史上でも稀な激変期に遭遇している。環境の激変に伴って，ビジネスもマネジメント（経営管理）も激変していることはいうまでもない。
　本書は，このような環境の激変に対応するために企画された「特論シリーズ」の第4巻として刊行される。ちなみに，「特論シリーズ」のテーマとして，エコビジネス，アグリビジネス，コンテンツビジネス，サービス・ビジネス，スポーツビジネスの5つを選択した。選択した理由は，従来のビジネス論，マネジメント（経営管理）理論では，この5つのテーマについて，うまく説明することができないと思われるからである。これら5つのテーマには，①無形財の重視，②今後の成長ビジネス，③社会性の追求など，いくつかの共通項がある。
　本書で取り上げるサービス・ビジネスは，近年，GDP全体に占める割合が約7割（広義）に達しており，今後もわが国の経済活動を支える重要な産業・ビジネスとして期待されている。しかしながら，非貯蔵性，同時性（一過性），不可逆性，無形性，認識の困難性など，サービスの特性に起因して，今までサービス・ビジネスについて科学的・体系的な考察が十分になされてきたとは言い難い。本書では，サービス・ビジネスについて，様々な視点から考察する。
　本書は，大学（経営学部，商学部，経済学部，工学部等）における「サービス・ビジネス論」，「サービス産業論」等，大学院における「サービス・ビジネス特論」，「サービス産業特論」等の教科書・参考書として活用されることを意図している。また，サービス・ビジネスに関係のある実務家が，自らの実務を体系的に整理する際の自己啓発書として活用されることも十分に考慮されている。
　本書は，3つの特徴をもっている。第一の特徴は，サービス・ビジネス論，サービス産業論などの関連分野における内外の先行研究をほぼ網羅して，論点のもれを極力防止したことである。そして，体系的な総論（第1章～第3章）に基づいて，サービス・ビジネスの各論（第4章～第9章）として重要なテーマを6つ選定した。第10章は，まだ独立した章のテーマにはなりにくいものの，それに次ぐ重要なテーマを5つ選択し，今日的課題としてまとめた。これらの総論，各論について，各章10枚，合計100枚の図表を用いて，視覚イメージを重視しつつ，文章による説明と併せて理解するという立体的な記述スタイルを

採用した。記述内容は基本項目に絞り込んだため，応用項目・発展項目についてさらに研究したい人は，巻末の詳細な参考文献を参照して頂きたい。

第二の特徴は，サービス・ビジネスに関する「理論と実践の融合」を目指して，理論については顧客満足，主観の客観化，無形の有形化などの先端的な研究成果を常に意識しつつ考察し，実践についてはサービス・ビジネスに関する現実的な動向に常に言及するなど，類書と比較して明確な特徴を有している。また，「理論と実践の融合」を目指して，各論（第4章～第9章）の第5節において，簡潔なケーススタディを行った。理論がどのように実践に応用されるのか，逆に，実践から理論がどのように産出されるのか，ケーススタディによって，融合の瞬間をあるいは体感できるかも知れない。

第三の特徴は，サービス・ビジネスについて，伝統的なビジネス論，マネジメント（経営管理）論に加えて，①無形財の重視にいかに対応するか，②今後の成長ビジネスとしていかに具現化するか，③社会性の追求が本当に利益を生むかなど，現実のソリューション（問題解決）について言及したことである。今後のビジネス論，マネジメント（経営管理）論は，ソリューション（問題解決）にいかに貢献するかが第一義になるべきである。よい理論とは，ソリューション（問題解決）においてパワフルでなければならない。そのためには，今後サービス・ビジネス論の幅と深さがより求められるであろう。

上述した3つの特徴は，実は編著者のキャリアに起因する。編著者はシンクタンク（日本総合研究所等）において，四半世紀にわたる経営コンサルタント活動の一環として，サービス・ビジネスに関連するソリューションの支援に数多く従事してきた。その後，大学および大学院でサービス・ビジネスに関する授業や討議の場を経験する中で，理論と実践のバランスのとれた教科書・参考書の必要性を痛感したのが本書を刊行する動機となった。

本書は，横浜市立大学大学院の特論タスクフォースのメンバーによる毎週の討議から生まれた。より正確にいえば，特論タスクフォースのメンバーによる毎週の討議の前に，学部ゼミ生（執筆協力者）による300冊を超える先行文献の要約，ケースの収集，草稿の作成という作業があり，これら全員の協働によって本書は生まれた。協働メンバーにこの場を借りて感謝したい。

最後に，学文社田中千津子社長には，「特論シリーズ」の構想・企画段階から参加してくださり，多大なご尽力を頂いた。「最初の読者」でもあるプロの編集スタッフのコメントは，執筆メンバーにとって極めて有益であった。記して格段の謝意を表したい。

2010年12月

岸川　善光

── ◆ 目　　次 ◆ ──

【第1章】 サービス・ビジネスの意義　　　　　　　　　1

第1節　サービスとは …………………………………………2
① サービスの定義　2
② サービスの特性　3
③ サービスの分類　4

第2節　経済のサービス化 ……………………………………6
① サービス化の背景　6
② サービス化の進展　8
③ サービス化の要因　9

第3節　サービス産業の構造 …………………………………11
① サービス産業の分類　11
② サービス産業の成長要因　13
③ サービス産業の今後の役割　14

第4節　経済活動におけるサービス・ビジネスの位置づけ …………16
① GDPにおけるサービス・ビジネスの位置づけ　16
② 雇用・就業構造におけるサービス・ビジネスの位置づけ　17
③ 家計消費におけるサービス・ビジネスの位置づけ　19

第5節　サービス・ビジネスの定義 …………………………21
① ビジネスの定義　21
② 本書におけるサービス・ビジネスの定義　22
③ 顧客の創造と維持　23

【第2章】 サービス・ビジネス論の生成と発展　27

第1節　サービス・ビジネス論と産業組織論　28
　① サービスと産業組織論　28
　② ペティ＝クラークの法則　29
　③ サービスと市場構造　30

第2節　サービス・ビジネス論とマーケティング論　32
　① サービスとマーケティング論　32
　② マーケティング・ミックスの変化　33
　③ 品質と分類　35

第3節　サービス・ビジネス論と経営戦略論　37
　① サービスと経営戦略論　37
　② 経営戦略の構成要素とサービス　38
　③ サービスと戦略的課題　40

第4節　サービス・ビジネス論と情報経済論　41
　① サービスと情報経済論　41
　② 情報化社会からサービス化社会へ　43
　③ 情報化による問題点とその対策　44

第5節　サービス・ビジネス論とイノベーション論　45
　① サービスとイノベーション論　45
　② サービス産業と生産性　47
　③ サービス・イノベーション　49

【第3章】 サービス・ビジネスの体系　53

第1節　サービスの中心概念 …………………………………54
① サービスの生産性　54
② サービスの品質　55
③ サービス・プロダクト　56

第2節　サービス・ビジネスの枠組み ……………………58
① サービス・ビジネスの特性　58
② サービス・ビジネスの構成要素　60
③ サービス・ビジネスの役割　62

第3節　サービス・コンセプトの策定と実行 ……………63
① サービス・コンセプトの重要性　63
② サービス・コンセプトの策定　64
③ サービス・コンセプトの実行　66

第4節　サービス・ビジネスの経営資源 …………………67
① 経営資源の意義　67
② サービス・ビジネスにおける人的資源　69
③ サービス・ビジネスにおける情報的資源　70

第5節　サービス・ビジネスの拡大 ………………………72
① 学際化　72
② 業際化　73
③ 国際化　75

【第4章】 サービス・ビジネスにおける経営戦略　79

第1節　ドメインの重要性 ················80
① ドメインの再定義　80
② ビジネス・モデルの再構築　81
③ 戦略の転換　82

第2節　サービス・ビジネスにおけるビジネス・システムの重要性 ······84
① 顧客満足を起点としたビジネス・システムの構築　84
② 戦略的なビジネス・システムの構築　85
③ ビジネス・システムの構築に向けた課題　87

第3節　サービス・ビジネスにおける基本戦略 ················89
① サービスの工業化　89
② 需給バランスの調整　90
③ サービス・マネジメントの確立　91

第4節　サービス・ビジネスにおける競争優位の構築 ············93
① 企業と環境の分析　93
② 競争力の源泉とその構築　95
③ サービス・ビジネスにおける競争力の活用　96

第5節　IBMのケーススタディ ················98
① ケース　98
② 問題点　99
③ 課題　100

【第5章】 サービス・マーケティング　105

第1節　ホスピタリティ　106
① サービスとホスピタリティの違い　106
② ホスピタリティの構成要素と横断的機能　107
③ ホスピタリティの活用と課題　109

第2節　顧客維持とサービス・マーケティング　110
① リレーションシップ　110
② 情報とマーケティング　111
③ サービス・マーケティングの今日的課題　113

第3節　STP戦略とプライシング　114
① セグメンテーションとターゲティングの実施　115
② ポジショニングの策定　116
③ プライシング　117

第4節　広告とプロモーション　119
① イメージ戦略　119
② プロモーションの効果と測定　121
③ 広告効果　122

第5節　リッツ・カールトン・ホテルのケーススタディ　124
① ケース　124
② 問題点　126
③ 課題　127

【第6章】 顧客価値の創造　　131

第1節　顧客価値　………………………………………132
① 顧客価値とは　132
② 顧客の選択と集中　134
③ サービス・プロフィット・チェーン　135

第2節　顧客満足　………………………………………137
① 顧客満足とは　137
② 顧客ロイヤルティとの関係　139
③ ロイヤルカスタマーの育成　140

第3節　クレーム対応　…………………………………142
① クレーム対応の重要性　142
② 適切なクレーム対応　143
③ サービス保証　145

第4節　顧客接点のマネジメント　……………………147
① 真実の瞬間　147
② 顧客維持と収益性　148
③ リレーションシップの構築　150

第5節　スカンジナビア航空のケーススタディ　………151
① ケース　151
② 問題点　152
③ 課題　154

【第7章】 サービス・ビジネスにおける組織マネジメント　157

第1節　サービス組織に求められる人的資源 …………………… 158
① コンピテンシー　158
② 協調と学習　160
③ エンパワーメント　161

第2節　サービス・ビジネスにおける従業員の役割と従業員満足 …… 163
① 従業員の役割　163
② 従業員のストレスと従業員満足　165
③ 従業員満足の要素　166

第3節　サービス・ビジネスにおけるプロセス管理 ……………… 168
① サービス・プロセスの概要　168
② サービス・プロセスの要素と流れ　169
③ サービス・プロセス・イノベーション　171

第4節　サービス・ビジネスにおける組織管理 ………………… 173
① 組織構造・組織文化　173
② リーダーシップ　174
③ 学習する組織　175

第5節　タコベルのケーススタディ ……………………………… 177
① ケース　177
② 問題点　179
③ 課題　179

【第8章】 サービス・ビジネスを取り巻く環境　183

第1節　サービス・ビジネスの環境 …………………………184
- ①　サービス・ビジネスの環境要因　184
- ②　サービス・ビジネスの環境変化　186
- ③　サービス・ビジネスの環境対応　188

第2節　各産業におけるサービス・ビジネス化 …………189
- ①　第一次産業における環境変化　189
- ②　第二次産業における環境変化　191
- ③　第三次産業における環境変化　192

第3節　国・地域別のサービス・ビジネス化 ……………194
- ①　先進国におけるサービス・ビジネス　194
- ②　中進工業国におけるサービス・ビジネス　196
- ③　開発途上国におけるサービス・ビジネス　197

第4節　価値の創出・提供 …………………………………199
- ①　融　　合　199
- ②　統　　合　201
- ③　スピード　202

第5節　GEのケーススタディ ……………………………203
- ①　ケ　ー　ス　203
- ②　問　題　点　204
- ③　課　　題　205

【第9章】 サービス・ビジネスのイノベーションと情報化 209

第1節 サービス・イノベーション・マネジメント ……………210
① サービス・イノベーションの概要　210
② サービス・イノベーションによる生産性向上　212
③ サービス・イノベーションによる新価値創出　213

第2節 サービス・イノベーションの構図 ……………214
① サービス・イノベーション・プロセスに関する先行研究　214
② 本書におけるイノベーション・プロセス・モデル　216
③ プロセス・モデルと知識資産　218

第3節 サービス・イノベーションの課題 ……………220
① サービス・ビジネスにおけるイノベーションの事例　220
② 日本におけるサービス・イノベーション　222
③ 新価値創造　223

第4節 サービス・ビジネスにおける情報資産 ……………225
① eビジネスにおける価値連鎖　225
② eビジネスにおける情報資産　226
③ サービス・ビジネスにおけるeビジネスの進展　228

第5節 クロネコヤマト宅急便のケーススタディ ……………229
① ケ　ー　ス　229
② 問　題　点　230
③ 課　　題　232

【第10章】 サービス・ビジネス論の今日的課題　235

第1節　価値観の多様化と消費者行動 ……………………………236
① 近年のライフスタイルと消費者行動　236
② ライフスタイルの変化とサービス・ビジネス　237
③ 今後の課題　239

第2節　サービス・ビジネスの拡大 …………………………………240
① サービス・ビジネスの広がり　240
② 戦略的提携　241
③ 今後の課題　243

第3節　サービス・ビジネスの国際化 ………………………………245
① サービス・ビジネスの国際化の阻害要因　245
② わが国におけるサービス・ビジネスの海外展開　247
③ 今後の課題　249

第4節　サービス・ビジネスにおける原価管理 ……………………250
① 製造業とサービス産業におけるコスト構成要素の比較　250
② サービス財の原価管理　251
③ 今後の課題　253

第5節　サービス・ビジネスの方向性 ………………………………254
① サービス・ビジネスの今後の発展　255
② サービス・ビジネスにおける社会的責任　256
③ 今後の課題　257

◆ 図表目次 ◆

図表1-1　サービス財の特質　4
図表1-2　サービスの分類　5
図表1-3　モノとサービスのスペクトル　9
図表1-4　サービス経済の変化を促す要素　10
図表1-5　日本標準産業分類第12回改定第三次産業の大分類項目　12
図表1-6　産業大分類別事業所の新設率・廃業率（民営，平成18年）　15
図表1-7　経済活動別国内総生産の推移　17
図表1-8　先進諸国の雇用に占める製造業およびサービス産業の割合の推移　18
図表1-9　ビジネスの6要素　21
図表1-10　転換期の企業形態　24

図表2-1　産業組織分析の基本枠組み　28
図表2-2　サービス産業の問題点　31
図表2-3　4Pと4Cの比較　34
図表2-4　商品類型別評価の連続体　36
図表2-5　経営戦略の構成要素　39
図表2-6　サービス財の特質と基本戦略　41
図表2-7　社会発展段階の比較　42
図表2-8　産業構造の転換　43
図表2-9　サービス・イノベーションの3つの方向性　48
図表2-10　イノベーションと生産性向上に向けた具体的取組み　49

図表3-1　サービス品質に関する7種類のギャップ　56
図表3-2　トヨタのレクサスにおけるサービス・プロダクト　57
図表3-3　サービス・ビジネスの特性とその影響　59
図表3-4　価値連鎖の基本形　61

図表3-5	サービス・コンセプトとサービス提供システム 64
図表3-6	サービス提供のフローチャート 66
図表3-7	経営資源の分類 68
図表3-8	成功サイクル 70
図表3-9	サービス・ビジネス論の位置づけ 73
図表3-10	サービス取引の4つのモード 76

図表4-1	ビジネス・モデルの要素と隠れた資産との対応 82
図表4-2	旭山動物園による経営戦略の刷新 83
図表4-3	テーマ・パーク会社・レジャーパーク会社のレジャー・サービス製品の流通チャネル 86
図表4-4	ユビキタス・ネットワーク社会に向けた取組みと市場規模 88
図表4-5	供給能力に対する需要の変動 91
図表4-6	サービス業で成功し続けるための要因 93
図表4-7	5つの競争要因モデル 94
図表4-8	持続可能な競争優位 97
図表4-9	IBMが抱えた問題点と課題のフローチャート 99
図表4-10	ドメインの再定義の例とドメインのマス化・ファイン化マトリックス 101

図表5-1	サービスとホスピタリティの異同点 107
図表5-2	ホスピタリティの構成要素 108
図表5-3	バイラル・マーケティングの実行に向けた4つの原則 112
図表5-4	サービス・マーケティングの経営課題 114
図表5-5	ターゲット市場選定における3つのオプション 116
図表5-6	価格マネジメントの全体像 118
図表5-7	企業イメージの形成要因 120
図表5-8	プロモーションの効果測定の枠組み 122
図表5-9	リッツ・カールトンの特徴 125

図表目次

| 図表5-10 | リッツ・カールトンの問題点と課題 | 127 |

図表6-1	顧客価値ヒエラルキー	133
図表6-2	サービス・プロフィット・チェーン	136
図表6-3	顧客満足と顧客ロイヤルティの関係	140
図表6-4	顧客ロイヤルティのはしご	141
図表6-5	クレーム対応システムの3本柱	144
図表6-6	各種のサービス保証	146
図表6-7	水漏れするバケツ理論	149
図表6-8	顧客リレーションシップ	151
図表6-9	SASにおける問題点と改善策	153
図表6-10	SASにおける課題とイノベーション	155

図表7-1	クインテッセンスの成果・能力管理モデル	159
図表7-2	エンパワーメントのピラミッド	162
図表7-3	サービス・トライアングル	166
図表7-4	ミクロの循環	167
図表7-5	プロセス方法論の概要	169
図表7-6	プロセス・イノベーションのアプローチの概略	172
図表7-7	顧客満足追求型ピラミッド組織	174
図表7-8	学習する組織の4レベルでの学習の要約	176
図表7-9	タコベルの組織システム	178
図表7-10	タコベルのサービス・マネジメント・イノベーション	180

図表8-1	サービス・ビジネスの環境要因	184
図表8-2	サービス・ビジネスの環境変化	187
図表8-3	産業別就業者数の推移	190
図表8-4	製造業からサービス企業への移行	191
図表8-5	サービス産業の割合	193

図表8-6	スマイル・カーブのイメージ（パソコン業界）	195
図表8-7	総合顧客価値　200	
図表8-8	スピード・サービス・ビジネス　203	
図表8-9	GEにおけるサービス事業の5つの発展段階　204	
図表8-10	GEキャピタル　206	

図表9-1	サービス業の特性とイノベーション　211	
図表9-2	サービス・サイエンスの解決課題　213	
図表9-3	イノベーションの連鎖モデル　216	
図表9-4	知識創造のSECIモデル　219	
図表9-5	Web2.0の時代のサービス・イノベーション　221	
図表9-6	サービス産業の問題構図　223	
図表9-7	バリュー・デリバリー・システム　226	
図表9-8	ネットプレイスとeサービスの進化　229	
図表9-9	継続的なサービス・イノベーション　231	
図表9-10	サービス・マネジメント・イノベーションへの取組み　232	

図表10-1	ライフスタイルと消費者行動　237	
図表10-2	日本人の4つの消費スタイル　238	
図表10-3	類型的サービス・ビジネスの階層構造的分析　242	
図表10-4	サービス各社の提携状況と効用　244	
図表10-5	製造業とサービス産業の労働生産性上昇率の各国比率（1995～2003年）　246	
図表10-6	各国の小売業における海外売上高比率　248	
図表10-7	製造業とサービス産業のコスト負担の構成イメージ　251	
図表10-8	原価管理　252	
図表10-9	今後サービス・ビジネスの発展分野　255	
図表10-10	経済の相違点と価値成長の進化　258	

第1章
サービス・ビジネスの意義

　わが国のサービス産業（広義）は，すでに日本経済の約7割（GDP・雇用ベース）を占めている。今後もわが国の経済活動を支える中核産業として期待されている。

　また，消費者のライフスタイルや人口動態などのさらなる変化に伴い，サービス・ビジネスを取り巻く環境は，いまも激変している。

　そこで本章では，サービス・ビジネスの意義を体系的に理解するため，第一に，サービスの定義と特性，さらに分類について考察する。特に，サービスの基本的特性として，非貯蔵性・無形性・同時性などがあることに着目する。

　第二に，経済のサービス化について考察する。まず，経済活動において，サービス化に至った背景とその要因を探る。次に，サービス化に伴い，モノとサービスを組み合わせることの重要性について理解する。

　第三に，サービス産業の構造変化について考察する。まず，サービス産業にはどのような分野があるのかについて，時系列的に理解する。次に，サービス産業の成長要因と発展に向けた課題について理解を深める。

　第四に，経済活動におけるサービス・ビジネスの位置づけについて考察する。特に，GDP比，雇用・就業構造，家計消費といった観点から，サービス・ビジネスの存在感が増大していることを理解する。

　第五に，サービス・ビジネスの定義について考察する。まず，ビジネスの定義について理解を深めた後，本書におけるサービス・ビジネスの定義を導出する。次に，定義を踏まえた上で，サービス・ビジネスを実施する際の重要概念である「顧客の創造と維持」について考察する。

第1節　サービスとは

❶　サービスの定義

　サービス・ビジネスについて理解するためには，まずサービスとは何かを知り，その特徴や本質を明確化することが不可欠である。
　従来，サービスは多様性を有するので，一義的に定義することは困難とされてきた。そこでまず，サービスの定義に関する先行研究の中からいくつかを選択し，サービスの本質について理解を深めることにする。
　野村清[1983]は，サービスを「利用可能な諸資源が有用な機能を果たすその働き」と定義し[1]，行為概念やプロセスに着目している。
　高橋秀雄[1998]は，サービスを「顧客の欲求を満足させるためになされる無形の活動である」と述べ[2]，特に価値の無形性に着目している。
　ラブロック＝ライト（Lovelock, C. = Wright, L.）[1999]は，サービスを「一方から他方へと提供される行為やパフォーマンスであり，パフォーマンスそのものは本質的に無形である。また，特定の時・場所において価値を創造し，顧客にベネフィットを与える経済活動であり，サービスの受け手に対し――あるいは受け手に成り代わり――望ましい変化をもたらすことによって実現される」と述べている[3]。
　ローイ＝ゲンメル＝ディードンク（Looy, B. V. = Gemmel, P. = Dierdonck, R. V.）[1998]は，サービスを「無形であり，サービス提供者と消費者の相互作用を必要とするあらゆる経済活動」と定義し[4]，サービスの定義における重要な特性として，無形性と同時性をあげている。
　ラブロック＝ウィルツ（Lovelock, C. = Wirtz, J.）[2007]は，サービスを「ある主体が別の主体に提供する経済活動であり，受け手自身あるいは受け手の所有物や財産に対して期待通りの結果をもたらすものである」と定義している[5]。これは，ラブロック＝ライト[1999]と同様，受け手に対する影響の有用性を重

視しているといえよう。

　上述したように，サービスの定義は研究者によって様々ではあるものの，それらを整理すると，いくつかの鍵概念に集約することができる。例えば，岸川善光[2006]は，サービスの鍵概念として，①無形財，②活動・便益，③財貨の所有権の移転以外の市場取引，④非財貨生産活動，の4つをあげている[6]。

　このように，サービスの鍵概念について上の4つがあげられるが，今日の研究において最も重視する鍵概念として，「無形性」をあげる研究者は少なくない。サービスを理解するうえで「無形性」という概念は不可欠であることはいうまでもない。しかし，野村[1983]が指摘するように，経済主体にとって有用でなければサービスとは呼ばず，「有用な働き」をする行為概念をサービスと呼ぶのである[7]。したがって，サービスに関する様々な定義が存在する中で，サービスとは「有用な働き」，「有益を与える働き」であるという概念が根本にあるということを忘れてはならない。

❷　サービスの特性

　野村[1983]は，図表1-1に示されるように，サービスと物を比較することによって，サービスの特性を図示した[8]。まず，図表1-1に基づいて，サービスの本質的特性および基本特性についてみてみよう。

＜本質的特性＞
① 時間・空間の特定性：サービスは，ある特定の時間の，ある特定の空間における，機能の実現過程であるので，サービス財には，必ず時間と空間が特定される。
② 非自在性：サービス財は，それ自身だけでは存在できない。サービス主体とサービス対象の両者が存在してはじめてサービス財として成立する。

＜基本的特性＞
① 非貯蔵性：サービス財は，時間・空間が特定され，サービス主体とサービス対象が出会わなければ存立しないので，サービス財の在庫はできない。したがって，需給変動への対応が困難となる場合がある。
② 同時性（一過性）：サービス財は，ある特定の時間に存在し，終わると消

3

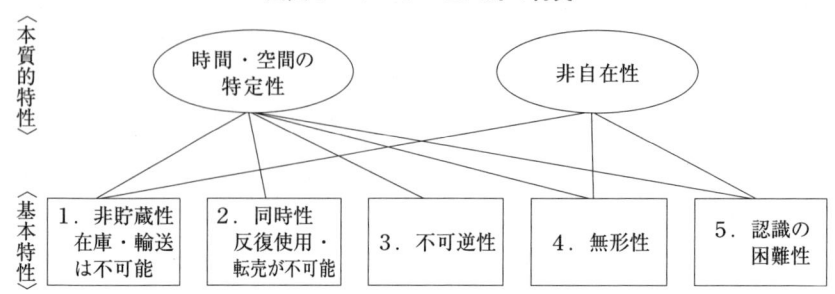

図表1-1 サービス財の特質

（出所） 野村清[1983]193頁を筆者が一部修正。

失する。反復使用，転売などはできない。

③ 不可逆性：サービス財が提供されると，それを元に戻すことはできない。
④ 無形性：サービス財は，行為，活動，機能として把握され，有形財と異なり，固定的な形がない。
⑤ 認識の困難性：サービス品質などサービス財に関する認識，特に事前の認識は困難である。

また，この他に「異質性（変動性）」も欠かせない。ローイ＝ゲンメル＝ディードンク[1998]によれば，異質性とは，「サービスの品質に差異が生じうること」である[9]。サービスは，同時性（一過性）や無形性という特性を備えているため，その時々でサービスの品質が異なる場合がある。

このように，非貯蔵性をはじめとするサービスの基本特性は，相互に影響し合いながら各々の特性を形成している。例えば，「非貯蔵性」は，「無形性」から影響を受けて成り立つ場合が多い。また，「同時性（一過性）」は，反復使用が不可能という特性から，「不可逆性」や「異質性」に影響を与えていると考えられる。すなわち，サービスの特性は複雑性を帯びており，定義と同様に，明確に特性を分類することは難しい。

❸ サービスの分類

近年，一口にサービスといっても，様々なサービスが存在する。多種多様に

存在するサービスは，一見すると共通点がないように思われる。しかし，いくつかの切り口を用いることによって，サービスの分類は可能となる。そこで次に，サービスの分類を行うことでサービスの核心に迫り，同時にサービスの分類が果たす有用性について考察する。

　従来，多くの研究者がサービスの分類を試みてきた。ラブロック＝ライト［1999］は，図表1－2に示されるように，サービスの特性に基づいた分類方法を図示している[10]。

① サービス・プロセスの有形/無形の度合い：サービス・プロセスは，有形のものを含むか，または無形性を多く含むか。
② サービス・プロセスの直接の受け手：サービスの対象が，顧客自身に対するものか，または顧客の持ち物に対するものか。サービス・プロセスにおいて，顧客がどの程度関わるか。
③ サービス・デリバリーの場所・時間：顧客がサービス組織に向かって行くのか，それともサービス組織が顧客のもとに行くのか。
④ カスタマイゼーションか標準化か：顧客のニーズにあったサービスの提供を行うか，ある程度標準化されたサービスを提供するか。
⑤ 顧客とのリレーションシップのあり方：個々の顧客の情報に基づいたサービスの提供を行うか，または不特定の顧客に対してサービスの提供を行うか。
⑥ 需要と供給がバランスされる程度：需要がおおよそ一定であるか，もしくは需要が変動しやすく供給に大きな影響を与えるか。

図表1－2　サービスの分類

■サービス・プロセスの有形/無形の度合い
■サービス・プロセスの直接の受け手
■サービス・デリバリーの場所・時間
■カスタマイゼーションか標準化か
■顧客とのリレーションシップのあり方
■需要と供給がバランスされる程度
■施設・設備・人がサービス・エクスペリエンスを構成する度合い

（出所）　Lovelock, C. ＝ Wright, L.［1999］訳書35頁。

⑦ 施設・設備・人がサービス・エクスペリエンス（これまでになかった経験）を構成する度合い：施設・設備・人が，顧客に対して与える影響や印象の度合いはどの程度か。

また，ローイ＝ゲンメル＝ディードンク[1998]は，サービスの特性を重視したうえで，上述したラブロック＝ライト[1999]の分類と類似するサービスの分類を行った[11]。例えば，同時性の度合い，異質性の度合い，人材重視の度合い，といった分類項目をあげているが，これらは上述した③サービス・デリバリーの場所・時間，④カスタマイゼーションか標準化か，⑦施設・設備・人がサービス・エクスペリエンスを構成する度合い，と関連していると考えられる。

このようなサービスの分類は，サービス・マーケティングを行う上で有効である。なぜならば，サービスは多種多様であるため，個々のサービスを分類することにより，サービスの特性を理解した適切なマーケティングが可能となるからである。しかし，サービスの分類方法は，研究者の間でも差異があるように，明確な基準を設けることは極めて困難である。

重要なことは，どの方法による分類が正しいのかということではなく，サービスの分類を行う目的を的確に認識し，どこに焦点を置くかを明確にしたうえで，目的に沿った基準を用いて分類することが，個々のサービスの理解やマーケティングに役立つといえよう。

第2節 経済のサービス化

❶ サービス化の背景

近年，サービス・ビジネスは，経済活動において重要な位置づけを占めている。以下では，その理由を明確にするために，経済のサービス化に至った背景を考察することによって，サービス・ビジネスが台頭した経緯を明らかにする。

寺本義也＝原田保編[1999]は，サービス化の背景について，次の2つの変化を示している[12]。
① 消費者主導経済の進展：消費者主導経済の進展とは，消費者の購買行動が経済の大勢を決め，消費者が自らの意思で主体的に選択する権利を手に入れる経済へと移行したことを指す。これは，高度経済成長期後の経済の成熟化が基盤となっている。経済の成熟化とは，作れば売れるという「モノ不足経済」から，売れるものを作る，さらに売れるものがわからないという「モノ余り」，「モノ離れ」経済を指している。

また，個人消費の規模の増大も，消費者主導経済の進展に含まれる。個人消費のうち，人が生きていくうえで欠かせない商品やサービスの消費を指す「必需型消費」よりも，購入するかどうか自体が選択の対象になるような「選択型消費」の割合が増大したことにより，サービス価値が問われるようになった。すなわち，「選択型消費」の増大は，消費者主導経済の進展に関係し，経済のサービス化に大きな影響を与えたといえよう。
② 生産者価値から顧客価値への転換：生産者価値から顧客価値への転換とは，消費者が生産者価値（供給価値）の押し付けでは満足せず，顧客価値をいかに提供し，いかに達成するかが重視される経済へと転換したことである。具体的には，消費者が，大量で多様な情報を獲得することによって，高度な選択能力を持つようになったことを指す。

上述した2つの変化は，共に「顧客」に主眼を置いた経済への移行を示している。顧客が重視されるようになると，供給側は顧客満足を得るためにサービスを充実させるようになった。その結果，サービスに対して注力することが企業の利益に結びつき，さらに，顧客価値への転換が利益に結びつくという新たな経済を成立させたのである。すなわち，経済活動の重点が顧客価値の重視に転換したことが，経済のサービス化に大きな影響を与えたといえよう。

実際に，経済のサービス化は，特に製造業を営む企業において著しい変化をみせている。製造業では，サービス化が目立ち，その影響は企業の利益にも反映されている。

近藤隆雄[2007]によれば，製造業を営む企業が創出する利益の半分以上が，

サービスの販売によってもたらされているという実態がある[13]。例えば，日本IBMの2002年度の売上高構成比は，サービス関連が6割，ソフトが1割，ハードが3割という数字になっており，企業にとってサービス化がいかに重要な変化であるかが理解できる。

しかし，わが国では，サービス化の重要性について，比較的認識が薄い現状がある。小山周三[2005]は，わが国の企業が策定する事業戦略の流れを振り返ると，GEのように，製品戦略からサービス戦略への事業構造の転換を大胆に図ったような事例は，ソニーを除いてほとんど見当たらないと述べている[14]。すなわち，わが国では，サービス化が経済活動や利益の中心となりつつあることについて，まだ十分に認識されていないのである。したがって，効果的なサービス・ビジネスを推進するためには，早急にサービス化の重要性について理解し，サービス化と利益の関連性について分析する必要がある。

❷ サービス化の進展

上で考察したように，サービス化の進展に伴い，サービスが重視される経済社会へと移行した。先述した経済活動におけるサービス産業の位置づけや，企業の売上高構成比率からみても，サービス重視の経済が拡大したことは，当然の結果であるといえよう。今後も，サービス重視の傾向は強まり，サービスに対する期待が一層高まることが予想される。

しかし，サービス化が進展しているからといって，サービスのみに力を入れる戦略は，必ずしも適切とはいえない。なぜならば，われわれの消費活動では，モノのみ，またはサービスのみを購入するという状況は意外に少なく，多くの場合は物とサービスの組み合わせを購入しているからである[15]。

例えば，学習塾や英会話教室のような教育サービスの場合，一見すると知識やスキルの向上という無形部分が大半を占め，サービスの提供ばかりに目が向けられる。しかし，教育サービスの場合，教材や施設・設備など，モノにあたる有形部分も関与している。また，自動車や携帯電話の場合，一見すると機械というモノのみを購入しているように捉えられるが，購入者は情報通信の利用というサービスや，商品のアフターサービスを同時に購入している。このよう

第1章　サービス・ビジネスの意義

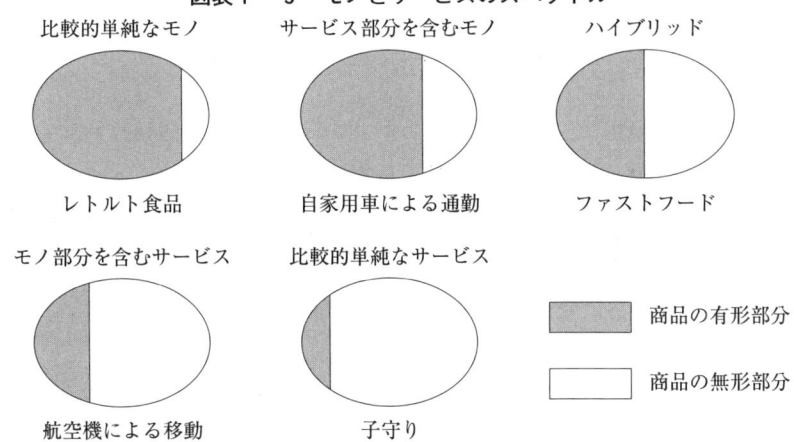

図表1－3　モノとサービスのスペクトル

(出所)　Berry, L. L. = Parasuraman, A. [1991] p.9に基づいて筆者作成。

に，商品はサービス部分を多く含むものや，モノ部分を多く含むものなど，様々なモノとサービスの構成比率から成立している。これを具体的に示したものが，図表1－3である。

近藤[2007]は，図表1－3について，「製造業であっても付随するサービスに十分配慮し，また，サービス業の場合でも，製品の利用を工夫することが重要である。なぜならば，そうしたモノとサービスの組み合わせを意識して各々の部分の質を向上させることによって，全体としてより大きな効用を生み出されることが期待される」と述べている[16]。

なお，本書では，商品力について，モノとサービスを組み合わせることによって，顧客満足を獲得するための効用を生み出すことができるという視座を特に重視する。すなわち，サービス化が進展する中で，極端にサービス部分に着目するのではなく，いかにモノとサービスとを組み合わせて，商品の効用を最大限に引き出すかが重要である。

❸ サービス化の要因

上で，サービス化の進展について考察した。サービス化の進展には，いくつ

かの要因が存在する。このサービス化の要因は，サービス・ビジネスの今後の発展に関係するため，適切な理解が欠かせない。そこで次に，サービス化を促した要因について考察する。

サービス化の要因は，図表1－4に示されるように，① 国の政策，② 社会変化，③ ビジネス・トレンド，④ 情報技術の進展，⑤ 国際化，の5つが骨格となる[17]。

① 国の政策：法改正や民営化など，国の政策はサービス化に影響を与える。特に，消費者保護に関する規制は，顧客価値やサービスを重視する経済への移行のあらわれであると考えられる。

② 社会変化：人々の顧客価値の細分化や環境の変化など，ライフスタイルの変化はサービス化に影響を与える。例えば，女性の社会進出が増加することは，新たなサービス・ビジネスの創出の契機となっている。

③ ビジネス・トレンド：顧客満足や生産性向上のように，ビジネスにおいて重視される内容はサービス化に影響を与える。例えば，コスト削減や自社の活動を本業に特化させることをねらって，アウトソーシングを拡大すること

図表1－4　サービス経済の変化を促す要素

政策	社会変化	ビジネス・トレンド	情報技術の進展	国際化
・民法改正 ・民営化 ・消費者保護，労働者保護，環境保護に関する新たな規制	・顧客の期待の上昇 ・豊かさの向上 ・忙しい人々の増加 ・物の消費からサービスの消費への移行 ・コンピュータ，携帯電話，ハイテク機器所有率の上昇 ・情報アクセス環境の向上 ・移民構成 ・高齢化による人口増	・株主価値向上へのプレッシャー ・生産性向上とコスト削減重視 ・メーカーの補完的サービスの拡大とサービス業への参入 ・戦略的提携ならびにアウトソーシングの拡大 ・品質や顧客満足の重視 ・フランチャイズの拡大 ・NPOによるマーケティング	・インターネットの普及 ・伝送容量の増大 ・小型携帯端末 ・ワイヤレス・ネットワーク ・スピードや性能の優れたソフトウエア ・文字，写真，音声，映像のデジタル化	・オペレーションの海外移転を進める企業の増加 ・国際移動の増加 ・国際的合併および提携 ・カスタマー・サービスの海外移転 ・外資企業の国内市場への参入

（出所）　Lovelock, C. = Wirtz, J. [2007]訳書12頁を筆者が一部修正。

は，サービス化に拍車をかけた顕著な例である。
④　情報技術の進展：インターネットや携帯電話の普及など，情報技術の進展や改良は，サービス化に影響を与える。例えば，情報技術の発展は，事務処理の円滑化や競合企業との差別化を図る手段として重要な要素である。このような要素は，サービス・ビジネスの成長に大きく貢献している。
⑤　国際化：海外進出や国際的合併および進展のように，国際化はサービス化に影響を与える。例えば，海外へ向けて新たな市場の獲得を目指すことによって，サービス経済が活性化される。国際化もサービス化を促す要素の一つである。

　これらの要素は，サービス化の進展を招いたと同時に，サービス・ビジネスの競争激化を招いた。今後もサービス化の要素について検討することが欠かせない。

第3節　サービス産業の構造

❶　サービス産業の分類

　従来，サービス産業の分類は，多くの研究者によって試みられてきた。しかし，産業間の境界は曖昧であり，研究者ごとに意見が分かれることも多く，客観的な分類は非常に困難を極めた。しかし，サービス産業の分類は，産業実態の把握に不可欠であり，またサービス・ビジネスの本質に迫る重要な手段であるため，検討することが欠かせない。
　サービス産業は，広義のサービス業と狭義のサービス業に大別される。広義のサービス業とは，標準産業分類の第三次産業すべて，もしくはそこから電気，ガス，熱供給，水道業を除いた産業が該当する。一方，狭義のサービス業とは，標準産業分類の大分類の中で，R分類の「サービス業」が該当する。
　近年，サービス化の進展に伴い，第三次産業の改定が行われた。この改定に

図表1－5　日本標準産業分類第12回改定第三次産業の大分類項目

F	電気・ガス・熱供給・水道業	N	生活関連サービス業，娯楽業
G	情報通信業	O	教育，学習支援業
H	運輸業，郵便業	P	医療，福祉
I	卸売業，小売業	Q	複合サービス事業
J	金融業，保険業	R	サービス業
K	不動産業，物品賃貸業	S	公務（ほかに分類されるものを除く）
L	学術研究，専門・技術サービス業	T	分類不能産業
M	宿泊業，飲食サービス業		

（出所）　総務省〈http://www.stat.go.jp/index/seido/sangyo/19-4.htm〉に基づいて筆者作成。

よって，2002年の第11回改定時には新たに5つの大分類が追加された。具体的には，「情報通信業」，「飲食店，宿泊業」，「医療，福祉」，「教育，学習支援事業」，「複合サービス事業」である[18]。したがって，第11回の改定は，サービス産業分類に大きな変化をもたらす結果となり，わが国がサービス化の重要性についてようやく認識するようになったことを表す改定であったといえる。

また，2008年の第12回改定時においても，産業分類の見直しが行われた。図表1－5に示されるように，第12回の改定では，第三次産業の大分類に「学術研究，専門・技術サービス業」，「生活関連サービス業，娯楽業」，の2つが新たに追加された[19]。この結果，狭義のサービス業に属する産業は細分化され，産業構造の変化を色濃く反映した分類基準が確立された。なお，狭義のサービス業には，廃棄物処理業，自動車整備業，職業紹介・労働者派遣業，政治・経済・文化団体，などの業種が含まれる。

こうした産業分類の改定は，サービス業の台頭を反映し，わが国においても段階的にサービス業の重要性が浸透したことを象徴している。また，産業分類の改定によって，国際的な分類との比較が容易になった。

国際的な産業分類として，主に国際標準産業分類，北米産業分類システム，の2つがあげられる。経済のサービス化は，国際的にも浸透しているため，国際的な産業分類においても産業分類の見直しが行われている。すなわち，世界的にみても経済動向を反映した産業分類の再構成が実施されているのである。

以上のように，サービス産業の分類が何度も改定されたことは，経済のサービス化を象徴し，経済動向を反映している。しかし，サービス産業の重要性が向上したとはいえ，サービス産業の明確な分類はいまだに困難を極めている。そこで本書では，サービス産業の分類について考察する際には，その分類基準の正確さに焦点を当てるのではなく，① 分類によってサービス産業がどのような特性を有し，② どのような業種が含まれ存在するのかを把握するのに有効であるか，という 2 点を重視したい。

❷ サービス産業の成長要因

次に，サービス産業の成長要因について，いくつかの先行研究を取り上げて考察する。

成長要因の第一に，生産性の向上があげられる。生産性とは，投入したインプットに対する成果としてのアウトプットの量である[20]。インプットの量に対し，アウトプットの量が多いほど，生産性は高くなる。すなわち，生産性が向上することによって，より多くの利益を生み出し，サービス産業の成長を促すことにつながる。しかし，わが国のサービス産業の生産性は，製造業と比べて相対的に低いのが現状である。また，サービス産業の中でも，特に狭義のサービス業の生産性が低い。このように，サービス産業の生産性の向上は，経済成長に欠かせない課題である。なお，生産性については，第 2 章および第 3 章において詳述する。

成長要因の第二に，イノベーションがあげられる。イノベーションとは，知識創造によって達成される技術革新や経営革新により新価値を創出する行為である[21]。新価値の創出は，新しい事業分野を開拓し，サービス産業の成長へとつながる。

先述したように，サービスには様々な特性が存在する。サービスに固有の特性は，需要の標準化の困難や収益の不安定などの問題を生み出す。そこで，これらの問題に対処するひとつの方法としてイノベーションがあげられ，サービス・ビジネスの成果向上につながることが期待されている。こうしたイノベーションによるサービス・ビジネスの成果が向上することによって，サービス産

業全体が成長できると考えられる。したがって，サービス産業の成長にとって，イノベーションは欠かせない。イノベーションについては，第2章および第9章において詳述する。

　成長要因の第三に，海外展開があげられる。近年のサービス産業のシェア増大は，サービス企業の海外展開によるものが大きいとされている[22]。従来，サービスの非貯蔵性や同時性（一過性）という特性から，サービス・ビジネスの海外輸出は困難とされてきた。しかし今日，サービス・ビジネスを営む企業は，①サービスに何らかの形態を付与し，②輸出可能性の高いものに焦点を当てるなどの方策をとり，海外市場参入を企図している[23]。このような海外展開は，国際的な取引の拡大を促し，利益を生み出す。したがって，わが国のサービス産業のさらなる成長のためには，海外展開が欠かせない。なお，海外展開については，第3章および第10章において詳述する。

　上で述べたように，サービス産業の成長には，生産性の向上，イノベーション，海外展開，の3点が重要となる。サービス産業は，わが国の重要産業であるため，さらなる成長が不可欠である。したがって，今後のサービス産業の成長と安定化のためにも，サービス・ビジネスにおける成長要因を重視した取組みが必要となる。

❸ サービス産業の今後の役割

　続いて，サービス産業の今後の役割について考察する。岸川善光[2007b]は，サービス産業の今後の動向について，次のように述べている[24]。今後，人口構成の変化に加えて，規制改革によるサービスの多様化・高度化が進むことにより，医療・介護・保育等の拡大が期待される。また，所得の増加と国民の安心感の改善により，自由時間の拡大のための消費や自己啓発のための消費が拡大すると見込まれている。加えて，ICT化のさらなる進展を背景にICT関連サービスの拡大が見込まれている。

　このように，サービス産業は，極めて将来性のある産業であると理解できる。このことは，図表1-6に示されるように[25]，サービス業の新設率は高く，サービス産業は新しい需要の拡大に対応していることからも明らかである。ま

第1章 サービス・ビジネスの意義

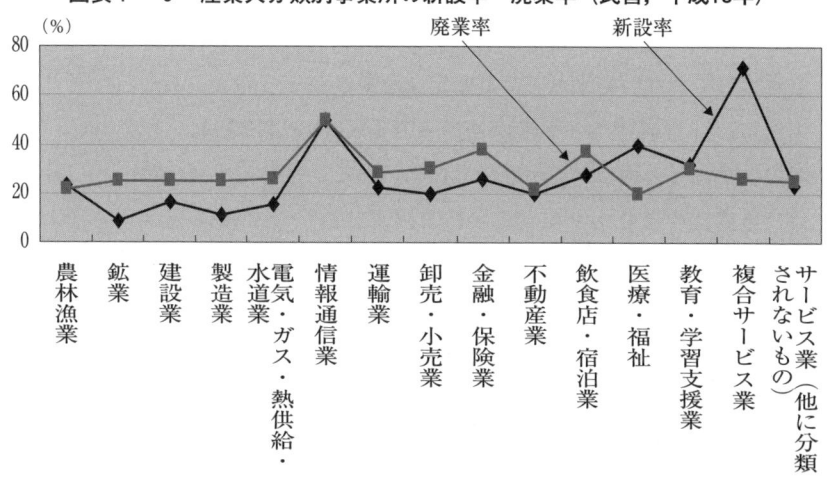

図表1-6 産業大分類別事業所の新設率・廃業率（民営，平成18年）

(注1) 平成13年調査で「国，地方公共団体等」として調査されていた事業所のうち，独立行政法人，日本郵政公社，国立大学法人等は，「独立行政法人等」へと経営組織の区分が変更されたことにより，今回の調査では，新設の民営事業所として調査された。そのため，日本郵政公社が属する「複合サービス事業」や，国立大学法人が属する「教育，学習支援業」など，「独立行政法人等」を含む分類では，これらの事業所も新設事業所数に含まれている。
(注2) 新設率とは，前回調査の民営事業所数に対する新設事業所数の割合である。
(注3) 各業種は，日本標準分類の第11回改訂における分類を用いている。
(出所) 「平成18年事業所・企業統計調査」〈http://www.stat.go.jp/data/jigyou/2006/index.htm〉を基に筆者作成。

た，サービス業は，新しいビジネスを創出し，雇用機会を提供する役割を担っている。すなわち，サービス産業はわが国の経済発展を促し，安定した経済を構築する役割を担っているのである。

しかし，サービス産業の発展にはいくつかの問題がある。第一に，転廃業が多いことがあげられる。飯盛信男[1993]は，一般にサービス業は参入障壁が低く，新規参入企業が多いため，業界全体の市場は拡大を続け，成長産業であるにもかかわらず企業間の競争が激しく，あるいは大手の参入で両極化が進み，個々の中小零細企業をみれば経営が不安定である，と述べている[26]。サービス企業の経営が不安定になると，サービス産業全体が不安定になり，経済に大きな影響を及ぼすため，転廃業が多いことが問題視されている。

第二に，離職率の増加があげられる。阿部正浩[2005]によれば，製造業に比

べ，サービス業では雇用も増えるが離職率も高い[27]。入職者と離職者の割合が高いことは，サービス産業の雇用の変化が産業全体に大きく影響を及ぼすことを意味しており，結果として不安定な産業になる可能性があると指摘できる。

　第三に，二重構造への懸念があげられる。飯盛[1993]は，プチ（Peti, P.）を参考に，サービス化の進展が経済全体において，有利・不利な職へと一層の分化（二重構造の激化）を促す危険性を強調した[28]。二重構造は，主にサービス業の賃金格差に起因する。具体的には，サービス産業の中でも高賃金の業種は一部のサービス業のみであり，民営サービス業が全体として低賃金であることは否定できない[29]。また，賃金格差に伴い，パートやアルバイトの雇用比率が増大していることから，就業形態との関連についても問題視する必要がある。

　前述したように，サービス産業は重要産業でありながら，多くの問題を抱えている。今後重要産業として，わが国において発展を遂げるためには，問題解決に向けた取組みが欠かせない。

第4節　経済活動におけるサービス・ビジネスの位置づけ

❶　GDPにおけるサービス・ビジネスの位置づけ

　先述したサービス産業の構造分析からも理解できるように，わが国の経済はサービス産業によって支えられているといっても過言ではない。サービス産業は社会に広く浸透し，サービスの恩恵を受けない日は，もはや皆無に等しい。このように，わが国における経済の中心がサービス産業であることは，多くの人々が納得するところである。そこで次に，サービス産業の経済的な位置づけについて考察する。

　はじめに，GDPについて概観する。図表1－7に示されるように，第三次産業を広義のサービス業とみなすと，サービス業が占めるわが国のGDPは，

第1章 サービス・ビジネスの意義

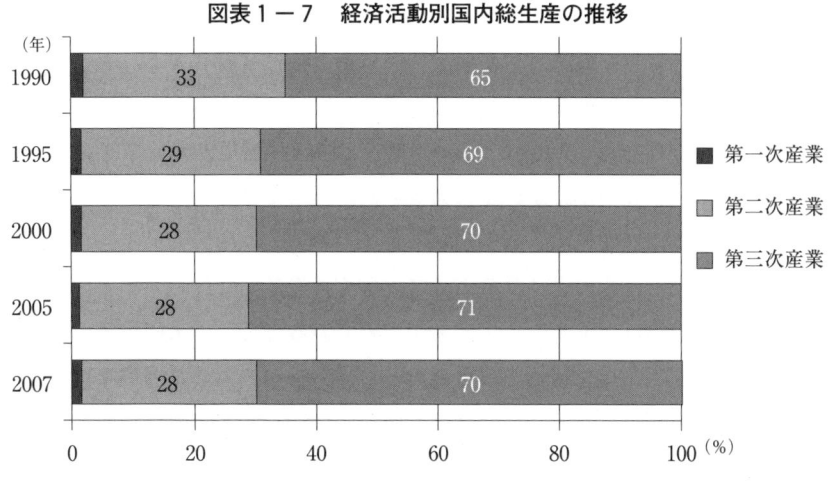

図表1－7　経済活動別国内総生産の推移

年	第一次産業	第二次産業	第三次産業
1990		33	65
1995		29	69
2000		28	70
2005		28	71
2007		28	70

（出所）内閣府・国民経済計算確報〈http://www.esri.cao.go.jp/jp/sna/menu.html〉に基づいて筆者作成。

2007年において70％を占める。この数値は，近年におけるサービス経済の台頭を象徴している。

また，GDPに占めるサービス産業の比率の増加は，わが国に限ったことではない。米国の高いサービス産業比率を筆頭に，欧州などを含めた主要先進国のほとんどで，GDPの7割以上をサービス産業が占めている[30]。中国においても，サービス産業の比率は年々増加しており，その他の国の産業構造も同様の傾向がみられる。したがって，世界規模でみても対GDP比は拡大傾向にあり，サービス産業が経済の主軸であることが理解できる。もはや，サービス産業を無視した経済は成立しないのである。

❷ 雇用・就業構造におけるサービス・ビジネスの位置づけ

次に，雇用・就業構造について概観する。前述したGDPと同様に，第三次産業を広義のサービス産業と捉えると，図表1－8に示されるように，2000年において，わが国の雇用者の約63％がサービス産業に属している。第一次産業，第二次産業と比較しても，第三次産業に属する雇用者の割合は圧倒的である。

しかし，サービス産業に含まれる各業種を細かく分析すると，就業者の推移は業種ごとに異なり，就業者数が減少傾向にある業種も存在する。しかし，第三次産業全体でみると就業者は増加しており，国民の約2/3が第三次産業に就業していることになる。このように，GDPと同様，雇用においても全産業に占めるサービス産業の割合がいかに大きいかが理解できる。

　また，このような変化は，わが国に限らず，主要先進国においてもみることができる。図表1－8に示されるように，多くの先進国ではわが国と同様，国全体の雇用の60％以上をサービス産業が占めている。特に，米国・カナダ・フランス・英国では70％を超えており，サービス産業が拡大した顕著な例である。先進国のほとんどが，サービス分野において，1980～2000年のわずか20年のうちに，雇用の割合が10ポイント前後増大した。

　このように，世界的にみても，サービス産業を重視する経済社会へ移行して

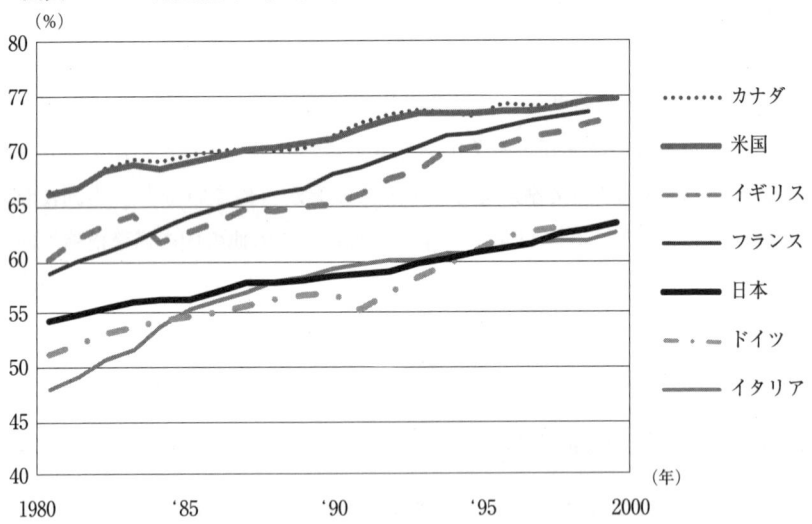

図表1－8　先進諸国の雇用に占める製造業およびサービス産業の割合の推移

※1．ドイツは，1990年までは旧西ドイツ，1991年以降は統一ドイツのデータ
※2．フランスについては，被雇用者のデータを使用
※3．割合は，「卸・小売（レストラン・ホテル含む）」「運輸・通信」「金融・保険・不動産」「地域・社会・個人サービス」の合計で算出。
（出所）　経済産業省編[2002]33頁に基づいて筆者作成[31]。

いることは明らかである。小山[2005]は，産業構造が変化した理由として，以下の2つに大別している[32]。第一の理由は，技術の進歩により，製造業では省力化と高付加価値化が進み，他方，製造業以上に「ソフトウェア」や「情報」を提供する産業が伸びたことである。

第二の理由は，物流業務や人材派遣などの分野で「アウトソーシング」を積極的に活用した事業構造が，次第に一般化しつつあるという理由である。

上述した理由により，サービス産業の雇用シェアは増大した。また，この他にも，第一次産業や第二次産業と比較して，広義のサービス産業は誰でも容易に就業できるような業種を含むことがあげられる。例えば，飲食関係のサービスを提供する業種は，特別な資格や知識がなくても問題がないことが多い。数多くの業種を含むサービス産業だからこそ，国民の多くがサービス産業に就業する。また，このことから，サービス業がパート・アルバイトの雇用を前提として経営する業種が多く成立している，との見方もある[33]。

いずれにせよ，サービス産業の雇用・就業構造は大きな変化を遂げ，短期間で経済の中心になった。

❸ 家計消費におけるサービス・ビジネスの位置づけ

次に，家計消費について概観する。総務省の家計調査年報によれば，家計消費に占めるサービス分野への支出は，約46％（2004年現在）を占めており，年々増大している。この傾向は，サービス分野への需要が高まり，経済のサービス化が拡大した結果である。したがって，家計消費においても経済のサービス化が進展していることが理解できる。

サービス分野の家計消費には，様々なサービス分野への支出が含まれる。小山[2005]によれば，「近年では，携帯電話の普及に伴う通信費，テーマパークなどを楽しむ娯楽費，塾や語学教室などに支払う教育費などの新たなサービス支出が著しく増加している」と述べている[34]。このほか，保険医療サービス分野での消費の増大も著しいことから，今後もサービスは重要性を増し，経済のサービス化は今まで以上に促進されることが予想される。したがって，わが国の中核的産業を担うサービス・ビジネスについて，詳細な研究が求められる

といえよう。

　しかし，本書の冒頭でも述べたように，サービスについての研究は日が浅く，サービス・ビジネスの実践的な手法を示した専門書も多いとはいえない。サービス・ビジネスの研究が今日まであまり進展しなかった理由について，いくつかの要因があげられる。

　第一に，歴史的背景があげられる。トゥボール（Teboul, J.）[2006]は，サービスのイメージや特性などを歴史的に考察したうえで，「耐久性を持たない財を扱ったり，奴隷や召使いを連想させる分野を掘り下げたりすることに，後ろ向きな意識があるからだろう」と述べている[35]。

　元来，サービスの語源は，欧州の歴史的背景に基づき，「奴隷」に関する言葉であるとされている[36]。サービスが，奴隷や召使いを連想させるという見方は，サービスの語源に起因する。ここに，サービス業の研究の遅れと歴史的背景を関係づけることが可能となる。

　また，歴史的背景と関連し，製造業との比較において，トゥボール[2006]は，「今日ですらモノづくりのほうが，サービスよりも多くの技能を要するという考えが広く行き渡っている」と述べている[37]。特にわが国では，技術や物づくりを重視する傾向が強いため，サービス分野の研究に対し，あまり積極的ではなかったと考えられる。このように，経済のサービス化が軽視されてきた理由には，歴史的背景や文化的背景によるところが大きい。

　第二に，サービス産業の多様性があげられる。小山[2005]は，「サービス産業に含まれる分野が多岐にわたり過ぎ，サービス化の実態が正確につかめなかったことも，サービス経済分析が進まなかった理由として考えられる」と述べている[38]。すなわち，短期間で発展を遂げたサービス産業に対し，分析・研究が追いつかなかったということである。

　上述した2つの要因によって，サービス・ビジネスの研究は進展しなかった。しかし，①GDPの変遷，②雇用・就業構造の変遷，③家計消費の変遷，に示されるように，いまやサービス産業はわが国のみならず，世界的にみても重要な産業へと発展を遂げている。すなわち，サービス産業を無視した経済は成り立たず，サービス・ビジネスに対する期待は極めて大きいといえよう。

第5節　サービス・ビジネスの定義

❶　ビジネスの定義

　本書で繰り返し述べているように，サービス・ビジネスの存在は極めて重要である。しかし，サービス・ビジネスが具体的に何を指すのかについて，明確に記した文献は多くない。なぜならば，サービス自体が多種多様な意味を持つため，定義することが難しいからである。そこで本節では，サービス・ビジネスの定義を提示し，その本質に迫ることにする。

　まず，サービス・ビジネスの定義について理解するために，ビジネスとは何かを考察する。

　全国大学・短期大学実務教育協会編［1999］によれば，ビジネス（事業）とは，「営利・非営利を問わず，個人または各々の組織共同体が，事業目的を実現するために，ヒト・モノ・カネ・情報などの諸資源を活用して，価値を創出するための協働行為の総称」である[39]。

　定義の中で，「営利・非営利を問わない」としているのは，近年のビジネス界の動向を考慮したものであり，ボランティア団体のような非営利活動も，ビジネスに含めることが望ましいとするためである。また，図表1－9に示されるように，ビジネスの定義には以下の6つの要素が含まれる[40]。ビジネスの

図表1－9　ビジネスの6要素

①　営利活動と非営利活動の双方を含む活動であること。
②　ビジネス活動の主体は，個人と組織集団の双方がなりうること。
③　目的実現活動であること。
④　ヒト・モノ・カネ・情報などの諸資源を活用すること
⑤　価値創出活動であること
⑥　個人と個人，個人と組織集団，あるいは組織集団同士の協働行為であること。

（出所）　全国大学・短期大学実務教育協会編［1999］21頁。

6要素は，上述したビジネスの定義を支えるのに欠かせない。したがって，これらの6要素は，サービス・ビジネスを定義するうえでも重要である。そこで次に，サービス・ビジネスの定義に向け，ビジネスの6要素とサービスの特性との関連性について考察する。

❷ 本書におけるサービス・ビジネスの定義

以下では，上述したビジネスの6要素とサービスの定義・特性などを用いて，本書におけるサービス・ビジネスの定義を提示する。

① 営利活動と非営利活動の双方を含む活動であること：サービス産業に含まれる業種は，必ずしもすべてが営利目的であるとはいえない場合がある。したがって，営利活動と非営利活動の双方を含む活動であるという要素は，サービス・ビジネスにおいても重要である。

② ビジネス活動の主体は，個人と組織集団の双方がなりうること：サービス・ビジネスの場合，ビジネス活動の主体には，有用な価値を提供することが求められる。したがって，ビジネス活動の主体が個人であれ組織集団であれ，価値の提供に主眼が置かれるべきである。

③ 目的実現活動であること：サービス・ビジネスにおいて，目的実現活動が，顧客などの受け手に対して有用となるかが重要である。第1節で述べたように，「有用な働き」や「有益を与える働き」であることが，サービスの定義の根底に存在する。したがって，ビジネスの要素である目的実現活動は，顧客などの受け手にとって有益である必要があるため，特に重視しなければならない要素である。

④ ヒト・モノ・カネ・情報などの諸資源を活用すること：第1節で述べたように，サービスには，非貯蔵性，同時性（一過性），不可逆性，無形性，認識の困難性，という特性がある。これらの特性は，サービスを提供する際に課題となる点であり，無視することはできない。したがって，サービスの特性と向き合い，うまく価値を提供するためには，諸資源の有効な活用が求められる。

⑤ 価値創出活動であること：サービスの概念として価値の提供が極めて重要

であることは，すでに何度も述べてきた。価値の創出においては，第2節でも述べたように，モノとサービスとの組み合わせについて検討する必要がある。顧客などの受け手に対して最大の有益性をもたらすためには，モノとサービスとのバランスのとれた構成比率を追求しなければならない。したがって，ビジネスの要素の中でも価値創出活動は重要な項目である。サービス・ビジネスの骨格となる要素といっても過言ではない。

⑥ 個人と個人，個人と組織集団，あるいは組織集団同士の協働行為であること：サービス・ビジネスでは，モノとサービスを組み合わせることによって価値を提供し，利益を生み出すことが可能となる。そのためには，共通の目標や理念のもと，協働行為に努めることが重要である。

以上，ビジネスの要素とサービスの定義・特性について体系的に考察した。これらを整理して，本書では，「サービス・ビジネスとは，営利・非営利を問わず，個人または各々の組織共同体が，ヒト・モノ・カネ・情報などの諸資源を活用して，価値（サービス財）を創出し提供するための協働行為」と定義して議論を進めることにする。

❸ 顧客の創造と維持

　サービス・ビジネスには，様々な業種が含まれる。そして，業務内容や扱う資源は，業種によって大きく異なる。しかし，サービス・ビジネス全体で共通する重要概念として，「顧客の創造と維持」があげられる。この「顧客の創造と維持」は，サービス・ビジネスを成功させるために必要不可欠である。では，「顧客の創造と維持」とは，一体どのようなものであろうか。「顧客の創造と維持」の本質を問うことは，サービス・ビジネスの本質を考察することにつながる。

　コトラー（Kotler, P.）[1999]は，企業が成長するためには需要の管理が重要であり，需要の喚起は，顧客の獲得，顧客の維持，顧客の育成の3つのプロセスから成り立つと述べている[41]。従来，企業は新規顧客の獲得を重視していた。しかし，現在は既存顧客の維持と育成が重要であるとの認識が一般的である。なぜならば，顧客の維持は企業の利益に結びつき，企業を存続させる要因とな

るからである。

　実際に，多くの企業は，自らの役割を，利益をもたらしてくれる顧客をいかにして創造するかにあることだと認識しており，さらに顧客を生涯にわたって「所有」したいと考えている[42]。このように，顧客の創造と維持は，サービス・ビジネスにとって欠かせない要件である。

　また，レビット（Levitt, T.）[1956]も，顧客の創造の重要性について考察している。すなわち，レビット[1956]は，経営者の使命は，製品の生産にあるのではなく，顧客の創造できる価値を提供し，顧客満足を生み出すことにあると述べている[43]。また，この考えを理解したうえで，経営者は企業全体に考えを浸透させ，徹底する必要があることも指摘している。したがって，サービス・ビジネスの本質とは「顧客の創造と維持」であり，経営者は企業全体に本質を理解させ，適切なマーケティングやマネジメントを行うことが求められている。このように，適切なマーケティングやマネジメントを行い，サービス・ビジネスを成功させるためには，図表1－10に示されるような方法を取り入れる必要

図表1－10　転換期の企業形態

従　来	現　在
・社内ですべてを調達	・外部からの購入（アウトソーシング）
・自力改善	・ベンチマーキングによって他社に倣う
・我が道を行く	・他の企業とのネットワーキング，協働
・機能別の組織運営	・総合的チームによるプロセス管理
・国内に集中	・グローバルかつローカル
・製品主義	・市場および顧客主義
・標準的製品	・カスタマイゼーション
・製品中心	・価値連鎖が中心
・マス・マーケティングの実践	・ターゲット・マーケティングの実践
・持続的な競争優位の発見	・新しい優位性の継続的創造
・慎重な製品開発	・製品開発サイクルのスピード化
・多くの納入業者	・少ない納入業者
・マーケット・プレイスにおける活動	・マーケット・スペースにおいても活動
・トップ・ダウンによる経営	・上から下，下から上，さらに横へ展開する経営スタイル

（出所）　Kotler, P. [1999] 訳書5頁。

がある。図表１－10においても，顧客主義が台頭していることは容易に理解できる。

なお，顧客の創造と維持については，第６章において詳述する。ところで，「顧客の創造と維持」には，価値の提供が欠かせない。価値の提供には，①サービス組織が顧客の求めるサービスに準拠し，②供給能力を正確に伝達し，③適正な価格で，④心地よくかつ円滑な方法によって，サービスのデリバリーを行うことが求められる[44]。しかし，価値を提供する際，従業員はともかく，顧客が適切な振る舞いをしないことがしばしばある。サービス・ビジネスでは，従業員のみならず，顧客もまたサービス組織やほかの顧客に対して思慮ある振る舞いをする責任があるとされる[45]。近年，わが国では，礼儀を欠く行動や品格の低下が指摘されていることを鑑みても，サービス・ビジネスを通じて，礼儀や品格が見直されることを期待したい。

注)
1) 野村清[1983]38頁。
2) 高橋秀雄[1998]7頁，なお，この定義は，コトラー（Kotler, P.）やグリョンロース（Gronroos, C.）などをレビューしながら導出したものである。
3) Lovelock, C. = Wright, L.[1999]訳書4頁を一部修正。
4) Looy, B. V. = Gemmel, P. = Dierdonck, R. V.[1998]訳書14頁。
5) Lovelock, C. = Wirtz, J.[2007]訳書15頁。
6) 岸川善光[2006]258頁。
7) 野村[1983]39頁。
8) 同上書193頁。
9) Looy, B. V. = Gemmel, P. = Dierdonck, R. V.[1998]訳書19頁。例えば，レジャーランドでの天候，飲食店での行列など，外的要因によって差が生じることを指す。
10) Lovelock, C. = Wright, L.[1999]訳書35-38頁。
11) Looy, B. V. = Gemmel, P. = Dierdonck, R. V.[1998]訳書24-25頁。
12) 寺本義也＝原田保編[1999]12-14頁。
13) 近藤隆雄[2007]5頁。
14) 小山周三[2005]45頁。
15) 近藤[2007]49-50頁。
16) 同上書50頁。
17) Lovelock, C. = Wirtz, J.[2007]訳書12頁。

18) 総務省〈http://www.stat.go.jp/index/seido/sangyo/1.htm〉を参照。
19) 総務省〈http://www.stat.go.jp/index/seido/sangyo/19-4.htm〉を参照。
20) Lovelock, C. = Wirtz, J. [2007]訳書435頁。例えば，インプットとは労働力や原材料，あるいはエネルギーのことを指す。一方，アウトプットとは，無形の行為を指す。
21) 岸川善光編[2004] 6頁。
22) 江夏健一＝大東和武司＝藤澤武史[2008] 2頁。
23) 同上書10頁を一部修正。
24) 岸川善光[2007b]223頁。
25) 総務省「平成18年事業所・企業統計調査」を参照。
26) 飯盛信男[1993]54頁。
27) 阿部正浩[2005]19頁，具体的には，厚生労働省が実施した「雇用動向調査」をもとに，1980-2001年の推移をレビューしている。
28) 飯盛[1993]105-106頁。
29) 同上書33頁。
30) 経済産業省編[2002]33頁。
31) なお，経済産業省は，データ作成時に，OECD「Labour Force Statictics」を参考にしている。
32) 小山[2005]15頁。
33) 羽田昇史＝中西泰夫[2005]137頁。
34) 小山[2005]15頁。
35) Teboul, J. [2006]訳書26頁。
36) 服部勝人[2004]21-23頁。
37) Teboul, J. [2006]訳書27頁を一部修正。
38) 小山[2005]18頁。
39) 全国大学・短期大学実務教育協会編[1999]21頁。
40) 同上書21頁。
41) Kotler, P. [1999]訳書71頁。
42) 同上書　訳書207頁を一部修正。
43) Levitt, T. [1956]訳書35頁。
44) Lovelock, C. = Wright, L. [1999]訳書28頁を一部修正。
45) 同上書　訳書30頁。

第2章
サービス・ビジネス論の生成と発展

　本章では，サービス・ビジネス論の生成と発展について考察する。サービス産業の発展に伴い，多くの学問分野において，サービス・ビジネス論が非常に重要な分野になっていることを理解する。具体的には，5つの観点から学際的なアプローチを行うことによって，サービス・ビジネス論について理解を深める。

　第一に，サービス・ビジネス論と産業組織論について考察する。特に，産業組織分析にサービス・ビジネスが適用できることを理解し，経済学の分野において，どのようにサービスが位置づけられてきたのかを考察する。

　第二に，サービス・ビジネス論とマーケティング論について考察する。具体的には，サービス・ビジネスに関する研究が進むにつれて，従来のフレームワークが適用できなくなったことを事例に基づいて考察する。

　第三に，サービス・ビジネス論と経営戦略論について考察する。特に，サービス・ビジネスに関する研究が進むにつれて，経営戦略の各構成要素がどのように適用できるのかについて理解を深める。

　第四に，サービス・ビジネス論と情報経済論について考察する。具体的には，情報化社会・知識社会の到来によって，サービス産業の各分野が成長したことを理解し，社会環境・人間環境の変化について考察する。

　第五に，サービス・ビジネス論とイノベーション論について考察する。特に，サービス産業の生産性が低いことを踏まえた後，サービス・イノベーションが現状を打開できる一つの手段であることを，いくつかの事例に基づいて理解する。

第1節　サービス・ビジネス論と産業組織論

❶ サービスと産業組織論

　今日における経済学の基礎理論としては，ミクロ経済学とマクロ経済学がある。しかし，ミクロ経済学は個々の企業の行動に，マクロ経済学は，生産活動によってあらたに付け加えられた価値額の総体，すなわち，最終生産物の集計に偏重しているため，「産業」という中間的概念が説明されない[1]。産業内・産業間での関連性が多く存在するサービスを経済学の分野から研究する場合，

図表2－1　産業組織分析の基本枠組み

産業組織	公共政策
【基本的諸条件（B）】 需要－価格・所得弾力性，代替，成長，その他 供給－規模の経済，統合の経済，技術，その他	・独占禁止政策 　①構造規制 　②行動規制 　③成果規制
【市場構造（S）】 売り手・買い手の集中度，参入障壁，製品差別化，垂直統合度，多角化	・経済的規制 　①公益事業規制 　②個別業法による規制
【市場行動（C）】 価格政策，製品政策，広告・宣伝，研究開発，設備投資，ライバル企業との協調・結託，対抗戦略	・社会的規制 ・公的企業
【市場成果（P）】 価格－費用の関係，利潤パターン，内部効率，配分効率，技術進歩など	・産業政策（税・補助金） ・行政指導

（出所）　新庄浩二編［2003］12頁に基づいて筆者作成。

産業レベルでの考察が不可欠となる。すなわち，産業組織論（Industrial Organization）の立場による分析が欠かせない。

産業組織論とは，「対象とする産業について，その組織構造や参加者（企業・消費者）の行動を分析・評価し，公共政策への理論的・実証的な基礎を与えることを目指す学問分野」である[2]。端的にいえば，産業・業界・業種といったセミ・マクロを対象とする応用ミクロ経済学である。

特に，図表2－1に示されるように，市場を S（Structure：市場構造），C（Conduct：市場行動），P（Performance：市場成果）という3つの基本的な概念（以下，SCPモデル）[3]で捉えることによって，その因果関係を明らかにする[4]。サービス・ビジネスを実施する際に，産業組織論の視座を活かす場合，このSCPモデルは非常に有用なツールとなる。もちろん，SCPモデルは，その後，様々なフレームワークに応用されているため，今日では新しい概念とはいえない。しかし，産業組織論を支える根底の概念であることからも，サービス・ビジネスに適用し，サービス・ビジネス論そのものを深化させる余地は十分にあろう。

❷ ペティ＝クラークの法則

経済学によるサービスの捉え方は，古典派の時代から研究されてきた。ラブロック＝ウィルツ[2007]によれば，アダム・スミス（Smith, A.）[1789]の『国富論』では，生産的労働による成果がモノであり，非生産的労働による成果がサービスであると述べている。換言すれば，生産的労働から創出されるのは，貯蔵が可能で，金銭など価値があるものと交換できる「モノ」であり，非生産的労働から創出されるのは，素晴らしく，便利で，必要であるが，生産と同時に消滅するため，「サービス」は富にはならない，と述べている[5]。

しかし，宮沢健一[1987]によれば，近代経済学においても，サービスも需要されるからには，効用を持ちかつ交換を通じて人々の欲望を充足させる活動であるので，サービスと物財を同等に捉えている[6]。

このように，経済学におけるサービスの捉え方には，対立する理論が存在する。しかし，第1章で述べたように，GDPや雇用・就業構造，家計消費にお

いて，サービスの占める割合は多大であるため，もはやサービスなくして現代の経済を説明することはできない。その中でも，セミ・マクロレベルでの考察が見直されており，研究の進展とともにその重要性が増加している。

　宮沢[1987]によれば，ペティ（Petty, W.）は，『政治算術』の記述をもとに，「経済が進歩して1人あたりの所得水準が高まるにつれ，労働力の比重が第一次産業から，第二次産業へと移り，また第三次産業の比重が拡大する」という経験法則を提唱した[7]。

　野村[2008]によれば，クラーク（Clerk, C. G.）は，物財の生産段階に着目し，素材を収集する第一次産業と，それを加工する第二次産業とに分け，残余の部分を第三次産業と分類した。今日においても使用されているこの分類方法が提唱された当時，第三次産業は，極めて小さな割合しか占めていなかった[8]。しかし，1970年以降，世界全体で経済のサービス化が進行した。

　日本においても，第一次産業⇒第二次産業⇒第三次産業へと就業人口が推移しており，クラーク＝ペティの法則は支持されている[9]。

❸　サービスと市場構造

　経済のサービス化は，市場構造に様々な影響を及ぼしている。サービス産業には，金融機関などの一部を除いて，小規模事業所および自営業主の比率が高まるという傾向がある。これは，最終財的サービス産業では，きめ細かなサービスの提供を必要とする分野が多く，スケール・メリットの追求には限界があることに起因する[10]。

　また，野村清[2008]は，サービス産業の特性として，① 労働集約性の高さ，② 労働生産性の上昇率の低さ，③ 価格弾力性の高さ，の3つをあげている[11]。これらの内容を踏まえて，サービス産業の問題点をまとめると，図表2-2に集約することができる。

　なお，このような状況下では，市場において，物財に比べて2つの観点で，市場競争制限的な要素が存在する場合が多い[12]。
① 　立地独占の傾向：サービスには，時間・空間の制限があるため，地域が限られがちである。したがって，拠点に近いエリアでは立地独占的な立場を保

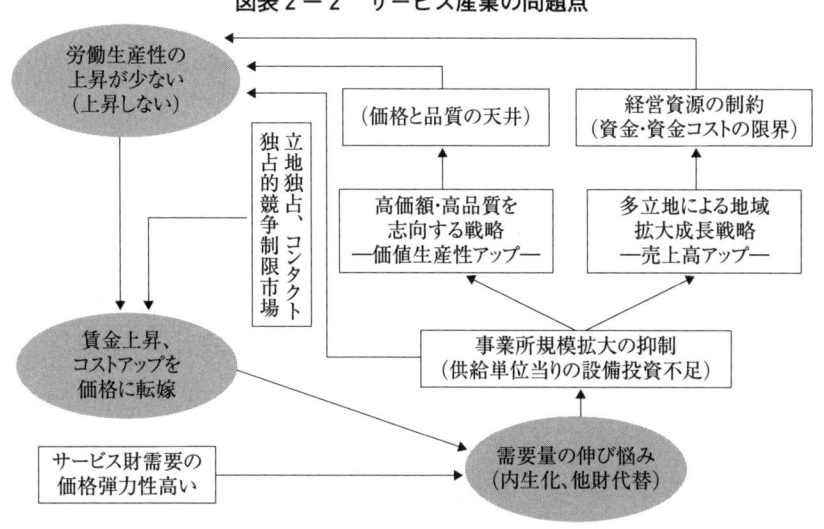

図表2－2 サービス産業の問題点

- 労働生産性の上昇が少ない（上昇しない）
- 立地独占、コンタクト独占的競争制限市場
- （価格と品質の天井）
- 経営資源の制約（資金・資金コストの限界）
- 高価額・高品質を志向する戦略 ―価値生産性アップ―
- 多立地による地域拡大成長戦略 ―売上高アップ―
- 賃金上昇、コストアップを価格に転嫁
- 事業所規模拡大の抑制（供給単位当りの設備投資不足）
- サービス財需要の価格弾力性高い
- 需要量の伸び悩み（内生化、他財代替）

（出所） 野村清[1983]148頁を筆者が一部修正。

持することができる。

② コンタクト独占の傾向：サービスは，供給者と顧客の協働が必要であるため，継続取引を続け，互いに慣れている方が効率的である。そのため消費者は，少々高価格であっても慣れている業者を選択する。このように，サービスの取引には市場競争制限に固有の要因があり，それが価格上昇を受け入れさせてしまうのである。

産業組織論の視点からみたサービスの研究は，経済の重点がモノからサービスへ移行していることを示している。しかし，その市場構造の考察から明らかなように，サービス産業における問題は山積している。今後も発展するサービス産業においてビジネスを成功させるために，産業内における様々な問題を解決するための研究が求められている。

第2節　サービス・ビジネス論とマーケティング論

❶　サービスとマーケティング論

　1980年代,経済全体における第三次産業の比重が大きくなるにつれて,従来のマーケティングが対象とした物財中心のパラダイムではなく,サービス固有の特性を出発点としたマーケティング論が展開された[13]。「サービス・マーケティング」という専門分野も確立され,その研究は着実に進んでいる。

　経済のサービス化が進む中で,マーケティングはその影響を強く受けた学問領域の1つである。多くの場合,サービス・マーケティングの研究は,物財と対比され,サービスの特性の列挙・分類から始まる。例えば,第1章で述べたようなサービスの特性（非貯蔵性,同時性（一過性）,不可逆性,無形性,認識の困難性など）が,様々な視点と切り口から整理されている[14]。そして,サービスの特性は,有形財との相違点によって抽出される。これは,無形財と有形財の比較や関係性が,マーケティングの観点からサービスを研究する際に重要視されてきたことを示している。

　サービス財と物財との関係性に関する研究が進む中で,その捉え方は分岐した。コトラー＝ヘイズ＝ブルーム（Kotler, P. = Hayes, T. = Bloom, P. N）[2000],ラブロック＝ウィルツ[2007]をはじめとする学者は,サービス財と物財の相違点を強調し,サービスの無形性などに着目することによって,新たな議論を展開した。一方,レビット[1956]のように,サービス財と物財の不可分性を強調し,その共通点に着目することによって,他産業と同様に戦略を展開するという議論も主張された[15]。

　マーケティングは本来,主として有形財を対象としていたが,無形財における研究も,様々な視点から進められている。その内容は,有形財における研究を応用・発展させているものが多く,無形財を対象とした研究は,まだ開拓の余地があるといえよう。

❷ マーケティング・ミックスの変化

　マーケティング論からサービスを研究する際，多くの学者が取り上げるのはマーケティング・ミックスについてである。以下では，マーケティング・ミックスの概念の整理を行い，その変化について考察する。

　岸川善光[2007b]によれば，マーケティング・ミックスは，マーケティングにおいて中心的な概念の一つである。マーケティング・ミックスとは，「マーケティングに課せられた目標を達成するために，マーケティング管理者にとってコントロール可能なマーケティングに関する諸手段の組み合わせのことである。マーケティングの概念は，多くの研究者によって提唱されているものの，マッカーシー（McCarthy, E. J.）による4P概念：① Product（製品），② Price（価格），③ Place（流通），④ Promotion（プロモーション）がネーミングの良さも相まって圧倒的な支持を得ている[16]。

　さらに，コトラー＝ヘイズ＝ブルーム[2000]は，4PにPhysical evidence（物的証拠），Process（プロセス），People（人）の3点を加え，7P理論を提唱した[17]。

　従来のマーケティングでは，この4Pを基本としたマーケティング・ミックスの研究が中心であった。サービス・マーケティングにおいても，コトラー＝ヘイズ＝ブルーム[2000]に代表されるように，4Pを基本としたマーケティング・ミックスを採用している場合が多い。しかし，4Pには，以下のような盲点がある。

① Product：「製品」という定義自体が，有形財を対照とした概念であるため，サービス財に対応しているとはいえない。
② Price：製品の価格という位置づけであるが，サービス財は原価を測ることが難しいなど，価格の設定は容易でない。
③ Place：サービスは生産と消費が同時に行われるため，流通自体が存在しない場合もある。
④ Promotion：サービスでは，人と人との関わりが多くなるため，顧客との相互的な関係が重要である。そのため，販売促進という一方的な概念では対

図表2-3　4Pと4Cの比較

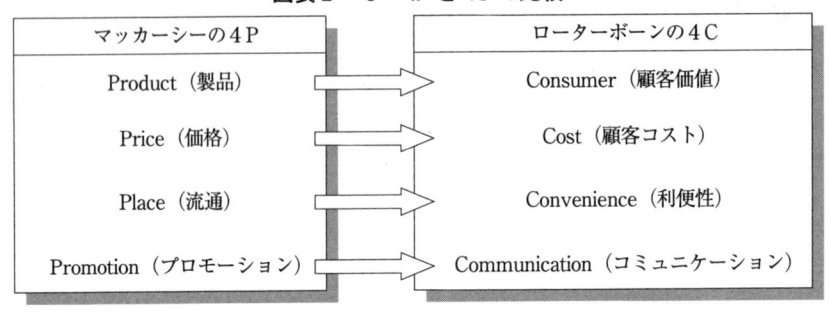

マッカーシーの4P	→	ローターボーンの4C
Product（製品）	→	Consumer（顧客価値）
Price（価格）	→	Cost（顧客コスト）
Place（流通）	→	Convenience（利便性）
Promotion（プロモーション）	→	Communication（コミュニケーション）

（出所）　清水公一[2000]ⅲ頁を参考に筆者作成。

応できない。

　以上のように，サービスにおける盲点があるのは，4Pが，モノ（有形財）が不足している時代，モノ中心の売り方・マーケティングの時代に発展した理論であることに起因する[18]。近年では，経済のサービス化に適したマーケティング・ミックスの枠組みが研究され，以下のような理論が注目されている。

　清水公一[2000]によれば，ローターボーン（Lauterborn, R. F.）は，1993年，4Pの設定の前に，買い手視点での検討が必要であるとして，4Cを提唱した[19]。図表2-3に示されるように，4Cは4Pに対して，それぞれ対応している。4Pから4Cへの変化を以下のようにまとめている[20]。

① ProductからConsumerへ：つくって売るというプロダクトアウトの考えは通じない。消費者のニーズとウォンツの解明こそが重要である。
② PriceからCostへ：コストは価格の一部である。したがって，注目すべきは価格ではなくコストである。消費者は商品の価格だけではなく購入コスト，時間コストを費やしている。
③ PlaceからConvenienceへ：場所ではなく買い易さが大切である。
④ PromotionからCommunicationへ：売って押し込むことではなく納得させることである。

　清水[2000]の考察から明らかなように，4Cは，先述した4Pのサービスにおける盲点を補足している。これは，サービスにおいては，顧客視点でのマー

ケティングが重要であることを示している。

　高度経済成長が終わり，消費が成熟化・多様化した今日のように，作ったモノがすべて売れる保証のないモノ余りの消費者主義経済の時代では，顧客満足を柱にした「川下発想のマーケティング」[21]が重要であることがわかる。そのため，買い手視点の4Cが，サービス化した現代のニーズをカバーしている領域が広いとして，次第に注目されつつある。

❸ 品質と分類

　戦略的マーケティングを効率的に行う上で，品質の把握と分類は不可欠である。多種多様な商品を，何らかの基準に基づいて分類することによって，複雑な商品属性が整理され，個々の商品の特性をより的確に捉えることができる[22]。サービスにおけるマーケティングも，サービスの特性を捉えるために，多くの学者がその品質と分類を体系化しようとした。

　山本昭二[2007]によれば，商品は多くの種類の財が組み合わさってできているため，有形財か無形財かといった単純な分類ではなく，「連続的な概念」で捉える必要がある[23]。

　例えば，ザイテーム＝パラシュアマン＝ベリー（Zeithaml, V. A. = Parasuraman, A. = Berry, L. L.）[1986]は，モノ的商品とサービス商品に対する消費者による商品評価過程の差異に注目し，商品の品質を，①検査品質，②経験品質，③信頼品質の3つに分類し，図表2－4に示されるように，連続的な概念で示している[24]。

① 検査品質：購入する前に品質の良し悪しを評価できる。
② 経験品質：購入した後，または使用中に品質評価をできる。例えば，旅行先での風景を，事前に評価することはできない。
③ 信用品質：消費の後でさえ評価できる十分な知識を持ち合わせていない。例えば，株式投資など。

　図表2－4に示されるように，商品のサービス財的性質が強いほど，その品質の評価が困難であることがわかる。

　また，コトラー＝ヘイズ＝ブルーム[2000]は，サービスの品質を測る5つの

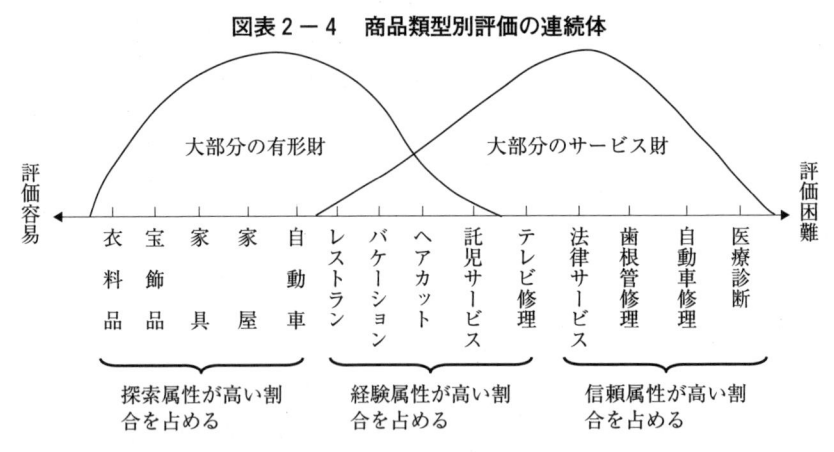

図表2－4　商品類型別評価の連続体

評価容易　　　　　大部分の有形財　　　大部分のサービス財　　　　評価困難

衣料品　宝飾品　家具　家屋　自動車　レストラン　バケーション　ヘアカット　託児サービス　テレビ修理　法律サービス　歯根管修理　自動車修理　医療診断

探索属性が高い割合を占める　　経験属性が高い割合を占める　　信頼属性が高い割合を占める

（出所）　羽田昇史編[2002]132頁を一部修正。

指標の1つとして，「有形物」をあげている[25]。つまり，消費者は有形物（施設や設備，従業員，印刷物など）の見た目を，品質を示す物的手がかりとしている。サービス財をはじめとする無形財の品質は，評価・分類することが困難であるとされてきた。しかし，上述したように有形財との組み合わせの概念を意識し，可視化することと併行しながら研究が進められてきた。

　マーケティングの観点からみたサービスの研究は，サービスの性質を捉えることに注力した研究である。戦略的マーケティングが効率的に行われるためには，その品質を的確に捉える必要がある。

　従来，有形財を対象としてきたマーケティングに対応させるため，まず「サービスとは何か」を明らかにする研究が進められてきた。しかし，その議論は，物財との類似性などが中心であり，サービスそのものの本質に言及したものではなかった。そのため，マーケティング論的な側面からのサービスは，研究の余地が大いにあるといえよう。物財との関係だけでなく，顧客視点でのサービスの本質の研究をさらに進めることが必要である。

第3節　サービス・ビジネス論と経営戦略論

❶　サービスと経営戦略論

　サービスという用語は，清水滋[1968]が指摘するように，①情緒・精神的次元（サービス精神，奉仕，奉公），②態度的次元（接客態度，環境），③犠牲的次元（出血サービス），④付帯的次元（性能，品質等の基本的なもの以外），⑤業務的次元（無形財の提供）など，様々な次元で用いられている。経営戦略においてサービスを取り上げる場合，無形財の提供という業務的次元が大半であろう[26]。

　岸川[2006]は，経営戦略を「企業と環境のかかわり方を将来的に示す構想であり，組織構成員の意思決定の指針となるもの」としている[27]。「サービス化」された今日の社会において，経営戦略の観点からもサービス・ビジネスの研究は不可欠である。経営戦略論は，価値を創出・提供するときの優位性を獲得することを目的としている。サービス・ビジネスにおいても，競争に勝つためには優位性の獲得が必要である。

　野村[1983]は，サービス産業における研究課題として，①サービスとは何か，②サービスと物はどこが違うのか，③サービスにまつわる現象にはどのような特色があるのか，④サービス産業に特有の経営問題とは何か，⑤サービス産業に利用可能な戦略技法は何か，⑥サービス産業は今後どのような道を目指すべきか，という6つを示した[28]。この6つの研究課題は，経営戦略論のサービス・ビジネスに関する研究課題とも一致している。

　従来の経営戦略論は，主に物財を中心として発展したものであるため，サービス財の無形性，同時性といった性質を十分に研究していない。そのため，サービス財の特質を踏まえた，新たな時代の環境に適応した経営戦略の研究が進められている。

❷　経営戦略の構成要素とサービス

　岸川[2006]は，経営戦略の構成要素について，図表2－5に示されるように，アンゾフ（Ansoff, H. I.）[1965]，ホッファー＝シェンデル（Hofer, C. W. = Shendel, D. E.）[1978]，石井淳蔵他[1996]，大滝精一他[1997]，の4つの先行研究を取り上げて考察し，下記の5つを経営戦略の構成要素として選択した[29]。

① ドメイン：自社の戦略空間は何か，自社の事業は何か，自社の事業の再構築をいかに行うか，など。

② 製品・市場戦略：どのような製品・市場分野を選択するか，どのようなセグメンテーション（具体的には，製品差別化と市場細分化）を行うか，新製品開発，新市場開拓をいかに行うか，など。

③ 経営資源の蓄積・配分：必要な経営資源をどのように蓄積するか，限られた経営資源を何にどのように配分するか，独自の資源展開によってどのようなコア・コンピタンスを形成するか，など。

④ 競争戦略：誰を競合企業（競争相手）とするか，何を競争力の源泉として戦うか，競争力をどのように利用するか，競争力をいかに効率的につくるか，など。

⑤ ビジネス・システム戦略：ビジネス・システムをいかに構築するか，企業間関係をどのように変革するか，など。

　次に，上述した岸川[2006]の5つの経営戦略の構成要素について，それぞれの要素とサービスの関係性について考察する。

　第一に，ドメインについて考察する。サービス・ビジネスにおいてドメインを考える際，サービスには物理的定義がないことを踏まえる必要がある。そのため，「何をつくる企業なのか」ではなく，「顧客にとってどのような価値を提供するのか」という，顧客視点での発想によるドメインの定義が必要である。岸川[2006]は，近年のドメインの変化として，①ハードからソフトへ，②川上化から川下化へ，③マス化からファイン化へ，などの潮流が観察されるとしている[30]。

　第二に，製品・市場戦略について考察する。製品・市場戦略は，ドメインの

図表2－5　経営戦略の構成要素

	アンゾフ [1965]	ホッファー＝シェンデル [1978]	石井淳蔵他 [1996]	大滝精一他 [1997]	岸川善光 [2006]
①ドメイン	－	○	○	○	○
②製品・市場戦略	－	－	－	－	○
③資源展開	－	○	○	○	○
④競争戦略	○	○	○	○	○
⑤ビジネス・システム	－	－	○	－	○
⑥その他				創造性 社会性	創造性 革新性 社会性

（出所）　岸川[2006]69頁。

具現化のプロセスであるということができる[31]。そのため，サービスのドメインを考える際と同様に，サービスには物理的定義がないことを踏まえる必要がある。しかし，製品・市場戦略における「製品」は，物理的定義が明確なものとして考えられ，その前提で進められてきた研究が多い。

　第三に，経営資源の蓄積・配分について考察する。経営資源とは，企業活動を行ううえで必要な資源や能力のことであり，一般的に，①ヒト，②モノ，③カネ，④情報，の4つに区分される[32]。しかし，サービス・ビジネスにおいては，必ずしもこの4つが経営資源として揃わない。例えば，サービスにはモノを伴わないケースが多くある。また，サービスにおいては，顧客との接点における重要な情報は，サービス提供者であるヒトが持っているため，「ヒト＝情報」と考えることもできる。

　第四に，競争戦略について考察する。競争戦略は，図表2－5に示されるように，すべての先行研究において，経営戦略の構成要素とされている。競合企業に勝たねば自己の存続・発展が望めないということを考慮すれば，競争戦略が経営戦略の構成要素であることは至極当然のことであり[33]，サービス・ビジネスにおいても同じことがいえる。

　しかし，サービスの無形性という特性から，保管ができないため在庫プッ

シュが不可能である，事前に品質評価ができない，といった物財との相違点に留意する必要がある。

　第五に，ビジネス・システム戦略について考察する。従来，「どのような顧客に，どのような製品（サービスを含む）を提供するか」という製品・市場戦略が経営戦略の中核とされてきた。ところが近年では，顧客に価値を届けるための仕組み（ビジネス・システム）が，経営戦略において急激に重要性を増しつつある[34]。物財中心からサービス財中心という環境の変化を受けて，経営戦略論が，「製品の提供」ではなく「顧客価値の提供」を重要視するように変化していることが伺える。

　サービスは，生産と消費の同時性という性質を持つ。そのため，サービス・ビジネスにおいては，ビジネス・プロセスを考えることが戦略の基本であろう。したがって，サービス・ビジネスを５つの構成要素で考察する場合，ビジネス・システム戦略が最も重要な構成要素ということができよう。

　先述したように，経営戦略の５つの構成要素によってサービス・ビジネスを考察した場合，サービスには当てはまらない要素や，ビジネス・システム戦略のように要素というより，むしろ戦略の前提であるべきものがあげられるなど，対応しきれていないケースが多く見られる。物財中心からサービス財中心への経済情勢の変化に，経営戦略の研究が追いついていないことが見受けられるため，この経営戦略の５つの構成要素は，サービス・ビジネスを考察する体系としては必ずしも十分とはいえない。

❸　サービスと戦略的課題

　経営戦略における５つの構成要素の考察から明らかなように，従来の経営戦略論では，サービスの特質を十分に捉えきれておらず，新たな枠組みが必要とされている。野村[2008]は，図表２－６に示されるように，サービス材の特質と基本戦略を提唱している[35]。具体的には，①物への体化，②内容告知の積極化，③有形化，④イメージ化，⑤提供時期の微調整などを，サービス特有の新たな戦略としてあげている。

　このように，経営戦略の観点からみたサービスの研究は，いまだ発展の余地

図表2－6　サービス財の特質と基本戦略

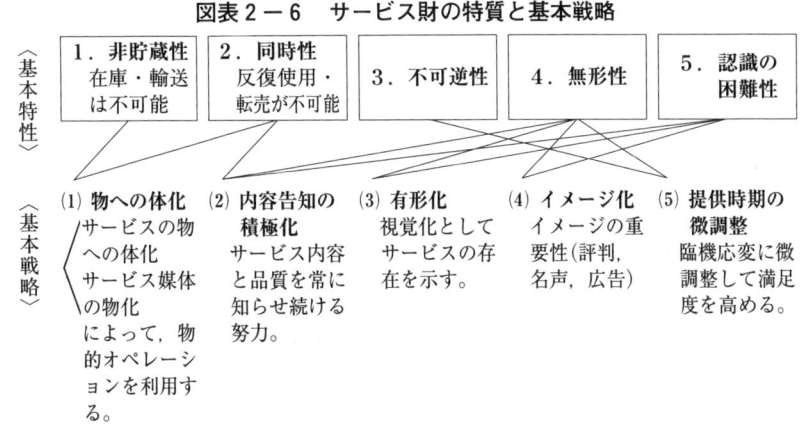

〈基本特性〉	1. 非貯蔵性 在庫・輸送は不可能	2. 同時性 反復使用・転売が不可能	3. 不可逆性	4. 無形性	5. 認識の困難性
〈基本戦略〉	(1) 物への体化 サービスの物への体化 サービス媒体の物化によって，物的オペレーションを利用する。	(2) 内容告知の積極化 サービス内容と品質を常に知らせ続ける努力。	(3) 有形化 視覚化としてサービスの存在を示す。	(4) イメージ化 イメージの重要性(評判，名声，広告)	(5) 提供時期の微調整 臨機応変に微調整して満足度を高める。

(出所)　野村[2008]193頁を筆者が一部修正。

がある。野村[1983]が提唱しているような発想と戦略を，サービス・ビジネスの経営戦略の要素として，さらに体系化した研究が不可欠であろう。サービスの特性を捉えるだけでなく，それを活かすことができるか否かが，経営戦略の観点からみたサービス研究の分岐点である。

今後の課題して，先述した5つの構成要素をサービスに適用することによって，①サービス財と物財の共通点を捉えた新たなパラダイムを創造する，②サービス財の特質を十分に捉えた新たな戦略体系の研究を進めること，などが必要となっていることが明らかになった。

第4節　サービス・ビジネス論と情報経済論

❶ サービスと情報経済論

わが国が高度情報社会に突入して以来，すでに長い時間が経過した。以下では，その変化の経緯を明らかにした上で，サービス・ビジネス論との関連性に

図表2－7　社会発展段階の比較

	工業以前の社会	工業社会	脱工業社会
生活様式 経済セクター	●第一次産業 農業 鉱業 漁業 林業 石油とガス	●第二次産業 財貨生産 製造業 耐久財 非耐久財 建設業	サービス産業 ●第三次産業 運輸，公益事業 ●第四次産業 貿易，金融，保険，不動産 ●第五次産業 保健，教育，調査，研究，統治，レクリエーション
社会変化の資源	自然エネルギー，風力，水力，家畜，人力	二次エネルギー，電力，石油，ガス，石炭，原子力	情報 コンピュータ データ送信システム
戦略資源	天然資源	資本	知識
技術	手工業	機会技術	知的技術

（出所）　Bell, D. [1973]訳書53頁を筆者が一部加筆修正。

ついて考察する。

　例えば，ベル（Bell, D.）[1973]は，社会構造が工業社会から脱工業化社会へ推移すると予測した[36]。図表2－7は，ベルによる社会発展段階の比較について示したものである。

　また，トフラー（Toffler, A.）[1980]は，これまでに2つの歴史的な技術革命の波があり，現代の社会は，第三の波が到来すると述べ，情報化社会の到来を予測した[37]。

　上述した第三の波とは，情報化社会への変革である[38]。コンピュータという新たな技術が登場し，脱工業社会をもたらした。情報化社会は，代表的な社会・経済像として，マスカスタマイゼーション（mass customization）やプロシューマー（prosumer）の概念が提唱されている[39]。

　林雄二郎[1969]は，社会が情報化することは，単にコンピュータの普及のみを意味せず，社会環境の変化・人間の考え方の変化を伴うと指摘している[40]。

　以上にあげた学者の見解を踏まえて，本書では，情報化社会について，①モノやエネルギーよりも，情報が資源的価値を持つ。②社会経済のあらゆる

分野で情報化が進む。③ハード（モノ）中心からソフト（サービス）中心へと移行する，という3つの点を強調しておきたい。

❷ 情報化社会からサービス化社会へ

第1章で述べたように，現代社会は，サービスが経済の中心となる社会に移行しつつある。寺本＝原田編[1999]は，サービス化社会が成立した要因のひとつに，消費者主導経済への進展をあげている[41]。

わが国は，1960〜1970年代の高度成長期を経て，1980年代以降は，成熟期の段階に移行してきた。寺本＝原田編[1999]が指摘する成熟化とは，国民の衣食住に関する欲求が，ほぼ満たされた状態のことを指している。「モノ不足」経済から「モノ離れ」経済への移行である。

さらに，寺本＝原田編[1999]は，図表2－8に示されるように，消費者の購買行動が経済の情勢を決めるようになった現代において，産業構造は逆転したことを述べている。すなわち，もはや消費者は，受け身の立場で商品やサービスを享受するのではなく，主体的に選択する存在になった[42]。

情報技術の発展によって，消費者は，多種多様な情報を手に入れることができ，様々な財・サービスの中から自ら選択することが可能になった。

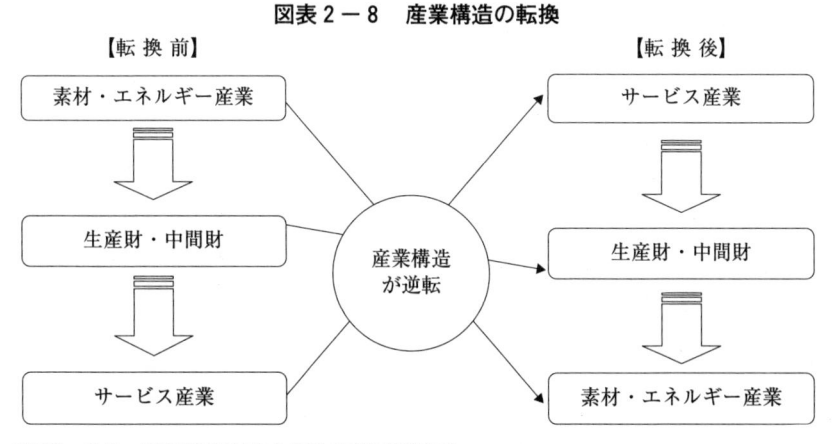

図表2－8　産業構造の転換

【転換前】
素材・エネルギー産業
↓
生産財・中間財
↓
サービス産業

産業構造が逆転

【転換後】
サービス産業
↓
生産財・中間財
↓
素材・エネルギー産業

（出所）　寺本＝原田編[1999]13-14頁を参考に筆者作成。

しかし，平野龍一[1984]によれば，さらに情報化が進むと，モノとその使い道が密接に結びついたため，消費者は，単にモノを購入しなくなった[43]。

企業は，消費者の好みやニーズを汲み取ったうえで，商品の価値を考えなければならない。大量生産の時代は，製品は画一的なものであって，消費者自らのニーズを満たすものを探しに行くという傾向であったが，近年では，企業や生産者が，消費者各々の好みに合わせて，情報を生産の場にフィードバックし，製品をつくることが重要になっている。これが，「経済のサービス化」である[44]。

❸ 情報化による問題点とその対策

「経済学の祖」と呼ばれるアダム・スミス（Smith, A.）は，サービスを経済の対象にはならないとした[45]。しかし，この見方は，今日の経済社会においては，もはや適切ではない。第1章で述べたように，今やサービス業は，GDPの約7割（広義）を占め，経済の主軸を担っている。サービス産業を無視した経済は成り立たないといっても過言ではない。

現代社会は，情報化社会へと移行したことによって，様々な効用を創出している。南方建明＝酒井理[2006]は，ICT（情報通信技術）の進展に伴い，労働者派遣業，チケット取り次ぎ，音楽配信，オンラインゲームなどの事業が拡大していることを指摘している[46]。今日では多くの人が，必要な情報を・必要な時に・必要な形で入手できる環境が整備されている。

しかし，一方で，情報にはいくつかの問題点がある。以下では，① 情報過多の問題，② 不確実性の問題，の2点について取り上げる。

① 情報過多による情報選択能力の必要性：膨大な量の情報を入手できる半面，我々は，その情報の中から，自分にとって有益な情報だけを選別しなければならなくなった。上述したように，企業や生産者は，消費者のニーズや情報に合わせた製品やサービスを，提供しなければならない。消費者は，市場に溢れる様々な製品やサービスの情報を入手し，そこから，自分のニーズを満たしてくれる製品やサービスを選ぶことが重要である。つまり，あらゆる情報が手に入るようになっても，自ら望むものを取捨選択するのは，自分自身

＝人である。

② 情報が持つ不確実性の問題：情報社会の特徴は，その情報が信用できるものなのか，という「不確実性」の問題を出発点としている[47]。現代の消費社会は，製品やサービスの商品事情が複雑化しており，生産者と消費者との間には，商品情報をめぐっての不確実性が増大している。この両者の隔たりを埋め，良好な関係を築くには，密接なコミュニケーションを図る必要がある。

サービスの特性の一つとして，「同時性（一過性）」があげられる。サービスは生産・提供されると同時に，消費も行われる。したがって，サービスの品質について，顧客との間で事前に合意を得ることや，サービスの生産・過程の段階で，顧客とコミュニケーションを図ることが重要である[48]。

現代社会において，どれほど情報化が進んだとしても，情報を保持し，操作するのは人間である。したがって，最終的には，人によって行われるサービスが重要となる。

第5節　サービス・ビジネス論とイノベーション論

❶ サービスとイノベーション論

今日，苦境に陥る日本経済において，生き残りをかけた企業間の競争は，ますます熾烈を極めている。日々激変する社会環境のなかで，企業が存続・発展するためには，もはや小手先の戦略だけでは対応できない。企業そのものの革新が必要である。企業にとって，決定的な経営革新をもたらすものは，イノベーションである。

シュンペーター（Schmpeter, J. A.）[1926]は，「生産とは利用できる種々の物や力の結合を意味し，生産物や生産方法や生産手段などの生産諸要素が非連続的に新結合することがイノベーションである。このイノベーションは，内部か

ら自発的に発生する経済の非連続的発展および創造的破壊につながるものである」と述べている[49]。換言すれば，技術的な生産諸要素を組み合わせることによって現状を破壊し，新たなものを創造することがイノベーションである[50]。

イノベーションの駆動力は，時代の変遷や事業の成熟度に応じて変化する[51]。ドラッカー（Drucker, P. F.）[1993]は，我々は今，時代の転換期に遭遇しており，この転換が，ポスト資本主義社会を創造しつつある，と述べている[52]。ドラッカー[1993]によると，ポスト資本主義社会において，現実に支配力をもつ資源，最終決定を下す生産要素は，資本でも労働でも土地でもなく，知識である。このことから，現代社会は，知識の仕事への応用たる「生産性」と「イノベーション」によって，価値が創出される「知識社会」である[53]。

以上，考察したように，現代社会は知識社会であり，知識社会は，人々の知識の創造と活用を基盤とする社会である。寺本＝原田編[2006]は，知識社会の特性として，従来の工業社会の特性と比較して，次の3つをあげている[54]。

第一に，知識社会における主要な生産物は，ソフトやサービスである。工業社会の主要な生産物は，物，すなわちハードウェアであった。しかし，わが国のGDPの約6割が個人消費を占め，その中の半分が，サービス産業に対するものである今，経済の主軸を担うのは，ソフトやサービス産業である。

第二に，知識社会は，速度の経済や連結の経済が重要となる社会である。これは，顧客・消費者のニーズの多様化，高度化に対応するための必要条件である。工業社会の経済性は，大量生産・大量販売の規模の経済であり，多角化した大企業に見られるような範囲の経済であった。

第三に，知識社会では，人々が知識を単に対象として捉えるのではなく，一人ひとりが「知識を主体的に創造し，活用する社会」となる。工業社会が分業によって，仕事を細分化，対象化して，生産と消費を分断した。

つまり，知識社会における最大の課題は，人々の行為を，主体的な知識の創造と活用に向けて，無形資産価値を戦略的に活用することである。

❷ サービス産業と生産性

　第1章で述べたように，近年，サービス産業の役割は，飛躍的に拡大している。しかし，わが国において，その生産性の伸びが，他国に比べて相対的に低いことがしばしば指摘される。

　かつて，「ものづくり大国」と呼ばれた日本は，その技術力と質の高さを武器に，グローバル市場においても，製造業では圧倒的な存在感を誇っていた。しかし，中国や台湾など新興国の台頭により，厳しいコスト競争にさらされ，国際産業競争力が低下している[55]。さらに，製造業だけでなく，サービス産業においても，米国や欧州と比較すると，わが国の生産性は低い。

　経済産業省編[2007]によれば，サービス産業の生産性が低い要因として，以下の3つがあげられる[56]。

① 無形性：情報の非対称性があるために，消費者に情報が行き渡らず，十分な競争が起こらない。また，消費者の視点・信頼性抜きには，市場の発展は望めない。

② 同時性：競争が限定的なため，地域に市場が限られている。また，製造業に比べ，研究開発が活発でない。さらに，知財が保護されにくいため，ノウハウが模倣されやすく，新たなサービスのノウハウに対する価値が，比較的早く消滅する。

③ 新規性があり，中小企業が多い：市場が若く，中小企業が多いため，体系的なサービス産業人材育成，または，そのカリキュラムの整備などが遅れている。このため，担い手となる人材の育成が不十分である。また，ICTの活用も進んでおらず，産業自体の信頼性も課題である。

　グローバル市場において，サービス産業が中心化している現在，わが国においても，サービス産業の発展は必要不可欠である。サービス産業の生産性の向上のためには，新たなサービスの創出とその具体的な方法論，いわゆるサービス・イノベーションの模索が絶対的に重要である。

　北陸先端科学技術大学院大学MOTコース編集委員会サービスサイエンス・イノベーションLLP編[2007]によれば，サービス・イノベーションは，①

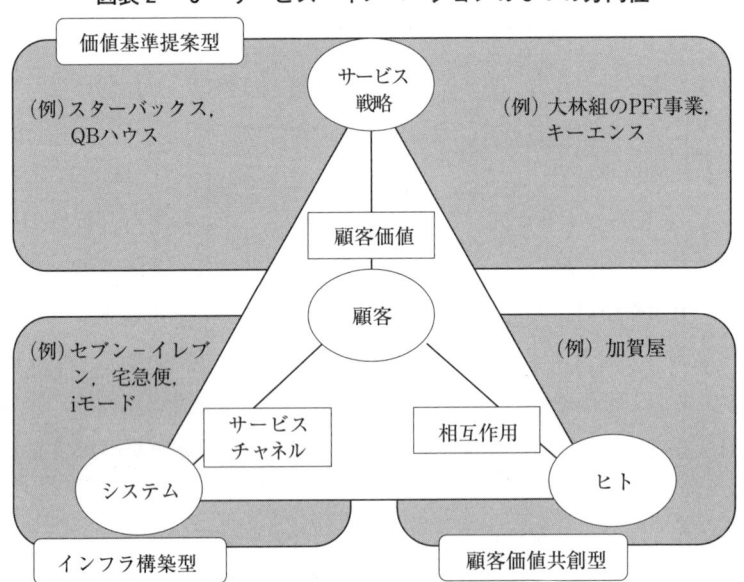

図表2−9　サービス・イノベーションの3つの方向性

価値基準提案型
(例)スターバックス，QBハウス
(例)大林組のPFI事業，キーエンス
サービス戦略
顧客価値
顧客
(例)セブン−イレブン，宅急便，iモード
サービスチャネル
相互作用
システム
ヒト
(例)加賀屋
インフラ構築型
顧客価値共創型

（出所）北陸先端科学技術大学院大学 MOT コース編集委員会サービスサイエンス・イノベーション LLP 編[2007]158頁を筆者が一部加筆。

サービス戦略，②サービス提供システム，③ヒト，の3つで構成される[57]。そして，図表2−9に示されるように，サービス・イノベーションには，3つの方向性がある。

　例えば，顧客価値共創型の加賀屋（創業：1906年）は，顧客満足度（CS）の向上には，従業員満足度（ES）の向上が不可欠であると考え，1986年に女性社員が子供を育てながら安心して働ける環境を整備し，保育園と母子寮を備えた8階建ての専用施設「カンガルーハウス」を設置した。顧客満足度と従業員満足度を高め，「プロが選ぶ日本のホテル・旅館100選」で27年間連続1位に評価されている[58]。加賀屋は，特に，ヒトを重視するサービス戦略を取っている。

❸ サービス・イノベーション

　上述したように，現代では，企業経営において，無形資産の重要性が高まっている。20世紀に発展した規格量産型の工業社会においては，土地や工場，機械などの物理的資産である「有形資産」が主要な構成要素であった。しかし，21世紀の知識社会においては，価値を創出する資産は，ブランド価値や優れた人材，高度なノウハウといった「無形資産 (intangible assets)」である[59]。

　つまり，知識社会においては，ソフトやサービスが重要になる。したがって，イノベーションの方法も，ソフトやサービスを対象としたものでなければならない。付加価値の高いサービス・イノベーションへと，転換が必要不可欠である。

　サービス産業の生産性を向上させるために，行政でも政策が立案されている。例えば，日本の今後の経済発展のために，2006年7月に開催された財政・経済一体改革会議で，「経済成長戦略大綱」が閣議決定された[60]。この流れを受けて，経済産業省では，「サービス産業のイノベーションと生産性に関する研

図表2－10　イノベーションと生産性向上に向けた具体的取組み

目　的	手　段
①「経験と勘」に頼るサービス産業から「科学的・工学的手法」によるサービス産業へ	・製造管理ノウハウの活用 ・科学的・工学的アプローチの拡大 ・ITの活用
②サービス産業の品質の向上と人材の育成	・信頼性向上のための情報提供のための仕組みづくり ・品質評価のための分野横断的ベンチマーキングの整備 ・人材の育成
③サービス産業の新規参入促進と海外進出への支援	・サービス産業への参入の促進 ・海外進出
④サービス産業による地域の活性化	・地域への展開
⑤サービス産業の実態の統計への反映	・統計整備と実態把握

（出所）　経済産業ジャーナル[2007/7]15頁に基づいて筆者作成。

究会」が開催された。その中で，わが国のサービス産業を取り巻く共通課題の検討や，その共通課題についての官民の役割分担の考察がなされた。「サービス産業生産性協議会」を中心に，図表2-10に示されるような具体的取組みが推進される予定である。

経済産業省編[2007]によれば，サービス産業の生産性の向上のためには，以下の2点を重視することが不可欠である[61]。
① 効率性の追求：「サービス産業における科学的・工学的アプローチの拡大」「製造業のノウハウの活用によるサービス提供プロセスの改善」などが有効である。
② 顧客満足の向上やホスピタリティ：顧客満足度の向上やホスピタリティを含めたサービス品質向上も通じた付加価値向上・新規ビジネス創出のためには，サービス提供者と消費者の間の情報と信頼をつなぐ「信頼性向上のための情報提供の仕組み作り」「品質評価のための分野横断的ベンチマーキングの構築」に取組む必要がある。

経営者は，効率性の向上に目を向けがちであるが，付加価値の向上や新規ビジネスの創出による，サービスの質の向上も重要である。サービス・ビジネスにおいては，一見相反する品質と効率性の融合が課題である。知識社会を生きる企業は，知識を主体的に活用し，新たなイノベーションを創造していかなければならない。

注）
1）宮沢健一[1987]5-8頁。
2）小田切宏之[2001]1頁。なお，産業とは，「同一あるいは類似の製品・サービスを生産し，販売する企業の集まり」を指し，市場とは，「売り手と買い手が参加して，ある同一の商品について取引を行う具体的あるいは仮想的な場」を指す。
3）SCPとは，それぞれ S (Structure：市場構造)，C (Conduct：市場行動)，P (Performance：市場成果) の頭文字を指す。
4）土井教之編[2008]1頁。
5）Lovelock, C. = Wirtz, J. [2007]訳書13頁。
6）宮沢[1987]218-219頁。

7）同上書54-56頁。
8）野村清［2008］120-121頁。
9）就業人口の産業構造別推移については，例えば，国勢調査を参照されたい。
10）野村［2008］242頁，しかし，大企業組織の方が，情報・技術の蓄積も厚く，資金調達や人材確保の点でも有利という側面も強い。これらの利点を活かし，きめ細かいサービス提供を行うには，研究開発部門を独立させた構造で対応する必要がある。
11）同上書143-147頁。
12）同上書147頁。
13）嶋口充輝［2000］89頁。
14）同上書89頁。
15）Levitt, T.［1956］訳書252-273頁。
16）岸川善光［2007b］193頁。
17）Kotler, P. = Hayes, T. = Bloom, P. N.［2000］訳書7頁。
18）三宅隆之［1999］124頁。
19）清水公一［2000］iii頁。
20）同上書64頁。
21）三宅［1999］124頁。
22）加藤勇夫＝寶多國弘＝尾碕眞編［2006］50頁を一部修正。
23）山本昭二［2007］49頁。
24）Zeithaml, V. A. = Parasuraman, A. = Berry, L. L.［1986］p. 186, p. 190。
25）Kotler, P. = Hayes, T. = Bloom, P. N.［2000］訳書39，41頁。
26）岸川［2006］257-258頁。
27）同上書10頁。
28）野村［2008］6頁。
29）岸川［2006］66-71頁。
30）同上書99頁。
31）同上書114頁。
32）同上書140頁。
33）同上書70頁。
34）同上書190頁。
35）野村［2008］193頁。
36）Bell, D.［1973］訳書2頁，なお，「脱工業化社会」とは，財貨生産経済からサービス経済への変化であり，人間の技術的知識や情報が中心的役割を果たす社会のことである。
37）Toffler, A.［1980］訳書27-28頁。なお，第一の波は，農業革命を指し，第二の波は，産業革命を指す。
38）Toffler, A. ＝ 田中直毅［2007］8頁。

39) 上林憲行[2007]46-48頁。なお，マスカスタマイゼーションとは，安価で顧客のニーズにあった製品を提供することである。また，生産者と消費者の間の溝は，ICT 技術の登場により埋められ，プロシューマーと呼ばれる新しいタイプの社会構成員が生まれると予測した。プロシューマーとは，消費者が，商品の生産過程において，何らかの形で関与することであり，消費者でもあり生産者でもある概念である。
40) 林雄二郎[1969]161-162頁を一部修正。
41) 寺本＝原田編[1999]12頁。
42) 同上書13-14頁。
43) 平野龍一[1984]14頁。
44) 同上書14-16頁。
45) Smith, A.[1789]訳書515-518頁，なお，労働活動には，生産的労働と不生産的労働の2つが存在する。
46) 南方建明＝酒井理[2006]228-242頁，なお，ここでは使用権提供サービスについてではなく，IT 活用による効用という視点に特化している。
47) 柏倉康夫他[2006]35頁。
48) 南方＝酒井[2006]100頁。
49) Schmpeter, J, A.[1926]訳書182-183頁。
50) 岸川[2004]3-4頁。
51) 北陸先端科学技術大学院大学 MOT コース編集委員会サービスサイエンス・イノベーション LLP 編[2007]194頁。
52) Drucker, P. F.[1993]訳書1頁。
53) 同上書7-10頁。
54) 寺本＝原田[2006]4-8頁。
55) 北陸先端科学技術大学院大学 MOT コース編集委員会サービスサイエンス・イノベーション LLP 編[2007]194-195頁。
56) 経済産業省編[2007]22-23頁。
57) 北陸先端科学技術大学院大学 MOT コース編集委員会サービスサイエンス・イノベーション LLP 編[2007]156-157頁。
58) 同上書167-170頁（kagaya. HP 参照）。
59) 寺本＝原田編[2006] i 頁。
60) 「経済産業ジャーナル」[2007/7]14-15頁，この決定の中には，「サービス産業の生産性を，抜本的に向上させることにより，製造業と並ぶ双発の成長エンジンを創る」こと，また，このために「産学官によるサービス産業生産性協議会が2006年度内を目途に設立」することが盛り込まれている。
61) 経済産業省編[2007]27頁。

第3章
サービス・ビジネスの体系

　本章では，総論のまとめとして，サービス・ビジネスを体系的に理解するために，5つの観点を設定し，それぞれの観点からサービス・ビジネスについて考察する。

　第一に，サービスの中心概念について考察する。まず，サービスの生産性が低いことを，データに基づいて理解する。次に，生産性向上の手段を明らかにした上で，① サービスの品質に対するマネジメント，② サービス・プロダクトの運用，の2点について考察する。

　第二に，サービス・ビジネスの枠組みについて考察する。まず，サービス・ビジネスの特性について理解する。次に，サービス・ビジネスの構成要素として，① リレーションシップ・マーケティング，② 顧客価値の創造，に着目しその改善方法について理解を深める。さらに，サービス・ビジネスの役割を多面的に考察する。

　第三に，サービス・コンセプトの策定と実行について考察する。まず，顧客に対してサービス・コンセプトが重要になりつつあることを理解する。次に，サービス・コンセプトをどのように策定・実行するのかを，具体的に基づいて明らかにする。

　第四に，サービス・ビジネスの経営資源について考察する。まず，4つの経営資源（ヒト・モノ・カネ・情報）の意義について理解を深める。その上で，いくつかの先行研究に基づきながら，人的資源と情報的資源に焦点を当てて考察する。

　第五に，サービス・ビジネスの拡大について考察する。特に，サービス・ビジネスが拡大した背景として，① 学際化，② 業際化，③ 国際化，の3つに着目し，その動向について言及する。

第1節　サービスの中心概念

❶ サービスの生産性

　日本のサービスの生産性が低いことは，第1章でも簡潔にふれた。例えば，米国と比較すると，わが国のサービス産業の労働生産性は，平均して米国の6割弱であり，卸売業は5割弱，ホテル・外食産業は4割弱の水準である。この要因のひとつとして，日米間の平均的企業規模の違いがあげられる。わが国の小売業の企業規模は米国の約3割弱である。

　反面，事業所数は，2002年で約130万と米国に比べて2割多く，さらに，全体の6割を個人事業所が占めている。これは，わが国では，伝統的で細部まで配慮の行き届いた，非常に規模の小さいサービス業（町の家族営業のクリーニング店や小売店など）が数多く存在していることに起因する。わが国のGDP全体の約7割（広義）がサービス関連の産出であることを考慮すると，サービスの生産性が低いことは，国際競争力の面からも大きな問題である[1]。

　コトラー＝ヘイズ＝ブルーム[2000]は，サービスの生産性向上の方法として，①給与は据え置いてサービス提供者の仕事量を増やす，あるいは業務の効率化を図る方法，②サービスの品質を落とし提供量を増やす方法，③設備の導入によりサービスを提供する潜在能力を高める方法，④新製品を開発し，あるサービスの必要性を減らす，あるいはなくす方法，をあげている[2]。

　このように，コトラー＝ヘイズ＝ブルーム[2000]は，サービス提供組織の視点から生産性向上の方法を提示した。さらに，ラブロック＝ウィルツ[2007]は，同様の内容を顧客志向に特化して，以下の3つをあげている[3]。

① 顧客のサービス需要の調整：季節や，一日の時間帯により，顧客の需要量が変動するため，ピーク時は顧客からのクレームも増加する。したがって，インセンティブの付与や，インターネット・電話などの活用により，顧客のサービス需要を一定にすることによって，従業員や施設への負担を軽減し，

生産性改善を図る方法などがあげられる。

② サービス・プロセスへの顧客の積極的な参加：顧客が積極的にサービス・プロセスに参加することにより、従業員の業務の一部を顧客へ委託する方法である。例えば、ガソリンスタンドや銀行、ホテルや航空サービスなどのセルフ・サービスがあげられる。

③ 第三者への業務委託：特定業務の専門性を持つ第三者への委託は、自らが行うよりもコストを抑えることができ、サービスの品質および生産性の改善にもつながる。具体的には、旅行代理店やコール・センターなどがある。

このように、サービスの生産性を向上させるためには、①インプットから生み出されるアウトプットの比率の増加、②一定のアウトプットを創り出すためのインプットの削減を図ること、が重要である。

❷ サービスの品質

サービスの品質は、サービスの生産性と密接な関係にある。コトラー＝ヘイズ＝ブルーム[2000]によれば、サービスの品質は、①サービス提供過程の品質、②サービスの結果の品質、によって構成される[4]。サービス提供過程の品質とは、サービスを提供している時の従業員の対応や、機械（ATMや自動改札など）の使い勝手などがあげられる。一方、サービスの結果の品質は、コンサルタントのアドバイスにより企業の業績が改善された、医療サービスを受けて病気が治った、などが含まれる。

サービスの品質測定ツールとしては、例えば、SERVQUAL（サーブクアル）モデルがあげられる。SERVQUALモデルは、医療機関や小売店、銀行、ファストフード店など様々なサービス分野で用いられているが、5つの指標[5]のみでは、品質測定が困難であるなどの批判もある。

近年では、インターネットの普及に伴い、オンライン・チャネルによるサービスが広がっているため、新たなサービス品質測定ツールとしてE-S-QUALが開発された[6]。SERVQUALモデルやE-S-QUALよりも包括的かつ多様なサービス分野に適応可能な品質測定ツールの開発が求められている。

サービス品質を向上させる方法は、図表3-1に示されるように、サービス

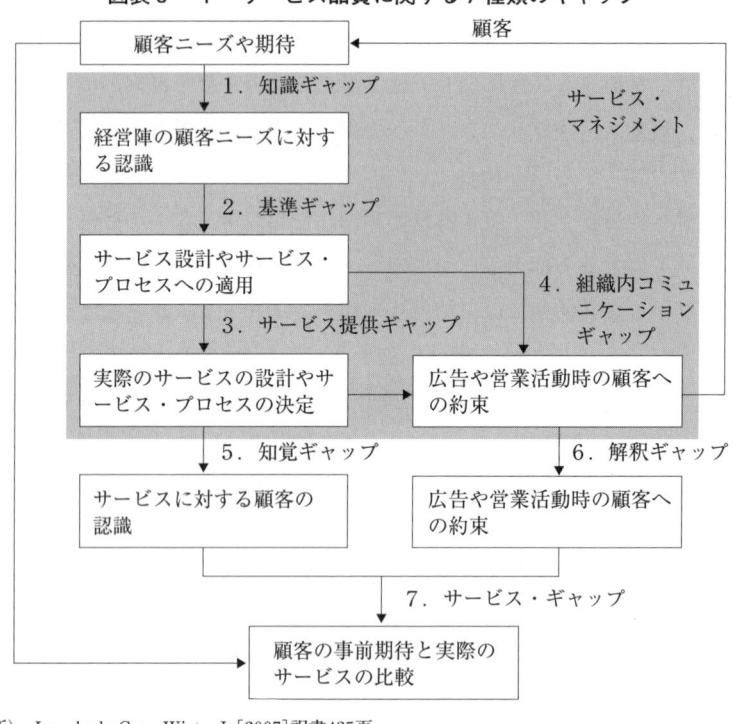

図表3－1　サービス品質に関する7種類のギャップ

```
                            顧客
        ┌─── 顧客ニーズや期待 ◄───┐
        │         │                │
        │    1. 知識ギャップ       │  サービス・
        │         ▼                │  マネジメント
        │  経営陣の顧客ニーズに対す │
        │  る認識                  │
        │         │                │
        │    2. 基準ギャップ       │
        │         ▼                │
        │  サービス設計やサービス・ │  4. 組織内コミュ
        │  プロセスへの適用        │     ニケーション
        │         │                │     ギャップ
        │    3. サービス提供ギャップ│
        │         ▼                │
        │  実際のサービスの設計やサ │  広告や営業活動時の顧客へ
        │  ービス・プロセスの決定   │  の約束
        │         │                │       │
        │    5. 知覚ギャップ       │  6. 解釈ギャップ
        │         ▼                │       ▼
        │  サービスに対する顧客の   │  広告や営業活動時の顧客へ
        │  認識                    │  の約束
        │         │                │       │
        │         └────7. サービス・ギャップ┘
        │                    │
        │                    ▼
        └─────►顧客の事前期待と実際の
                サービスの比較
```

（出所）　Lovelock, C. = Wirtz, J. [2007]訳書425頁。

の設計および提供を行う各段階で生じる様々なギャップを埋めることである。

　なかでも，「7サービス・ギャップ」は最も影響が大きく，サービス品質改善の最終的な目的は，このギャップを最小限に抑えることである。これらのギャップを埋めるため，各サービス組織が独自の対策を考案・実行することが，サービス品質の向上につながる[7]。

❸　サービス・プロダクト

　サービス・プロダクトの位置づけを理解するためには，サービス・プロダクトとカスタマー・サービス，補完的サービスについて把握する必要がある。まず，企業が市場で提供するものを，①コア・プロダクト，②補完的サービス

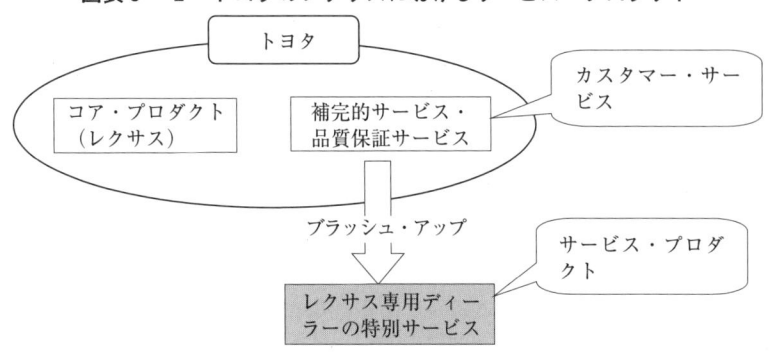

図表3－2　トヨタのレクサスにおけるサービス・プロダクト

（出所）　Lovelock, C. = Wirtz, J. [2007]訳書17頁に基づいて筆者作成。

（コア・プロダクトを使いやすくするための行為や便益の提供），に分類する。

　サービス業では，提供しているサービスそのものがコア・プロダクトであり，サービス・プロダクトであることは明らかである。しかし，製造業や建設業，エネルギーなどの場合，コア・プロダクトは，モノ（構造物や商品など）である。

　そして，コア・プロダクトの販売促進や顧客満足の獲得を目的としたコンサルティング，金融，配送，設置，メンテナンス，アップグレード，環境を配慮した廃棄などが，補完的サービスである。この補完的サービスが，いわゆるカスタマー・サービスである。

　近年では，補完的サービスの一部を再構築し，1つのサービスとして販売する傾向がある。この場合のサービスは，ターゲット層の変更や新サービス提供の可能性を持つサービス・プロダクトとなる。

　図表3－2に示されるように，トヨタは，コア・プロダクトとして高級車レクサスを販売すると同時に，最高の品質保証サービスをカスタマー・サービスとして提供している。さらに，その品質保証サービスを向上させたレクサス専用ディーラーの特別サービスというサービス・プロダクトも提供している[8]。

　鄭森豪[2006]によれば，サービス・プロダクトは，①物的サービス，②人的サービス，③システム的サービス，に分類される。物的サービスには，物

品・機械のレンタルリース,遊園地,パチンコやゲーム場などが含まれ,人的サービスは,家事サービス,理容・美容,弁護士・会計士などの専門サービス,医療サービスなどが含まれる。また,システム的サービスとは,生命保険や損害保険,公演,映画,教育など物的サービスや人的サービスを媒体とする情報提供である[9]。

なお,コア・サービスの価値を高めるためのサービスは,品質や生産性を第一に考える必要はない。しかし,サービス・プロダクトを提供する場合は,生産性および品質に充分注意する必要がある。なぜならば,サービス・プロダクトの生産性および品質が,その事業の業績を大きく左右するからである。

第2節　サービス・ビジネスの枠組み

❶　サービス・ビジネスの特性

第1章で考察したように,サービスは,本質的特性(時間・空間の特定性,非自在性)と基本的特性(非貯蔵性,同時性(一過性),不可逆性,無形性,認識の困難性)を持つ。さらに,本書では,異質性についても言及した。

サービス・ビジネスの特性は,このような特性を持つサービスを扱うため,サービスの特性と非常に密接した関係にある。図表3-3は,サービスと物の相違点から,その影響とビジネスへの課題を示したものである。

サービス・ビジネスでは,特に在庫が不可能であることが特徴である。ラブロック＝ウィルツ[2007]によれば,サービス・ビジネスでは,サービス提供のための施設や機会および人材の事前準備は可能であるが,サービスそのものを用意しておくことはできない。したがって,サービス・ビジネスでは,プロモーション,予約,柔軟な価格戦略により,サービス需要を標準化してサービス提供能力とのバランスを図ることが必要である[10]。

また,原価管理が困難であることも,サービス・ビジネスの特性の1つであ

図表3－3　サービス・ビジネスの特性とその影響

相違点	影響	マーケティング課題
サービスには在庫がない	・顧客がサービス提供を断られたり，待たされたりすることがある	・プロモーション，柔軟な価格戦略，予約による需要の標準化　など
無形要素がサービス価値を生み出す	・サービスには味や匂いや触感がなく，見聞もできない ・サービスの評価や競合サービス同士の比較が困難	・有形の要素を利用したサービスの視覚化 ・比喩や明確なイメージによる広告やブランディング
可視化が困難	・顧客リスクや不確実性が高まる	・正しい選択のための顧客への説明，サービス内容やパフォーマンスの解説，保証の提示
顧客が共同生産者となる	・顧客がサービス提供側の設備，施設，システムに関わる　など	・顧客が使いやすい機器，施設，システムの開発　など
顧客がサービス経験を左右する	・サービス・スタッフおよび他の顧客の外見，態度，行動がサービス経験や顧客満足を左右する	・サービス・コンセプト強化につながる従業員の採用，研修，評価　など
インプットとアウトプットの変動が大きい	・一貫性・信頼性・品質の保持，生産性向上によるコスト削減が困難 ・サービス・ミスをなくすことが困難	・顧客の期待に基づくサービス品質基準の設定，サービス要素の再構築による簡素化と失敗回避　など
時間が重要な概念である	・顧客が時間を有効活用し，無駄な待ち時間を嫌って時間効率のよいサービスを求める	・サービスの迅速化，待つことによる負担の軽減，営業時間の拡大
オンライン・チャネルが存在する	・情報サービスはインターネットや電話などのオンライン・チャネルで提供できるが，物理的な活動や商品などが関わるコア・サービスは提供できない	・顧客の利用しやすい安全なウェブサイトの設計，フリーダイヤルの設計　など

（出所）　Lovelock, C. = Wirtz, J. [2007]訳書18頁を筆者が加筆修正。

る。この特性は，サービスの無形性からの影響が大きく，製造業と異なり，目に見える形で管理を行うことができないことに起因する。ここでは，サービス・ビジネスの特性について，映画館の事例を取り上げる。映画館は，映画の上映を通じて，感動や体験などのサービスを提供する。しかし，顧客は，映画を実際に観るまで，本当に満足できるか分からない。すなわち，認識の困難性が存在する。

したがって，映画館は，事前に顧客に品質を伝える努力をしなければならないというビジネスの特性を抱えている。この課題を克服するため，キャラクターの着ぐるみ（人体着用ぬいぐるみ）によるプロモーションや，毛布の無料貸出し，会員用の特別席の設置などを行っている。

このように，サービス・ビジネスの特性は，サービスの特性との結びつきが非常に強い。サービスの特性と同様に，サービス・ビジネスも多種多様な特性を抱えている。このため，サービス・ビジネスの特性を踏まえたサービス・マーケティングやサービス・マネジメントがビジネス成功のために極めて重要となる。

❷ サービス・ビジネスの構成要素

まず，ビジネスの構成要素を，ポーター（Porter, M. E.）の「価値連鎖（value chain）」を用いて分析する。価値連鎖とは，ポーター[1985]が提示した，「コストのビヘイビアおよび差別化について，現存または潜在の源泉を理解するために，会社を戦略的に重要な活動に分解[11]」したものであり，図表3－4に示したとおりである。価値連鎖は，単なる個々の独立した活動の集合体ではなく，相互に依存した関係にある。なお，サービス・ビジネスにおいては，生産と消費が同時に行われるため，出荷物流業務はほとんど必要ではない。

サービス・ビジネスの具体的な構成要素として，第一に，リレーションシップ・マーケティングがあげられる。リレーションシップ・マーケティングとは，コトラー＝ヘイズ＝ブルーム[2000]によれば，「顧客を維持し，利害関係者集団間の境界線を越えた関係性を構築すること[12]」である。

しかし，全ての顧客と強力な関係を結ぶ必要はない。①ニーズを満たすには収益性が見合わない，②多大な資源を要する，③サービスを提供するのにコストがかかりすぎる，という場合は，少ない顧客と一層強力な関係構築を図るべきである[13]。近年は，技術的変化，社会的変化，経済的変化により，リレーションシップ・マーケティングの重要度が格段に高まっている。

第二に，顧客価値の創造があげられる。顧客価値とは，獲得するものと支払うものとの対比によって決まる顧客が感じる価値のことである[14]。

図表3－4　価値連鎖の基本形

	全般管理（インフラストラクチャ）				マージン
支援活動		人事・労務管理			
		技術開発			
		調達活動			
	購買物流	製造	出荷物流	販売・マーケティング	サービス

主活動

（出所）　Porter, M. E. [1985]訳書49頁。

　サービス・ビジネスは，顧客ニーズを満たす価値，つまり顧客価値を創造し提供することによって，利潤を得ることを目的としている。
　しかし，顧客価値が全社的に共有されなければ，その機能が発揮されない点に注意しなければならない。顧客価値の創造に成功している例としては，レジャー・サービスのディズニーランド，カフェ・チェーンのドトール・コーヒー，などがあげられる。
　また，サービス・ビジネスの構成要素は，継続的な改善が求められる。具体的な手法として，BPR（ビジネス・プロセス・リエンジニアリング）を取り上げる。
　ハマー＝チャンピー（Hammer, M. = Champy, J.）[1993]によれば，BPRとは，「コスト，品質，サービス，スピードのような重大で現代的なパフォーマンス基準を改善するために，ビジネスプロセスを根本的に考え直し，抜本的にデザインし直すこと[15]」である。BPRは，新産業分野の創出，新事業の創造，雇用機会の創出，貿易摩擦の回避，市場メカニズムの回復，国際競争力の強化，内外価格の是正など，多くの光の面を持つ。しかし，一方で，既存市場の没落，既得権の消滅，雇用の不安定さなどの，影の部分も数多く抱えるため注意が必

要である[16]。

このように，サービス・ビジネスは，構成要素を適切に管理し機能させることが重要である。さらに，BPRによる継続的な改善を行い，常に顧客満足を創り出せる状態にしておかなければならない。

❸ サービス・ビジネスの役割

以下では，サービス・ビジネスの役割を，① 企業，② 政府，③ 文化的な視点から考察する。

① 企業からの視点：根本孝編[2006]は，企業の役割とは，「価値創造とその持続的提供である[17]」と指摘している。ここでいう，価値とは，株主価値（インカム・ゲインやキャピタル・ゲイン），顧客価値（品質・価格・納期など），社会的価値（社会的責任の遂行，社会的貢献，コンプライアンス）であり，サービス・ビジネスでは，上記した価値の創造・提供が要求される。伊丹敬之[2003]は，顧客が持つ多面的なニーズの全体を「ニーズの束」と呼び，① 製品そのもの（性能，品質，付帯ソフトなど），② 価格，③ 補助サービス（アフターサービス，支払い条件，購入のしやすさなど），④ ブランド（製品や企業のイメージ，社会的評価など）の4つに分類した[18]。しかし，サービス・ビジネスにおいては，製品としてのサービスと，補助サービスを明確に区別する必要がある。

② 政府からの視点：第1章で考察したように，わが国のGDPに占めるサービス産業の比率は，2007年の時点で70%である。これは，主要先進国においても同様の傾向にある。このように，サービス・ビジネスは，GDPや雇用・就業構造へプラスの影響を与えており，"国を豊かにするための原動力"という役割を果たしている。

③ 文化的な視点：様々なサービス・ビジネスの登場は，我々のライフスタイルに大きな影響を与えた。例えば，ネット・バンキングにより，顧客は，自宅から暇な時間に残高の確認や送金を行うことが可能になり，長時間待つ必要がなくなった。また，カラオケやアミューズメントパーク，旅行サービスの充実化は，休日や休暇の過ごし方を変えた。すなわち，サービス・ビジネ

スは，"人々のライフスタイルを豊かにする"という役割を担っている。

このように，サービス・ビジネスが担う役割は非常に多い。また，今後もその役割は増加し，成果への期待が大きいことを強調しておきたい。

第3節　サービス・コンセプトの策定と実行

❶ サービス・コンセプトの重要性

　サービス・ビジネスに取り組む企業は，標的市場に対して，明快かつ首尾一貫したサービス・コンセプトを策定しなければならない。

　サービス・コンセプトとは，ラブロック＝ウィルツ[2007]によれば，「コア・サービスと多彩な補完的サービスの組み合わせ[19]」である。また，ローイ＝ゲンメル＝ディードンク[1998]は，「製品の本質[20]」と定義している。さらに，近藤[2007]は，「サービス・コンセプトは，顧客に提供しようとする特定の便益で，サービス商品として具現化される。顧客が満たそうとする欲求（ニーズ）に対応したものである[21]」と定義している。すなわち，サービス・コンセプトとは，顧客ニーズに応えたコア・サービスと補完的サービスから構成される製品の本質であり，サービス商品として具現化されるものである。

　サービス・コンセプトは，サービス提供システムにおいても重要である。サービス提供システムは，①顧客，②業務，③従業員，の3要素から構成される。この主要構成要素（さらに各々いくつかの要素を持つ）は，いずれも共通の方法で設計・実施し，首尾一貫したサービス提供プロセスの実現を目指さなければならない。その前提として，一貫性と妥当性と明確な焦点を持ったサービス・コンセプトが必要不可欠である[22]。すなわち，サービス・コンセプトの策定は，サービス提供システム設計の第一歩なのである。

　また，サービス・コンセプトは，非常に曖昧になりやすいという特性を持つ。その原因として，従業員の能力，態度は一人ひとり異なり，それぞれがサービ

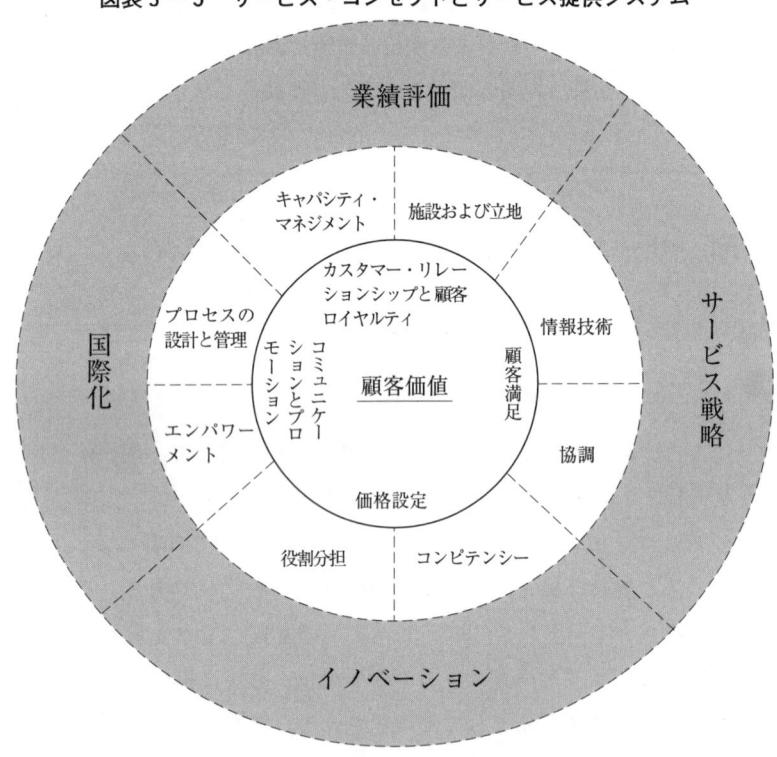

図表 3 − 5　サービス・コンセプトとサービス提供システム

外輪（上から時計回り）：業績評価／サービス戦略／イノベーション／国際化

中輪（上から時計回り）：施設および立地／情報技術／顧客満足／協調／コンピテンシー／役割分担／エンパワーメント／プロセスの設計と管理／キャパシティ・マネジメント

内輪：カスタマー・リレーションシップと顧客ロイヤルティ／コミュニケーションとプロモーション／顧客価値／価格設定

（出所）　Looy, V. B. = Gemmmel, P. = Dierdonck, V. R.［1998］訳書49-51頁を加筆修正。

ス・コンセプトを自由に解釈することがあげられる。

　さらに，その企業のサービス・コンセプト以上のサービスの提供を求める顧客が存在することも原因の1つである。自社のサービス・コンセプト以上のサービスを求めてきた顧客に対して，企業は，既存のサービス・コンセプトを曲げてニーズに応えるか，あるいは見切りをつけるしかない。このようにして，サービス・コンセプトは次第に曖昧になってしまうことが多い。

❷　サービス・コンセプトの策定

　ヘスケット（Heskett, L. J.）［1986］は，戦略的サービスビジョンの基本要素と

して，①標的市場セグメント，②サービス・コンセプト，③実施活動戦略，④サービス提供システム，の4つをあげており，サービス・コンセプトの重要性を指摘している。なかでも，重要な論点として以下の3点があげられる[23]。

① 顧客に提供したサービスのなかで，重要な要素は何か。
② 標的市場セグメントにおいて，それらの要素は，どのように知覚されるか。また，市場や従業員，あるいは他の人々にどのように知覚されるか。
③ サービスがデザインされ，提供され，市場に導入される方法に関して，どのような努力が必要か。

上述した問いは，サービス・コンセプトを策定する指針の一つである。サービス・コンセプトは，顧客価値および従業員ニーズに配慮し，策定されなければならない。実際にサービス提供を行う従業員が支持する共通の価値が取り入れられていなければ，従業員は納得せず業務を行わない危険性を伴う。上述したヘスケット[1986]の定義には，従業員にもたらされる便益，および従業員による知覚も含まれている点に注意する必要がある[24]。

ラブロック＝ウィルツ[2007]は，サービス・コンセプト策定には，顧客によるコア・サービス，補完的サービスの利用順序および所要時間を明らかにする必要があると指摘している[25]。その具体的なツールとして，①時系列でサービスを記述する，②サービス提供をフローチャートで示す方法，があげられる。

図表3-6は，いくつかの事例に基づき，サービス提供のフローチャートを示したものである。これらのツールを活用し，コア・サービスおよび補完的サービスの詳細を確認した上で，一貫性があり，相乗効果のあるサービス・コンセプトを策定することが重要である。

サービス・コンセプト策定の成功例として，クラブメッド（旅行会社）があげられる。クラブメッドは，ウェブサイトを活用し，自社が提案する休暇スタイルを非常に明快に提示している。すなわち，クラブメッドは，顧客および従業員の双方に，極めて明快なサービス・コンセプトを伝達したことにより成功したのである[26]。

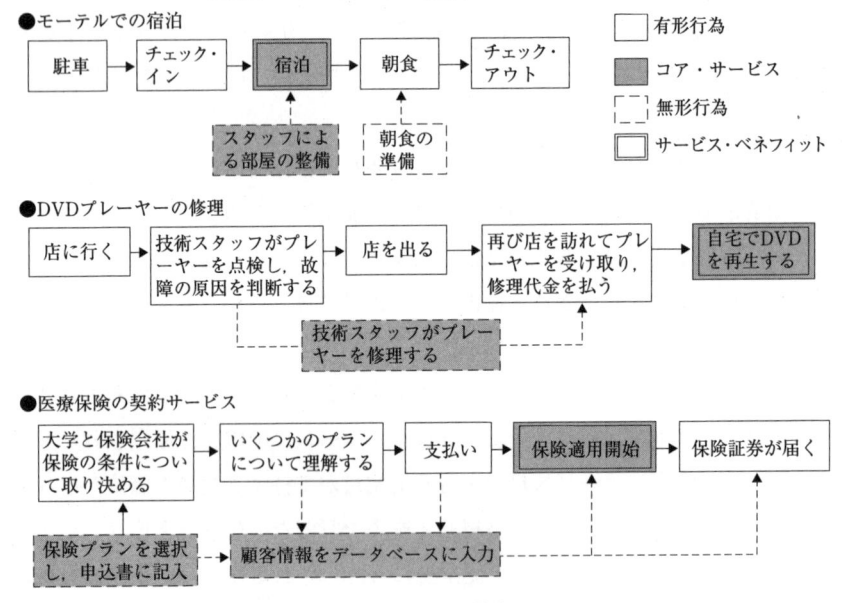

図表3－6　サービス提供のフローチャート

●モーテルでの宿泊

駐車 → チェック・イン → 宿泊 → 朝食 → チェック・アウト

スタッフによる部屋の整備
朝食の準備

凡例：
- □ 有形行為
- ■ コア・サービス
- ┌┄┐ 無形行為
- □ サービス・ベネフィット

●DVDプレーヤーの修理

店に行く → 技術スタッフがプレーヤーを点検し，故障の原因を判断する → 店を出る → 再び店を訪れてプレーヤーを受け取り，修理代金を払う → 自宅でDVDを再生する

技術スタッフがプレーヤーを修理する

●医療保険の契約サービス

大学と保険会社が保険の条件について取り決める → いくつかのプランについて理解する → 支払い → 保険適用開始 → 保険証券が届く

保険プランを選択し，申込書に記入 → 顧客情報をデータベースに入力

（出所）　Lovelock, C. = Wirtz, J. [2007]訳書86頁を一部抜粋。

❸　サービス・コンセプトの実行

　サービス・コンセプトは，サービス・ビジネスの中心に位置し，その影響力は非常に大きいため，実行の際には高いバランス感覚が要求される。ローイ＝ゲンメル＝ディードンク[1998]によれば，サービス・コンセプトを成功裏に実行するためには，以下の3つの課題が特に重要である[27]。

　第一に，市場細分化があげられる。具体的には，標的市場ごとに異なるサービス・コンセプトが求められる。

　第二にターゲット設定があげられる。標的市場ごとにニーズが異なる状況において，全ての顧客にあらゆるサービスの提供を目指しサービス・コンセプトを標準化させることは，結果としてどのセグメントにおいても二番手にしかなれない。このため，取捨選択によりターゲットを決定し，ターゲットセグメントに合わせてカスタマイズすることが重要となる。

第三に，サービス提供システムにおける焦点の明確化があげられる。サービス業は，一般的に顧客と従業員のニーズが多様化する傾向がある。したがって，明快なサービス・コンセプトを打ち出すには，「焦点」が必要となる。マクドナルド，ベネトン，クラブメッドなどの企業は，特定の市場セグメントに焦点を絞り込み，そのターゲットセグメントに属する顧客のニーズや期待とサービスを一致させることを，常に念頭においている。

　上記以外にも，サービス・コンセプトを実行する際の留意点として，サービスの拡散化があげられる。サービス企業は，経営を続ける中で，補完的サービスを徐々に増加させることがある。このことは，通常考える以上にサービスの生産過程を複雑にし，気づかないうちに費用を増加させている場合が多い。

　小売業は当初，低価格でスタートする。しかし，企業が成長するに伴い，様々な補完的なサービスを加えることによって，コア・サービスを形成していた低価格を維持できなくなるのである。

　このように，補完的サービスがコア・サービスの効用を高めるのではなく，阻害する「拡散化」を招く要因ともなる[28]。すなわち，サービス・コンセプトの実行において，コア・サービスの充実を優先し，補完的サービスを追加するという順序に十分注意を払うことによって，拡散化を防止する必要がある。

第4節　サービス・ビジネスの経営資源

❶　経営資源の意義

　経営資源とは，企業活動を行ううえで必要な資源や能力のことである[29]。一般的に，経営資源は，①ヒト，②モノ，③カネ，④情報，に分類される。岸川[2006]は，それぞれ以下のように定義している[30]。
① ヒト：作業者，熟練工，セールスマン，技術者，研究者，経営者などのことであり，人的資源，人材（人財）といわれることもある。

② モノ:原材料,部品,建物,工場,設備,土地などのことであり,物的資源ともいわれる。
③ カネ:手元資金,運転資金,設備投資資金などの資金のことであり,資金的資源ともいわれる。
④ 情報:技術,スキル,ノウハウ,ブランド,企業イメージ,暖簾などのことであり,情報的資源ともいわれる。

また,吉原英樹他[1981]によれば,経営資源は,①可変的資源,②固定的資源,に分類される[31]。
① 可変的資源:企業が,必要に応じて市場から調達することが容易な資源を指す。原材料,短期契約の労働,短期手形貸付などの資金があげられる。
② 固定的資源:企業が,その保有量を増減させるのに時間がかかり,またその調節のために必ず相当のコストがかかる資源を指す。工場や設備などの物的資源,長期契約の従業員,技術・ノウハウなどが含まれる。

可変的資源と固定的資源を比較すると,固定的資源の方が重要である。この理由として,岸川[2006]は,固定的資源が,①市場で調達することが困難であり,内部蓄積に依存する,②固定的資源の価値は企業ごとに異なる,③無形財のため見えないものが多い,④多重利用可能性が高い,⑤企業競争力の源泉になる,などの特徴を持つからであると述べている[32]。

サービス・ビジネスにおいても,固定的資源が可変的資源に比べて重要であ

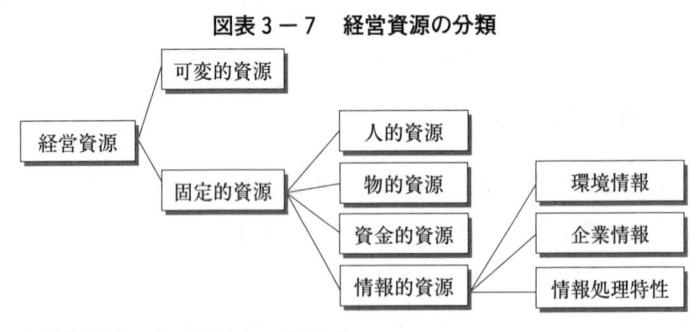

図表3－7　経営資源の分類

```
                    ┌─ 可変的資源
                    │
                    │            ┌─ 人的資源
経営資源 ─┤            │
                    │            ├─ 物的資源                ┌─ 環境情報
                    └─ 固定的資源 ─┤                        │
                                 ├─ 資金的資源 ─ 企業情報
                                 │
                                 └─ 情報的資源 ─ 情報処理特性
```

(出所)　吉原英樹他[1981]26頁をもとに筆者作成。

る。サービス・ビジネスでは，特に人的資源および情報資源が，企業活動に大きな影響を与える。人的資源は，企業が顧客にサービスを提供する窓口であり，従業員の質が顧客満足を大きく左右する。また，情報そのものが商品価値を持ち，独立したサービスとして提供されていることから，情報資源が重要であることは明らかである。

したがって，以下では，サービス・ビジネスの経営資源として，人的資源および情報資源を中心に取り上げる。

❷ サービス・ビジネスにおける人的資源

まず，サービス・ビジネスにおける人的資源の重要性について考察する。ラブロック＝ウィルツ[2007]は，図表3-8に示されるように，「成功サイクル」を用いて人的資源の重要性について分析している[33]。

質の高い人的資源と，その適切な管理は，サービスの品質向上につながり，長期的な収益の獲得を実現する。さらに，人的資源は，企業の情報資源を身につけ，顧客にサービスを提供する媒体としても，非常に重要である。すなわち，サービス・ビジネスにおいて，人的資源管理は欠かせない。

特に，サービス・ビジネスの人的資源管理において，①コンピテンシー，②協調，③エンパワーメント，3つの要素が重要となる[34]。

① コンピテンシー：期待される高い業績・成果を安定的・継続的に上げていく人材が有している思考・行動の特性のこと。具体的には，目標・活動管理，リーダーシップ，人材管理，の3つがある[35]。

② 協調：予期せぬ事態に出くわした際，同僚の協力や支援を受けるなどの従業員間の協調関係のこと。新たな問題や未知の問題の解決，従業員の学習の促進というメリットを持つ。

③ エンパワーメント：従業員の自主性を高め，進んで行動させること。権限や責任の所在，学習，報奨制度などに影響を与える。

慶應義塾大学ビジネス・スクール編[2004]によれば，人的資源管理の機能は，①人を導入し組織を構成していく機能，②人を訓練し能力開発していく機能，③人が活動するよう動機づける機能，④人が安心して働けるようにする機能，

図表3-8　成功サイクル

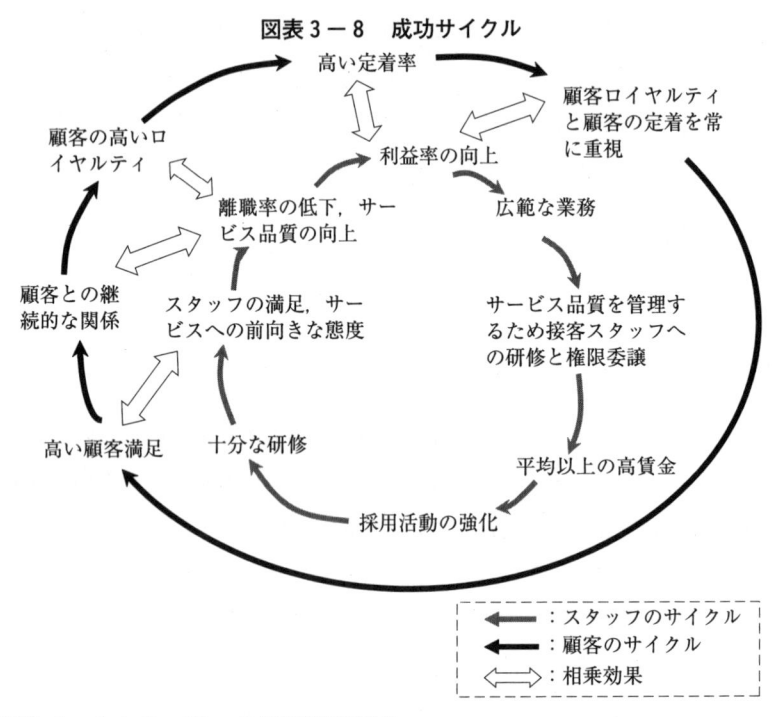

(出所)　Lovelock, C. = Wirtz, J. [2007]訳書330頁。

の4つに分類される[36]。企業は、これらの機能の実現を目指して人的資源管理を行うのである。

　ここまで、人的資源管理の重要性、要素、機能について概観した。具体的な管理手法については、第7章で詳述する。

❸　サービス・ビジネスにおける情報的資源

　近藤[2007]によれば、情報化の進展は、サービス・ビジネスの3つの側面に影響を与えた[37]。

　第一に、サービスを提供する企業や個人と、サービスを消費する企業や個人との関係があげられる。この関係に情報技術が加わったことにより、時間と場所の制限が除かれた。例えば、インターネット・ショッピングを利用すれば、

店を訪れなくても，自宅のパソコンから様々なものを，24時間いつでも購入することが可能である。

　第二に，サービス企業のデリバリー・システムがあげられる。携帯電話，電子メール，VANなどにより，サービス・デリバリーを行うための指示・連絡・操作などが，即時化，単純化，自動化された。さらに，サービス活動の様々な場面において発生する情報の集積・分析も容易となった。

　第三に，情報提供が，企業のサービス活動の内容そのものである場合があげられる。具体的には，医療サービスは，近年，病院を選ぶための指針となる情報が，インターネットを通じて提供されている。また，音楽や映画などもインターネットを通じて配信され，情報がサービスとして提供されている。教育サービスは，予備校や塾では，通信衛星やeラーニングが積極的に導入された。

　伊丹[2003]は，情報的資源を，①競争優位の源泉，②変化対応力の源泉，③事業活動が生み出すもの，と位置づけている[38]。この位置づけは，サービス・ビジネスにおける情報的資源にも当てはまる。すなわち，情報的資源は，サービス・ビジネスにおいても重要な地位にあり，適切に管理される必要がある。具体的な管理方法については，第9章において詳述する。

　情報的資源の活用による効果として，①効果性の向上，②効率性の向上，があげられる[39]。

　アマゾンは，インターネットを活用したブックサービスを提供している。アマゾンでは，ワン・クリック・ショッピング（アマゾンのサイトにおいて，一回クリックするだけで，注文処理が完了する仕組み）により，膨大な顧客情報を獲得するとともに，効果性を大きく向上させた。さらに，個人のウェブサイト（ブログ）からリンクを貼り，閲覧者がそのリンクを経由して商品を購入した場合は，報酬を支払うアフィリエイト方式を導入し，効率よく顧客を獲得している。

第5節　サービス・ビジネスの拡大

❶　学際化

　第2章において，サービス・ビジネス論の生成と発展について考察した。①産業組織論，②マーケティング論，③経営戦略論，④情報経済論，⑤イノベーション論，の5つの視点からサービス・ビジネス論を捉えると，それぞれ次のような問題点を指摘できる。
①　産業組織論：アダム・スミス[1776]によって，サービスは価値を生まないものとされたが，今日の経済社会において，この見方は適切ではない。
②　マーケティング論：他の学問領域に比べ，もともと有形財から無形財へのパラダイムシフトが進んでいた。しかし，その議論は有形財との比較，無形財の賛否が大半を占め，サービス・ビジネスの本質をつかむには至っていない。
③　経営戦略論：物財を中心として発展した従来の経営戦略論は，サービスの特性（無形性，同時性など）について十分に考慮できていない。さらに，経営戦略の構成要素としてあげた5つの構成要素は，サービス・ビジネスには必ずしも十分とはいえない。
④　情報経済論：情報化社会からサービス化社会へシフトしている中で，情報は，情報過多の問題および不確実性の問題を抱えている。この2つの問題に共通して，サービス・ビジネスでの情報保持者である"ヒトの重要性"への言及が欠けている。
⑤　イノベーション論：従来のイノベーションの対象は，有形資産であったため，対象が無形であるサービス・イノベーションに対応できていない。
　このように，学際的なアプローチからサービス・ビジネス論を捉えると，図表3-9のようになる。すなわち，5つの学問分野の中心に位置づけて，それぞれの不十分な部分を補うことが必要不可欠である。

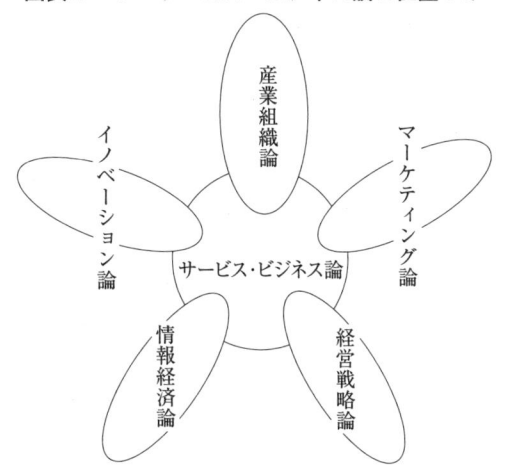

図表3－9　サービス・ビジネス論の位置づけ

（楕円で配置された図：中央に「サービス・ビジネス論」、周囲に「産業組織論」「マーケティング論」「経営戦略論」「情報経済論」「イノベーション論」）

（出所）　筆者作成。

　また，野村[2008]によれば，サービス・ビジネスは，①不確実性で効率の悪い生産計画，②スケール・メリットが生かしにくい，③品質管理が困難，④コスト管理が困難，⑤高い消費者リスクとクレームの多発，⑥サービス要因のストレスが大きい，などの経営課題を抱えている[40]。
　すなわち，サービス・ビジネス特有の経営課題についても，複数の学問分野から学際的なアプローチによるサービス・ビジネス論の確立が急務といえよう。

❷　業際化

　次に，業際化について考察する。業際化とは，産業の垣根を越えてビジネスが行われることにより，産業間の差異が小さくなることである。今日，第一次産業・第二次産業において，サービス・ビジネスに取り組む企業が増加し，業際化が飛躍的に進行している。
　第一次産業においては，ICTによる農業のサービス化があげられる[41]。直売所では，生産者からの情報ニーズに対応するため，POSシステム（販売時点情報管理システム）を整備した。このシステムは，直売所POSと生産農家の端末機を直結したもので，生産者が販売状況・残品・予約など即座に把握で

きる。

　POSシステムを介して直売所と生産者を直接に連結したことにより，生産者が戦略的に販売・出荷を行うことが可能となり，直売所自体の品揃えの質も向上し，顧客の維持獲得に貢献している。

　同じ第一次産業の林業においては，非木材林産物の生産とエコツーリズムの拠点など，森林経営にサービス・ビジネスを取り入れ，木材以外の収入確保の工夫を行っている。

　第二次産業においては，製造業のサービス化があげられる。ヤマザキマザックは，顧客の技術習得に向けて加工プログラムを教育する学校を用意し，同社講師が実際の機械を用いて指導を行う教育サービスを展開している[42]。

　また，製品の持つ機能をサービスとして提供するケースもある。具体的には，超純水供給サービスがあげられる。超純水とは，半導体や液晶の製造工程で洗浄に用いられる純度の高い水である。サービス事業者は，設備の建設から保有，工場排水処理，運転管理，メンテナンスなど一貫して請け負う基本料金に加え，水の使用量に応じ料金を徴収するのである[43]。

　このような第一次産業・第二次産業におけるサービス化の動きとともに，業際化が進んでいる。また，企業のサービス化の根底には，消費のサービス化がみられる。松江宏他[1994]は，消費のサービス化の背景として次の5つの要因を指摘している[44]。

① 欲求のクオリティの変化：生活のゆとりが増すにつれて，物的充足欲求から情緒的・精神的充実欲求へとシフトしている。
② 生活文化に対する欲求の高まり：スポーツ人口の増加，生活空間の個性化・ファッション化，などが最も特徴的な現象である。
③ 生活アメニティ（快適性）に対するニーズの高まり：より快適な生活環境への強いニーズがある。
④ 教育に対するニーズの強さ：教育を長期的な投資と考えて無理な支出をする傾向もみられる。
⑤ 手段的な意味を背景に持った，消費のサービス化：例えば，家庭で昼食の弁当をつくる代わりに外食や給食のサービスを利用するなど，本来は家庭の

中で行っていた労働を，家庭外の企業が肩代わりすることもある。

上述した5つの要因により，消費のサービス化が進んだ。そこで，顧客のニーズに応えなければならないため，様々な企業がサービス・ビジネスへ取り組むことになったのである。換言すれば，どの産業においても産業間の垣根が低くなり，業際化が進展した。

❸ 国際化

次に，サービス・ビジネスの国際化について考察する。前項で述べた消費のサービス化は，国内だけでなく海外においても進んだため，世界規模でサービスの提供が求められた。これに対応するため，例えば，日立建機では，海外サービス拠点の立ち上げを積極化している[45]。このように，近年では多くの企業が，国際的にサービス・ビジネスを展開している。

サービス・ビジネスの国際化を加速させた要因として，ラブロック＝ウィルツ[2007]は，次の5つを指摘している[46]。

① 市場要因：世界各国で共通のニーズがあり，顧客の海外進出に合わせて世界各国でのサービス・ニーズが誕生し，物流ネットワークやオンライン・ネットワークの充実により国際的なサービス提供チャネルが確立された。
② 競争要因：外資系企業の自国市場への参入，国家間の連携の強化，競合サービスの国際市場への進出など。
③ 技術要因：技術革新の中でも特に情報技術の進化が，国際化への大きな原動力となっている。
④ コスト要因：国際化により事業規模を拡大することが，資材調達や規模の経済などコスト面でのメリットとなる場合がある。
⑤ 政策要因：各国の政策は，サービスの国際戦略の策定に大きく影響する。

現在，各国政府がサービスの国際化を促進するための規制緩和に努めている。WTOは，サービス・ビジネスの実際の取引を，図表3−10に示されるように，①越境取引，②国外消費，③業務上の拠点，④自然人の移動，といった4つのモードに分類し，取引が様々な方法で国際化していることを指摘した[47]。

さらに，サービス・ビジネスは，それ自身が生み出す経済価値に加え，関連

図表3－10　サービス取引の4つのモード

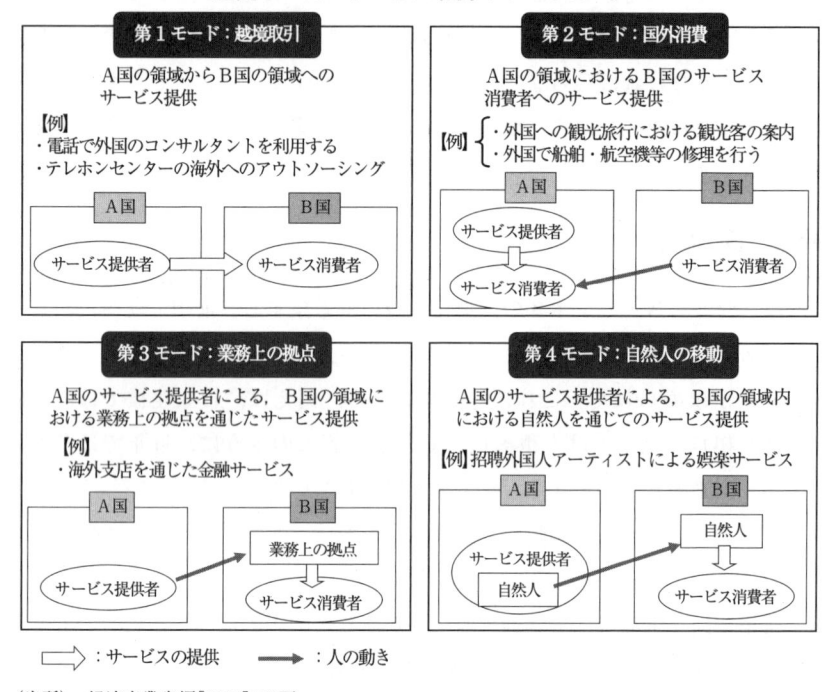

第1モード：越境取引
A国の領域からB国の領域へのサービス提供
【例】
・電話で外国のコンサルタントを利用する
・テレホンセンターの海外へのアウトソーシング

第2モード：国外消費
A国の領域におけるB国のサービス消費者へのサービス提供
【例】
・外国への観光旅行における観光客の案内
・外国で船舶・航空機等の修理を行う

第3モード：業務上の拠点
A国のサービス提供者による，B国の領域における業務上の拠点を通じたサービス提供
【例】
・海外支店を通じた金融サービス

第4モード：自然人の移動
A国のサービス提供者による，B国の領域内における自然人を通じてのサービス提供
【例】招聘外国人アーティストによる娯楽サービス

⇒：サービスの提供　→：人の動き

（出所）　経済産業省編[2007]159頁。

産業，市場への波及効果が非常に大きい。わが国でのサッカー・ワールドカップの開催では，国内チケット販売額など直接効果5,000億円に，プラズマテレビ，スポーツ用品の大幅な売上増加などを加算し，経済波及効果は1兆円超と試算される[48]。

　また，人気ゲームであるポケットモンスターは，ゲームソフトやテレビアニメなどの国内の直接効果1兆円に波及効果を加算し，波及効果合計は2兆3,000億円にも上る[49]。さらに，海外進出も行い高い人気を得た。

　このように，サービス・ビジネスは，世界規模で拡大を続けている。また，大きな波及効果を持つサービス・ビジネスの国際展開が進むことは，日本のブランドイメージの確立にもつながる。サービス・ビジネスの国際化は，今後さらに加速すると予想され，国際競争力の源泉としても期待できよう。

第 3 章　サービス・ビジネスの体系

注）
1 ）近藤［2007］242-244頁を一部修正。
2 ）Kotler, P. = Hayes, T. = Bloom, P. N. [2000]訳書195-196頁を一部修正。
3 ）Lovelock, C. = Wirtz, J. [2007]訳書438-440頁。
4 ）Kotler, P. = Hayes, T. = Bloom, P. N. [2000]訳書38頁を一部修正。
5 ）Looy, B. V. = Gemmel, P. = Dierdonck, R. V. [1998]訳書191頁。 SERV-QUAL モデルは，品質測定の指標として，① 有形性（サービス企業の施設，従業員，提供時に用いられる用具や設備など），② 信頼性（顧客が期待するサービスを最初から提供し，約束を履行するなど，サービス品質に一貫性があり信用できること），③ 反応性（従業員が顧客に進んで手を貸し，迅速にサービスを提供すること），④ 確実性（従業員が知識と礼儀を身につけており，顧客に信頼感と安心感を与えること），⑤ 共感性（顧客一人ひとりに心から気を配ること），をあげている。
6 ）Lovelock, C. = Wirtz, J. [2007]訳書423頁を一部修正。E-S-QUAL は，① 効率性（分かりやすい設計，迅速な取引，ウェブ・サイトへのスムーズな接続），② システムへのアクセス（サイトへの自由な接続，立ち上げの早さ，安定した接続状況），③ 実効性（発注どおりのサービス提供，サービス内容表示の正確さ），④ プライバシー（情報管理が行われ，個人情報の流出の危険がない），の 4 点を指標としている。
7 ）同上書424-425頁を一部修正。
8 ）同上書16-17頁を一部修正。
9 ）鄭森豪［2006］45-47頁を一部修正。
10）Lovelock, C. = Wirtz, J. [2007]訳書18-19頁を一部修正。
11）Porter, M. E. [1985]訳書45頁。
12）Kotler, P. = Hayes, T. = Bloom, P. N. [2000]訳書318頁。ここでの「顧客」とは，最終消費者から全利害関係者（供給業者や従業員，影響力を及ぼす集団）を指す。
13）同上書328-330頁を一部修正。
14）近藤［2007］54頁，小山［2005］126頁。
15）Hammer, M. = Champy, J. [1993]訳書57頁。
16）岸川［2006］222頁。
17）根本孝編［2006］5 頁。
18）伊丹［2003］35-36頁。
19）Lovelock, C. = Wirtz, J. [2007]訳書109頁。なお，コア・サービスとは，顧客の基本的ニーズを満たすものであり，補完的サービスとは，コア・サービスを効果的に利用してサービス価値を高めるためのものである。
20）Looy, B. V. = Gemmel, P. = Dierdonck, R. V. [1998]訳書39頁。
21）近藤［2007］84頁。

22) Looy, B. V. = Gemmel, P. = Dierdonck, R. V. [1998]訳書49-50頁。
23) Heskett, L. J. [1986]訳書8頁を一部修正。
24) Looy, B. V. = Gemmel, P. = Dierdonck, R. V. [1998]訳書41頁。
25) Lovelock, C. = Wirtz, J. [2007]訳書84頁。
26) Looy, B. V. = Gemmel, P. = Dierdonck, R. V. [1998]訳書42-43頁。
27) 同上書43-48頁を加筆修正。
28) Norman, R. [1991]訳書　92-93頁。
29) 岸川[2006]140頁。
30) 同上書140頁を一部抜粋。
31) 吉原他[1981]24頁。
32) 岸川[2006]141頁。
33) Lovelock, C. = Wirtz, J. [2007]訳書329頁。
34) Looy, B. V. = Gemmel, P. = Dierdonck, R. V. [1998]訳書275-355頁を筆者が加筆修正。
35) 根本編[2006]131-132頁。
36) 慶應義塾大学ビジネス・スクール編[2004]4-5頁。
37) 近藤[2007]136-148頁を筆者が加筆修正。
38) 伊丹敬之[2003]241-242頁。
39) 近藤[2007]144-147頁。効果性とは，例えば組織においては，目標達成能力のことを指す。情報の資源の活用により実現した，さらなる高品質サービスの提供などが含まれる。また，効率性とは，主に業務の回転が速くなることを指す。
40) 野村[2008]157-175頁。
41) 通商白書2004〈http://www.chusho.meti.go.jp/hakusho/tsusyo/soron/H16/03-04-02-02.html〉
42) 大和総研〈http://www.dir.co.jp/souken/research/report/emg-inc/biz-model/09020202biz-model.html〉
43) 大和総研〈http://www.dir.co.jp/souken/research/report/emg-inc/biz-model/09020202biz-model.html〉
44) 松江他[1994]7-8頁。
45) 大和総研〈http://www.dir.co.jp/souken/research/report/emg-inc/biz-model/09020202biz-model.html〉
46) Lovelock, C. = Wirtz, J. [2007]訳書131-133頁を筆者が加筆修正。
47) 経済産業省編[2007]159頁。
48) 経済産業省（サービス産業の国際化，重点分野に関する論点）〈http://www.meti.go.jp/report/downloadfiles/g30324b03j.pdf〉
49) 同上。

第4章
サービス・ビジネスにおける経営戦略

　本章では，サービス・ビジネスにおける経営戦略について考察する。サービス・ビジネスを推進する上で，適切な方法に基づき，段階を踏まえた経営戦略を策定することが，優位性を確立し持続させるために必要不可欠である。

　第一に，ドメインの重要性について考察する。まず，具体例に基づいて，ドメインの再定義が企業の存亡を左右することを理解する。次に，ドメインとビジネス・モデルのかかわり方について考察する。

　第二に，サービス・ビジネスにおけるビジネス・システムの重要性について考察する。まず，ビジネス・システムの先行研究をレビューし，顧客満足を起点にすることがサービス・ビジネスを行なう上で不可欠であることを理解する。次に，「流通」を重視する理由について考察し，ビジネス・システムの構築に向けた課題を明らかにする。

　第三に，サービス・ビジネスにおける基本戦略について考察する。具体的には，① サービスの工業化，② 需給バランスの調整，③ サービス・マネジメントの確立，の3点に焦点を当てて考察する。

　第四に，サービス・ビジネスにおける競争優位の構築について考察する。まず，外部環境と内部資源への理解が不可欠であることを理解した後，競争力の源泉を特定し，その活用方法について理解を深める。

　第五に，ドメインのケーススタディとして，IBMを取り上げる。ドメインの視点から問題点と課題を時系列的に探ることによって，将来的に持続可能な競争優位を確立するためのプロセスを明らかにする。この分析によって，理論と実践の融合が可能となるであろう。

第1節　ドメインの重要性

1　ドメインの再定義

　企業によるドメイン（domain）の再定義は，企業活動の方向性を大きく切り替える。例えば，①モノではなくサービスに真の顧客機能を見出し，②企業の役割を物の提供からサービスの提供へと定義し直し，③提供する財を物からサービスへと移行させる，という一連の活動は，ドメインの再定義であり，産業の種別を問わず，数多くの企業が取り組んでいる活動である。

　榊原清則[1992]は，ドメインを「組織体がやりとりする特定の環境部分のこと」と定義し[1]，レビット[1960]は，「マーケティングの近視眼（marketing myopia）」という論文で，鉄道会社などの例をもとにドメインの重要性を指摘している[2]。

　岸川[2006]によれば，ドメインを設定することは，企業と環境とのかかわり方そのものを決めることであり，企業と環境とのインターフェースの基盤を構築することである[3]。

　企業と環境の関係は，常に変化していることはいうまでもない。特に今日では，ドメインの適切な定義を欠いた場合，適切なサービスを提供し，顧客の満足を得ることは困難である。企業は，環境との適切なかかわり方を十分に考慮し，ドメインを定義する必要がある。

　無形財を提供するサービス・ビジネスにおいては，有形の製品を提供することを前提としないため，ドメインを自在に定義することが可能であり，ドメインを機能的に定義することが容易である。しかし，定義を行う際の自由度が高いために，ドメインの定義が妥当性を欠いた事例も存在する[4]。

　このように，ドメインの再定義は，企業に斬新な成長をもたらし得るとともに，多大な危険を伴う。

　ズック（Zook, C.）[2007]によれば，企業の核（core）となる事業の再定義に

際しては，「隠れた資産」の活用が重要となる[5]。また，スライウォツキー (Slywotzky, A. J.)[2007]は，市場が成熟し，企業の成長が停滞に陥った場合の打開策として，以下の2つをあげている[6]。

① 需要革新：企業の提供する財を，「製品」から，「顧客のすべての経済的ニーズ」へと再定義することを指す。需要革新をした例として，ハーレイ・ダビッドソンがあげられる。

② 次なるビッグ・アイデアの発見：10年にもわたる新たな成長を生み出すビッグ・アイデアを見つけることを指す。ビッグ・アイデアを発見するための思考プロセスとして，①自社および顧客のシステムの基軸となっている部分の分析，②自社の運営や，顧客の生活において浪費がなされている部分の分析，③まだ十分に活用していない大きな資産の分析，の3つがある。次なるビッグ・アイデアの発見をした例として，IKEAやナイキの事例があげられる。

隠れた資産・未活用の資産を活用することは，ドメインの再定義を成功させる要因として，重要な意義を持つ。また，ズック[2007]が提示した「隠れた資産」や，スライウォツキー[2007]による提供する財の再定義の例にも示されるように，ドメインの再定義によって新たに着目される資産や，新たに定義される提供財は，無形性・不可視性を帯びる場合が多い。

したがって，企業がドメインを再定義することによって，サービスの特性を保有する可能性は高くなる。

❷ ビジネス・モデルの再構築

上で，隠れた資産・未活用の資産を活用することを念頭に置くことが，ドメインの再定義において重要であると述べた。ドメインを再定義する段階で，見出した隠れた資産・未活用の資産を，ビジネス・モデルに組み込むことによって，その資産の具体的な活用方法を示すことが可能となる。

岸川[2006]によれば，ビジネス・モデルの定義に関する主な先行研究を根拠として，①顧客，②顧客機能，③経営資源，④提供方法，⑤対価の回収方法，などの要素が，ビジネス・モデルにおいて重視されている[7]。

図表4－1　ビジネス・モデルの要素と隠れた資産との対応

要　素	隠れた資産	資産の発見方法	資産の活用例
顧客	・隠れた顧客セグメント	・新たな視点による顧客の細分化	・新たな顧客の獲得
顧客機能	・隠れた顧客セグメント	・新たな視点による顧客の細分化	・顧客機能の認識
経営資源	・ヒューマンネットワーク ・孤立した事業，十分な経営資源が与えられたことがない周辺事業や，戦略的投資が行われたことのない孤立した製品群	・「Keygraph」，「IDM」の活用などによるデータの結晶化[8]	・「ヒト」の適切な評価 ・新たな事業分野の発見
提供方法	・特別なアクセスルートまたは信頼	・自社，または他社におけるアクセスルートの事例分析	・特定の顧客との独自の優越性を持った関係の構築
対価の回収方法	・特別なアクセスルートまたは信頼	・自社，または他社におけるアクセスルートの事例分析	・特定の顧客との独自の優越性を持った関係の構築

（出所）　Zook, C.[2007]訳書35-40頁，大澤幸生[2006]89-204頁を参考に筆者作成。

　図表4－1に示されるように，岸川[2006]が提示したビジネス・モデルの要素に適用すると，隠れた資産・未活用の資産は，①ビジネス・モデルの要素に直接組み込むことにより，競争力の源泉となるもの，②企業の志向に合致した資源の活用方法を提示するなど，適切なビジネス・モデルの構築を行うための指針となるもの，といったように，各々が異なった意義を持つ。

　したがって，隠れた資産・未活用の資産を十分に分析し，評価を行った上で，活用方法を考慮することが不可欠である。

❸　戦略の転換

　ドメインの再定義を行う場合，企業は，新たなビジネス・モデルを構築し，従来の経営戦略を刷新する必要がある。

　岸川[2006]によれば，「経営戦略とは，企業と環境とのかかわり方を将来志向的に示す構想であり，組織構成員の意思決定の指針となるもの[9]」である。

図表4－2　旭山動物園による経営戦略の刷新

(1) 北海道内の動物園における入園者数の推移

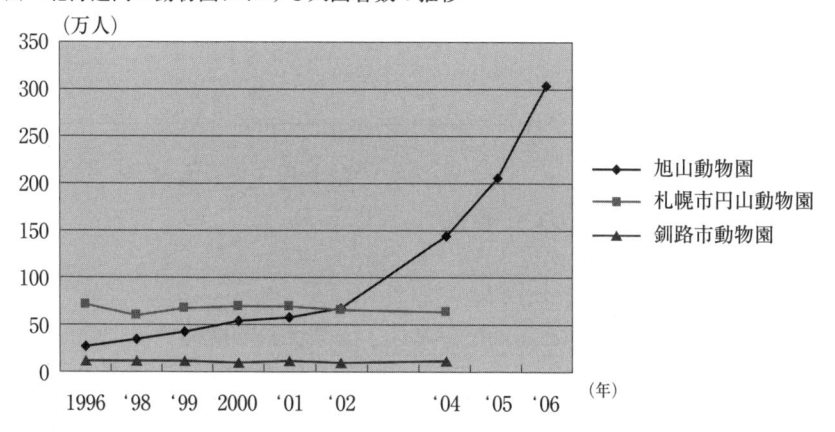

(2) 動物園の展示方法

展示手法	【分類学的】サル舎，クマ舎というように，同じ種類の動物を並べて展示する方法	【地理学的】アジア圏，アフリカ圏というように，地域ごとに展示する方法	【生態的】野生動物を生息地ごとに展示する方法	【行動展示】動物本来の行動や能力を見せる手法
具体例	一般的な動物園	多摩動物園，よこはま動物園（ズーラシア）	上野動物園	旭山動物園

（出所）　酒巻貞夫[2009]255, 260頁をもとに筆者作成。

経営戦略の構成要素としては，①ドメイン，②製品・市場戦略，③資源展開，④競争戦略，⑤ビジネス・システム，があげられる。

　ドメインの再定義として，旭山動物園（北海道）では，顧客に「動物そのもの」を楽しんでもらうのではなく，「動物が本来持つ能力や行動特性」に着目し，動物の行動展示を重視している。図表4－2に示されるように，旭山動物園は他の動物園との差別化に成功している。

　企業のドメインがサービス化に向けて再定義される場合，サービス・ビジネスの特性を念頭に置き，経営戦略の転換を行う必要がある。具体的な例として，提供財の無形性を考慮したサービス・市場戦略の策定や，隠れた資産を考慮に

入れた資源展開の実施などをあげることができる。

なお,サービス・ビジネスの特性を考慮して策定された経営戦略については,本章を通じて考察する。

第2節　サービス・ビジネスにおけるビジネス・システムの重要性

❶ 顧客満足を起点としたビジネス・システムの構築

　サービス・ビジネスを実施する企業にとって,顧客との間に良好な関係を築くことは重要な課題である。反対に,顧客との良好な関係を欠くことは,企業にとって大きな脅威となり得る。以下では,企業と顧客との間に,良好な関係を築くことを目標とした,サービス・ビジネスにおけるビジネス・システムの構築について考察する。なお,サービス・ビジネスにおける顧客の意義については,第6章で詳述する。

　岸川[2006]によれば,「ビジネス・システムとは,顧客に価値を届けるための機能・経営資源を組織化し,それを調整・制御するシステムのこと」である。顧客に価値を届けるための一連の仕組みであるという点で,①ビジネス・システム,②ビジネス・モデル,③ビジネス・プロセス,④価値連鎖(value chain),⑤供給連鎖(supply chain),⑥需要連鎖(demand chain)など,多くの類似概念が存在する[10]。

　前述したように,サービス・ビジネスにおいては,顧客との間に良好な関係を築くことが,企業にとって非常に重要である。したがって,サービス・ビジネスを行う企業には,顧客満足を得られる価値を提供できるような,顧客志向のビジネス・システムの構築が不可欠である。

　中谷巌[2001]は,供給連鎖を形成するすべての企業が,需要と生産双方の情報を共有し,顧客の満足度と企業利益を最大化できるような供給・協働体制を構築することを,サプライ・チェーン・マネジメント(supply chain management：以下，SCM）と定義している[11]。上述したような供給・協動体制の構築は，1980年代後半以降，QR（quick response）や，ECR（efficient consumer response）といった概念によって提示されてきた。しかし，当時のQRやECRは理念に過ぎず，ICT（情報通信技術）の飛躍的な進歩によって初めてSCMという用語で実用化された[12]。

SCMの実現は，ICTを情報の共有・同期化などのための手段として活用し，時間的・空間的な制約を克服したことによって，新たなビジネス・システムの構築が可能となった事例の1つである。

ICTが進展した方向性として，岸川善光[1999]は，①双方向化，②マルチメディア化，③パーソナル化，をあげている[13]。なかでも，①と③は，ビジネス・システムに顧客の情報を取り込む上で，強い推進力となる。

上述したように，ICTは，ビジネス・システムに大きな進化をもたらし，現在では，ビジネス・システムを構築する上で重要な役割を果たしている。特に，顧客満足を重要視するサービス・ビジネスにおいては，ICTの意義はさらに大きくなる。例えば，顧客の志向を視野に収め，鋭敏に反応し，企業の志向に取り入れることによって，顧客の志向に沿うビジネス・システムを構築し，適切な調整・制御を行うことが期待される。したがって，今後，顧客の情報を，ICTの機能を利用して，適切に活用することは，サービス・ビジネスにおけるビジネス・システムの構築にとって，鍵となる要素である。

❷ 戦略的なビジネス・システムの構築

上で，顧客満足を得るために，顧客の志向を企業の内部におけるビジネス・システムに反映させることの意義と，反映させる方法について考察した。

しかし，そもそも顧客の志向を適切に理解するためには，外部環境と内部資源の状況を入念に把握することが前提となる[14]。自社を取り巻く環境を正確に捉えることによって，顧客の志向性を理解することが可能となり，ビジネス・システムは効果的に機能する。

また，「顧客に価値を届けるための機能・経営資源を組織化し，それを調整・制御する」際に，なかでも「流通」への配慮が重要であることは，例えば，

図表 4 – 3　テーマ・パーク会社・レジャーパーク会社のレジャー・サービス製品の流通チャネル

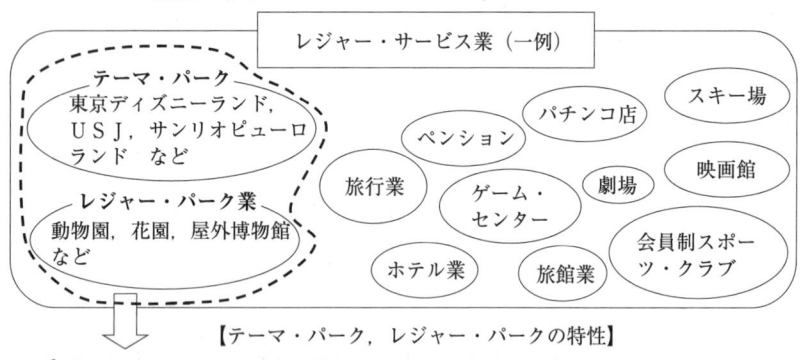

レジャー・サービス業（一例）

- テーマ・パーク　東京ディズニーランド，USJ，サンリオピューロランド　など
- レジャー・パーク業　動物園，花園，屋外博物館　など
- ペンション
- パチンコ店
- スキー場
- 旅行業
- ゲーム・センター
- 劇場
- 映画館
- ホテル業
- 旅館業
- 会員制スポーツ・クラブ

【テーマ・パーク，レジャー・パークの特性】
①レジャー・サービス業に携わっているのは，民間の営利企業だけでなく，公的非営利組織・機関や半官半民の第三セクター方式による企業も携わっている場合がある。
②需要が季節的・時期的・時間的に大きく変動する。
③立地条件に制約がある　（例）テーマ・パークは，ある程度広い土地がある場所にしか建設できない。

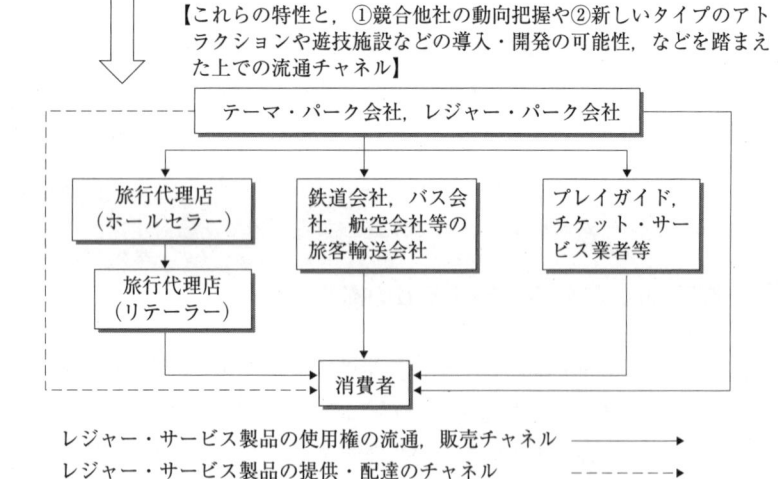

【これらの特性と，①競合他社の動向把握や②新しいタイプのアトラクションや遊技施設などの導入・開発の可能性，などを踏まえた上での流通チャネル】

テーマ・パーク会社，レジャー・パーク会社
→ 旅行代理店（ホールセラー）→ 旅行代理店（リテーラー）→ 消費者
→ 鉄道会社，バス会社，航空会社等の旅客輸送会社 → 消費者
→ プレイガイド，チケット・サービス業者等 → 消費者

レジャー・サービス製品の使用権の流通，販売チャネル ―――→
レジャー・サービス製品の提供・配達のチャネル　　　　- - - - →

（出所）　高橋秀雄［1998］164-181頁をもとに，筆者作成。

ヤマト運輸の宅急便事業を見ても明らかである[15]。図表 4 – 3 は，テーマ・パーク，レジャー・パークに焦点を当て，外部環境を把握した上での流通チャネルを示したものである。季節・時間による需要の起伏や，立地条件などの制

約を十分に分析した上で，顧客の属性やニーズ，あるいは行動特性に合わせた事業を展開することが不可欠である。そのために，流通の果たす役割は極めて大きい。

❸ ビジネス・システムの構築に向けた課題

　サービス・ビジネスを行う上で，ビジネス・システムが重要となることは，先に事例を含めて考察したとおりである。企業の外部・内部環境を適切に理解した上で，ビジネス・システムを再構築することが，顧客満足につながる。

　換言すれば，ビジネス・システムのあらゆる面に，顧客志向が直接的に反映されていれば，常に最大の顧客満足を実現するサービスの生産が可能となる。このことは，第1章で考察した「サービス産業に特有の問題点」を克服し，特別な便益を企業にもたらすことにもなるであろう。

　今日では，顧客満足の獲得に留まらず，ビジネス・システムそのものに顧客を取り込む傾向が盛んになりつつある。企業に対してロイヤルティの高い顧客は，対価だけでなく，特別な便益（将来的な購買傾向に関する情報など）をもたらす場合があるからである。

　従来，企業と顧客が，上述したような関係にまで到達した事例はほとんど無かった。しかし，企業と顧客の協働は，サービス・ビジネスにおける喫緊の課題として取り上げられており，顧客との協働関係の構築を目標として活動する企業は多い。

　企業と顧客の関係を大きく改善し，協働の基盤となる相互のコミュニケーションの構築を促す重要な要素のひとつに，ユビキタス・ネットワーク（ubiquitous network）の実現があげられる[16]。

　井之上喬[2006]は，戦略広報の研究において，①個人が容易に，大企業に向かって主張を行い，情報の発信が可能であること，②口コミやコミュニティ・サイトを通じることで，情報が強烈に伝播するという事象，などを例としてあげ，ユビキタス・ネットワーク社会におけるネット・コミュニケーションにおける「ヨコのつながり」と，ネットワークを用いた情報の発信について強調している[17]。

図表4－4　ユビキタス・ネットワーク社会に向けた取組みと市場規模

(1) u-Japan政策の概要

3つの基本軸	内　容
①ブロードバンドから ユビキタスネットへ	有線中心のインフラ整備から，有線・無線の区別ないシームレスなユビキタス・ネットワーク環境への移行
②情報化促進から課題解決へ	情報化の後れた分野を後押しする取組みを中心とした施策から，21世紀の社会問題を解決するためにICTを積極的に私活用する段階へ
③利用環境整備の抜本的強化	ICTが国民生活に普及浸透し，私活用が拡大するにつれて，高まりつつあるプライバシー・セキュリティ等への不安の解消

(2) ユビキタス・ネットワーク関連市場規模の将来推計

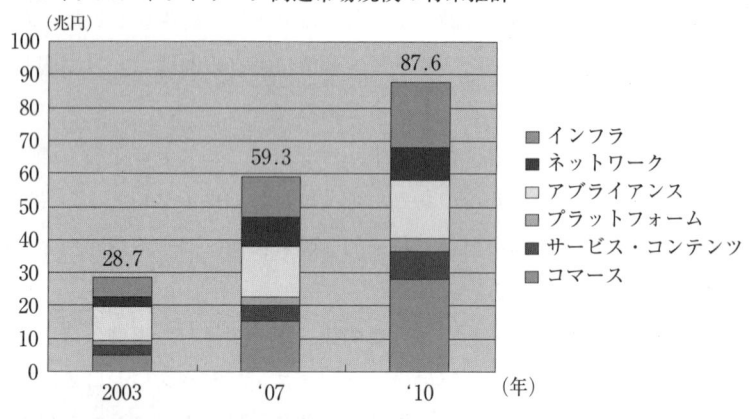

(兆円)

凡例：インフラ／ネットワーク／アプライアンス／プラットフォーム／サービス・コンテンツ／コマース

2003年：28.7／'07年：59.3／'10年：87.6

(出所)　(1) 総務省編［2007］250頁，(2) 総務省編［2004］83頁をもとに筆者作成

　図表4－4に示されるように，ユビキタス・ネットワークが実現しつつある今日では，企業が顧客を含むネットワークのユーザーに対して情報を発信することが可能であり，顧客の側が情報を発信することも容易となった。ネットワークを通じて，企業と顧客が密接なコミュニケーションをとることができるのである。

　したがって，今後の課題は，企業が顧客との協働を志向する場合，多くの顧客と密接なコミュニケーションをとるための現実的な方法を確立することであろう。

第3節　サービス・ビジネスにおける基本戦略

　サービス産業の経営戦略として，大きな方向として，「サービスの工業化」，「需給バランスの調整」，「サービス・マネジメントの確立」があげられる[18]。換言すれば，これらがサービス・ビジネスにおいて基本戦略となる。

❶　サービスの工業化

　「サービスの工業化」とは，今まで多くの製造業が取り組んできた「分業化」，「機械化」，「システム化」，「ブランド化」のことを指す。

① 分業化：企業は，自社が抱えている専門集団を独立させ，1つの企業として成立させるような分社化を推進している。例えば，調査部を外に出してシンクタンクにする，社員の出張を管理・手配していた部門が旅行代理店になる，コンピュータ部門が情報会社になる，などがあげられる[19]。住友銀行（現：三井住友銀行）の調査部門から分離独立し，その後は国内のみならず海外においても複数の拠点を持つまでになった日本総合研究所は，分業化した好例であろう。

② 機械化：外食産業を例にとると，2007年度における市場規模が，24兆7,009億円[20]となっており，日本経済において大きな割合を占めている。しかし，外食産業の労働生産性は，他業種と比べて非常に低い。これを改善するために，機械によるオーダーや自動調理，あるいは洗浄などの機械化を積極的に行い，労働生産性を向上させる必要がある。

③ システム化：サービス・ビジネスにおいて，システム化やICT化は，他業種と同様に，もはや避けられない状況にある。このことは，レセプト（診療報酬明細書）の電子化をみても明らかである[21]。レセプトのみでなく，病院の電子カルテ化も急速に進んでいる。患者情報のデータ化によって2次利用が容易となったり，院内のネットワーク化により，検査や調剤など様々な場面で効率的なカルテの利用が可能となるなど，システム化によって医療

というサービスの質を向上させることができる。
④　ブランド化：ブランド構築の重要性は，消費者を取り巻く情報量が増えるほど高まる。情報過多の状態になると，スピード，利便性，アクセスのよさといった利点を顧客が重んじる傾向が見られるようになる。このことは，多くの場合，「すでに知っている」，あるいは「すでに聞いたことがある」ことがサービス組織を選ぶことを意味する[22]。

❷　需給バランスの調整

　第1章で考察したように，サービスは，モノと違って在庫ができない。生産されたサービスは，消費されなければ価値を失ってしまう。サービスに一定の需要があるのならば，それに合わせた生産を行えばよいが，実際には，需要は一定ではない。
　ラブロック＝ライト［1999］によれば，需要の変動は，個人顧客，法人顧客を問わず，顧客にサービスを提供するビジネスには常に存在する問題である。需要の変動は，季節単位や時間単位による変動など多様であり，効率的なサービス生産を妨げる[23]。例えば，高橋［1998］は，旅行サービスやホテル業，あるいはスキー場経営などを取り上げ，需要変動の大きさについて述べている[24]。
　需要が変動するにもかかわらず，サービスが固定された供給能力に基づくとき，図表4－5に示される状況が生じ得る[25]。
①　需要過剰の状況：需要が供給能力を上回る。この場合，サービスを受けられない顧客が発生するため，事業機会が失われる。
②　需要が最適供給能力を上回る状況：サービスを受けられない顧客はいないものの，すべての顧客にとってサービス・クオリティが低下していると感じる可能性がある状況。
③　需給バランスが最適：供給側は忙しく稼動しているが，オーバーワークではなく，顧客も良好なサービスを享受できる状況。
④　供給過剰の状況：需要が供給能力を下回り，本来の能力以下で供給側が稼動している状況。この場合，生産性は低位に留まる。
　需要を調整する場合は，顧客に対してインセンティブを与えたり，その他何

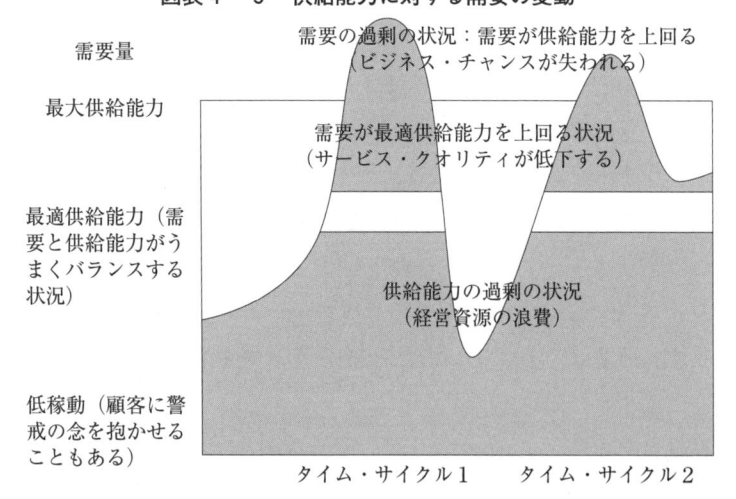

図表4－5　供給能力に対する需要の変動

需要量

需要の過剰の状況：需要が供給能力を上回る
（ビジネス・チャンスが失われる）

最大供給能力

需要が最適供給能力を上回る状況
（サービス・クオリティが低下する）

最適供給能力（需要と供給能力がうまくバランスする状況）

供給能力の過剰の状況
（経営資源の浪費）

低稼動（顧客に警戒の念を抱かせることもある）

タイム・サイクル1　　タイム・サイクル2

（出所）　Lovelock, C. = Wright, L. [1999]訳書325頁。

らかの方法で需要の要因を変化させる必要がある。そのためには，顧客の行動と需要の要因を理解することが不可欠である[26]。

　一般的に，需給バランスの調整方法は，①需要にあわせて供給を調整する方法と，②需要そのものを調整する方法，の2通りの方法が基本となる。供給を調整する場合，サービスにおける人員配置を的確に行う必要がある。

　ローイ＝ゲンメル＝ディードンク[1998]は，人員配置は従業員の離職率にも影響することを指摘した上で，①数年単位の計画である「人員計画」，②年単位の計画である「人員配置」，③月単位の計画である「人員スケジュール」，④日単位の「日常的な再配置」を統合的にマネジメントすることの重要性について考察している[27]。

　このように，需給バランスを適切に管理することは，企業の収益を直接的に左右するだけでなく，従業員の士気にも多大な影響を及ぼす。

❸　サービス・マネジメントの確立

　統合的サービス・マネジメント（integrated service management）とは，

マーケティング，オペレーション，人的資源管理の3者の総合的計画を策定し，実行することである[28]。ラブロック＝ライト[1999]は，統合的サービス・マネジメントの要素として，以下の8Psをあげている[29]。

① プロダクト要素（product element）：顧客にとっての価値を生み出すサービス・パフォーマンスの構成要素すべてを指す。

② 場所と時間（place and time）：サービスを顧客にいつ・どこで・どのような方法でデリバリーするかについての，マネジメントに関わる決定を指す。

③ プロセス（process）：サービスのオペレーション方法ないしアクション手順を指す。通常は，定められた順序で各ステップが進行することが要求される。

④ 生産性とクオリティ（productivity and quality）：サービス・インプットをいかに効率的に，顧客に価値のあるアウトプットへと転換するかを指す。あるサービスが，顧客のニーズ，ウォンツ，期待に合致することによって，顧客をどの程度満足させるか。クオリティはこの満足の度合いを指す。

⑤ 人的要素（people）：サービス生産に関わる従業員（としばしば他の顧客）を指す。

⑥ プロモーションとエデュケーション（promotion and service）：特定のサービスないしサービス組織に対する顧客の選好を構築することを目的とする，コミュニケーション活動とインセンティブのすべてをさす。

⑦ フィジカル・エビデンス（physical evidence）：サービス・クオリティの証拠となる視覚または他の感覚で感知できる手がかりを指す。

⑧ サービスの価格とその他のコスト（price and other costs of service）：顧客がサービスの購買・消費に際し支出する金銭，時間，労働を指す。

これらの要素を踏まえつつ，マーケティング，オペレーション，人的資源管理を連結させ，サービス・マネジメントを確立させることが必要不可欠である。また，ベリー（Berry, L. L.）[1999]は，ミラーSQAやチャールズ・シャワブ[30]など，14社を対象にして，サービス業で成功し続けるための原則を抽出した[31]。図表4－6に示されるように，価値主導のリーダーシップを軸とした8つの原則は，上述した8つの要素と重複している点もある。したがって，

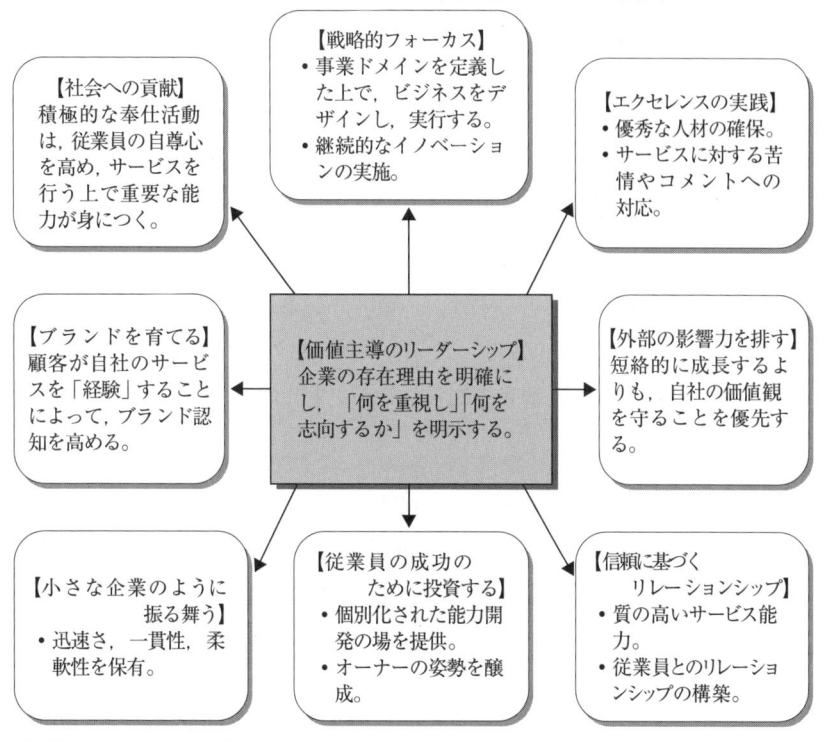

図表 4 − 6　サービス業で成功し続けるための要因

【戦略的フォーカス】
・事業ドメインを定義した上で、ビジネスをデザインし、実行する。
・継続的なイノベーションの実施。

【社会への貢献】
積極的な奉仕活動は、従業員の自尊心を高め、サービスを行う上で重要な能力が身につく。

【エクセレンスの実践】
・優秀な人材の確保。
・サービスに対する苦情やコメントへの対応。

【ブランドを育てる】
顧客が自社のサービスを「経験」することによって、ブランド認知を高める。

【価値主導のリーダーシップ】
企業の存在理由を明確にし、「何を重視し」「何を志向するか」を明示する。

【外部の影響力を排す】
短絡的に成長するよりも、自社の価値観を守ることを優先する。

【小さな企業のように振る舞う】
・迅速さ、一貫性、柔軟性を保有。

【従業員の成功のために投資する】
・個別化された能力開発の場を提供。
・オーナーの姿勢を醸成。

【信頼に基づくリレーションシップ】
・質の高いサービス能力。
・従業員とのリレーションシップの構築。

(出所)　Berry, L. L. [1999]訳書23-348頁に基づき筆者作成。

サービス・マネジメントを確立させることは、サービス・ビジネスを行う上で、他社と比較して成功を継続させることにつながる。

第 4 節　サービス・ビジネスにおける競争優位の構築

❶　企業と環境の分析

ローイ＝ゲンメル＝ディードンク[1998]によれば、競争力のある企業になる

ためには，バランスのとれた戦略によって，「目標」，「環境」，「資源とその配分」，「企業の価値観」の4つの要素をすべて一貫した方法で管理しなければならない[32]。

① 目標：戦略を策定するためには，第一に，企業が何をしたいのか，どうなりたいのかを決定しなければならない。換言すれば，経営陣が，企業にとって望ましい未来像を描かなければならない。

② 環境：図表4－7に示されるように，業界内部の競争を支配する要因は，新規参入の脅威，供給業者の交渉力，顧客の交渉力，代替製品（サービスも含まれる），業界内の競合状態，の5つがあげられる。これらを踏まえた上で，競争圧力の奥に潜む源泉を知ることができれば，戦略的な行動計画の基

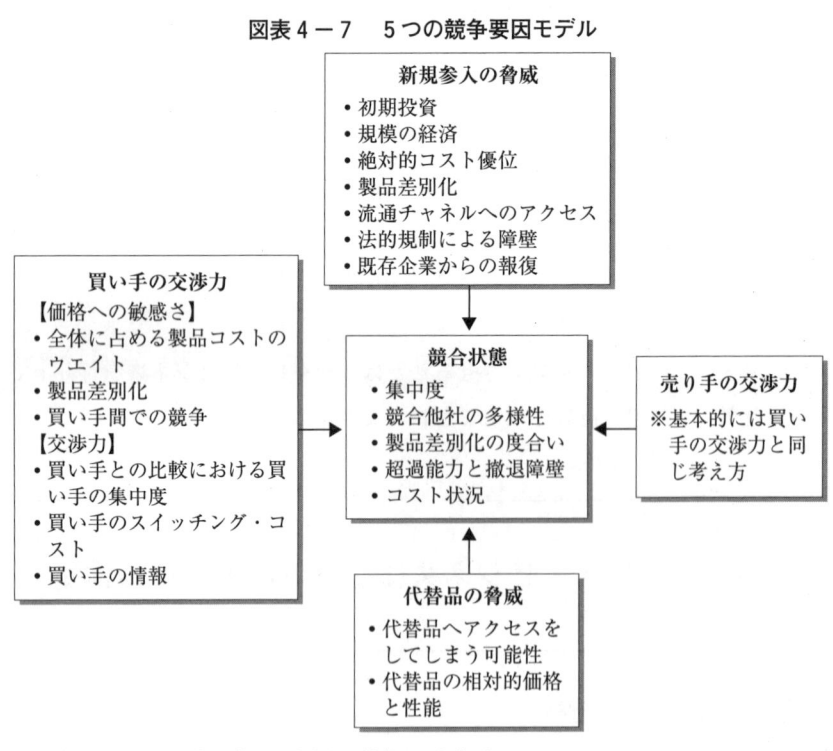

図表4－7　5つの競争要因モデル

新規参入の脅威
- 初期投資
- 規模の経済
- 絶対的コスト優位
- 製品差別化
- 流通チャネルへのアクセス
- 法的規制による障壁
- 既存企業からの報復

買い手の交渉力
【価格への敏感さ】
- 全体に占める製品コストのウエイト
- 製品差別化
- 買い手間での競争

【交渉力】
- 買い手との比較における買い手の集中度
- 買い手のスイッチング・コスト
- 買い手の情報

競合状態
- 集中度
- 競合他社の多様性
- 製品差別化の度合い
- 超過能力と撤退障壁
- コスト状況

売り手の交渉力
※基本的には買い手の交渉力と同じ考え方

代替品の脅威
- 代替品へアクセスをしてしまう可能性
- 代替品の相対的価格と性能

（出所）　Grant, R. M. [2008] p. 83をもとに筆者が一部修正。

礎を構築できる。これに伴い，自社が抱える長所や短所が浮かび上がり，業界におけるポジショニングが明らかになる。さらに，どの分野で戦略を変更すれば最も大きな成果が得られるのか，あるいは機会または脅威の面で業界のトレンドが最大の意味を持ちそうなのはどの部分なのかが明確になる[33]。

③ 資源とその配分：「収益性の決定要因は，産業構造である」という立場とは異なり，「収益性の決定要因は，自社の資源や能力である」とする立場を，リソース・ベースト・ビュー（以下，RBV）と呼ぶ[34]。RBVは，ケイパビリティと資源を共有の源泉と捉えているが，外部分析の重要性も認識している[35]。また，バーニー（Barney, J. B.）[2002]は，経営資源やケイパビリティが強みか弱みかを判断するフレームワークとして，VRIOフレームワークをあげている[36]。

④ 企業の価値観：企業戦略を策定する際には，企業の価値観が重要である。度重なる企業スキャンダルの影響もあり，企業の価値観は近年注目度を増しており，配慮が求められている。なお，価値観のほかにも，規範や企業倫理などに対する配慮が必要なことはいうまでもない。

❷ 競争力の源泉とその構築

競争力の源泉である価値は，製品，価格，ブランドなど製品に直接的に関連するもののみならず，近年では，ビジネス・システムや企業文化など，多くの要素が考えられる[37]。

① 製品：企業は，サービスにおける製品，すなわち提供するサービスそのものの内容告知を積極的に行う必要がある。これは，サービスの無形性という特性から生じる，「顧客がサービスを受けているということを忘れる」ことを防ぐために効果を発揮する。

② 価格：サービスの価格選択においては，公的規制や業界における規制など，属している業種によって大きく影響を受ける。価格目標は，現実的かつ実現可能であると同時に，市場と競合他社に関する深い知識に基づいたものでなければならない。

③ ブランド：企業はあらゆるサービスにおいて，企業ブランドとサービス・

ブランドを併用することができる。企業ブランドが認知されていれば，顧客は具体的なビジネス手法をイメージすることができる。さらに，それぞれのサービスに個別のブランドをつけることによって，顧客にサービスのイメージを想起させることが可能となり，価値提案の特性を明確にすることにつながる[38]。

④ 企業文化：企業文化は，内部環境の分析において重要な要素の1つである。このことは，企業文化が，組織の存続と発展を促進することがある一方で，障壁となる場合もあることに起因する。特に，後者を防ぐためには，企業文化を形成する背景を，よく理解する必要があろう。

また，サービス・ビジネスにおいては，上にあげた要素だけでなく，従業員と顧客との関係性も競争力の源泉として重視される。これは，サービスの特性である不可分性に代表されるように，サービスとサービス提供者は切り離せないためである。

❸ サービス・ビジネスにおける競争力の活用

周知のとおり，競争の基本戦略には，コスト・リーダーシップ戦略，差別化戦略，集中戦略の3つがある[39]。ローイ＝ゲンメル＝ディードンク［1998］は，この基本戦略に基づき，収益性を高めながら継続的に事業を行う要点について考察している[40]。

① コスト・リーダーシップ戦略：製品やサービスのコストの最小化を目指す戦略である。例えば，取扱商品の幅を広げない，ノー・ブランドやプライベート・ブランドの商品やサービスを扱う，形式化する，標準化する，自動化する，規模の経済を生かす，業務プロセスを簡略化する，といった施策などを指す。

デル・コンピュータは，顧客の問題解決にあたって，同社のウェブサイトにおいて提供しているセルフ・サービスのオプションを活用して，顧客自らが問題解決を図ることを可能とした[41]。

② 差別化戦略：コストの最小化を目指す代わりに，顧客にとっての価値の最大化を目指すことによって，競争優位を確立しようとする戦略である。価値

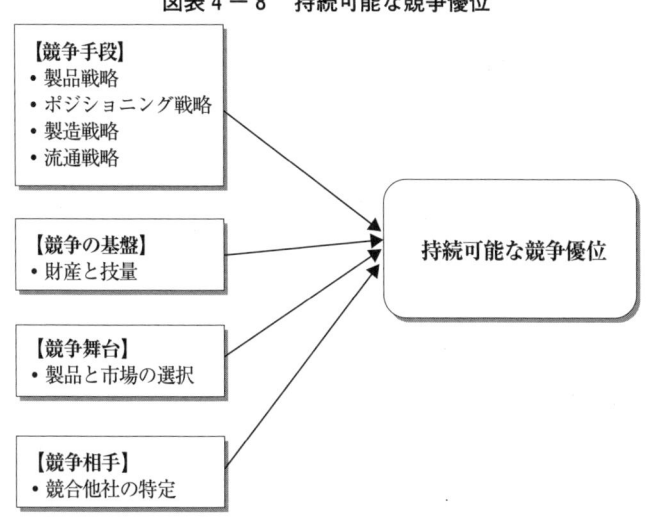

図表4－8　持続可能な競争優位

【競争手段】
- 製品戦略
- ポジショニング戦略
- 製造戦略
- 流通戦略

【競争の基盤】
- 財産と技量

【競争舞台】
- 製品と市場の選択

【競争相手】
- 競合他社の特定

持続可能な競争優位

（出所）　Kotler, P. = Hayes, T. = Bloom, P. N. [2000]訳書132頁をもとに，筆者作成。

が高ければ高いほど，十分な価格プレミアムによってコストの高さをカバーできるため，付加価値を創造することができ，その価値の高さを（潜在的な）顧客にアピールすることが可能となる。

例えば，ハイアット・ホテルズでは，最高のアメニティ，豪華な宿泊環境を提供することによって，顧客が特別豪奢なサービスを得るために，自発的に多くのお金を投じてくれるようになることを目指している[42]。

③　集中戦略：特定の市場セグメントに焦点をあて，そのセグメントに適した方法でコスト・リーダーシップ戦略もしくは差別化戦略を適用する手段である。特定のセグメントに焦点をあてるため，より大きな市場を対象に包括的な戦略を採り入れた企業に打ち勝つ競争優位を得ることができる。

サービス・ビジネスにおける競争戦略では，上記した戦略を適用する他に，持続可能な競争優位を追求する必要がある。コトラー＝ヘイズ＝ブルーム[2000]は，図表4－8に示されるように，持続可能な競争優位を確立するための要素として，①競争手段，②競争の基盤，③競争舞台，④競争相手，の4つに分類している。

組織の優位性は,持続性と競争力を備えていると同時に,支えとなる基盤がなければならない。成功している組織や企業の多くは,持続可能な競争優位を複数備えていることが多い[43]。

第5節　IBMのケーススタディ

❶ ケース

　ここまで,サービス・ビジネスにおける経営戦略について,重要な論点を中心に考察した。以下では,ドメインのケーススタディとして,IBM[44]を取り上げる。今日,サービス化を志向したドメインの再定義は,様々な企業で実行されており,考慮すべき経営戦略の1つとなっている。

　分析の手順としては,まず,IBMの事業展開の歴史を簡潔にレビューした上で,問題点と課題について明らかにする。

　IBMは,1911年に米国で創立され,C-T-R (Computing Tabulating Recoding Company) として活動を開始した。主な事業領域は,計量器,計算機,タイムレコーダーといった事務用品であった。そして,1958年には,IBMの子会社である日本アイ・ビー・エム株式会社（以下,日本IBM）を通じて,わが国初の電子計算機を納入した。

　第二次世界大戦後,IBMは,コンピュータの製造・販売を開始した。特に,汎用コンピュータの開発については,独占的なシェアを獲得することに成功し,当時のコンピュータ市場において,競合他社を圧倒する地位を築いた。

　しかし,時代の進展に伴って,情報・通信システムの概念は変化し,汎用コンピュータを用いたシステムは主流から外れる結果となった。したがって,汎用コンピュータの開発・販売に主眼を置き,活動を展開していたIBMは,多大な損失を計上した。

　汎用コンピュータを用いたシステムの衰退により,甚大な損失を被った

IBM は，企業の活動の核となる事業を，従来，核として定めていたハードウェアの開発・販売から，ソフトウェアの開発や，サービスの提供へとシフトした。事業方針を転換したことによって，IBM は，徐々に活動領域を調整する戦略を策定し始めた。

❷ 問題点

　IBM が直面した状況を打開した一連のプロセスをまとめると，図表4－9のようになる。端的にいえば，みせかけの原因である「コンピュータの製造・販売」に対して，ドメインの観点から真因を「従来のドメインの限界」と定めた。この場合，問題点は，ドメインに関して物理的定義に留まっていたことを意味する。

　従来，コンピュータの製造・販売を事業ドメインとして定義していた IBM は，顧客機能との乖離による損失を被ったことによって，そのドメインを「問題解決（problem solving）」と定義し直し，その後，新たなドメインに従った事業活動を展開している。

　IBM は，汎用コンピュータの製造・販売事業における失敗を契機として，

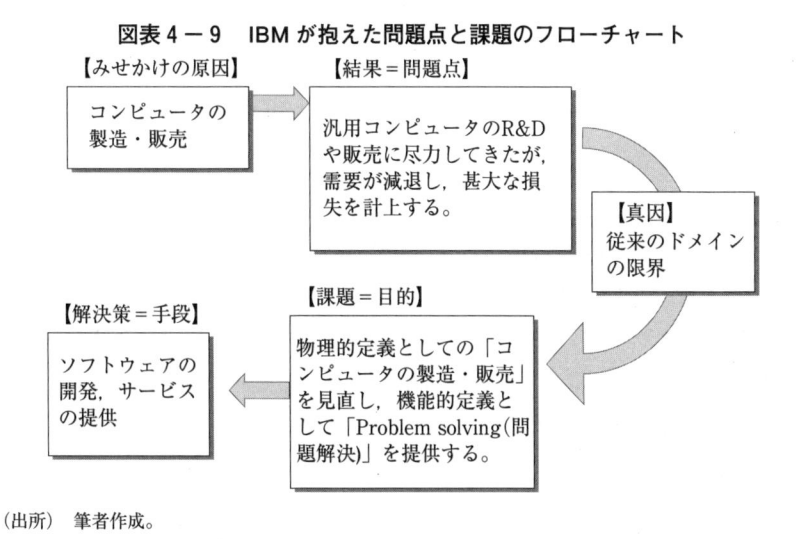

図表4－9　IBM が抱えた問題点と課題のフローチャート

【みせかけの原因】
コンピュータの製造・販売

【結果＝問題点】
汎用コンピュータのR&Dや販売に尽力してきたが，需要が減退し，甚大な損失を計上する。

【真因】
従来のドメインの限界

【課題＝目的】
物理的定義としての「コンピュータの製造・販売」を見直し，機能的定義として「Problem solving（問題解決）」を提供する。

【解決策＝手段】
ソフトウェアの開発，サービスの提供

（出所）　筆者作成。

従来のドメインについて再考し，自社の目的・使命といった，基軸を構成する要素について考察した結果，現在のドメインを設定したのである。

ドラッカー（Drucker, P. F.）[1954]は，「我々の事業は何か」「顧客は誰か」「顧客にとって価値とは何か＝顧客は何を求めて製品を買うのか」「我々の事業は将来どうなるか」「我々の事業はどうなるべきか，何であるべきか」という基本的な問いかけが，マネジメントにおいて最も重要であると指摘した[45]。

ドメインを再定義する以前のIBMは，顧客に対してコンピュータという物財を提供することを使命とし，活動を行っていた。しかし，コンピュータの製造・販売というドメインは，物理的な定義であり，機能的であるとはいえない。IBMが捕捉するべきであった真の顧客機能は，コンピュータそのものではなく，コンピュータが提供する便益であったといえる。

前述したように，汎用コンピュータが時流に乗った商品であった当時は，コンピュータは常に需要があり，IBMにとって多大な利益をもたらす存在であったことは事実である。コンピュータそのものを顧客機能であると錯覚したことは，当時のドメインに基づいて展開されていた事業が，成功し続けていたことに理由を求めることができる。

❸ 課題

先に述べたように，IBMが抱えた課題は，機能的定義である「問題解決に基づき，どのような手段を策定するか」であった。このことは，図表4－9に示したとおりである。以下では，さらに分析を深めるために，将来的な課題について2つ提示する。IBMが抱える今後の課題は，第一に，新たに定義したドメインに基づく，最適な戦略を構成することがあげられる。現在の高度情報化社会において，コンピュータ関連の技術をベースとして，情報通信システムの基幹となるハードウェア，ソフトウェア，サービス，といった財の提供を行ってきたIBMにとって，問題解決を企業のドメインと定めたことは，非常に適切な意思決定であった。

したがって，今日では，サービス化したドメインに基づいて，核となる事業を選択し，経営資源を集中する戦略を取っている。経営資源の有限性を考慮す

第 4 章　サービス・ビジネスにおける経営戦略

図表 4 −10　ドメインの再定義の例とドメインのマス化・ファイン化マトリックス

(1) ドメインの再定義によって成功した例

企業名	従来のドメイン	ドメインの再定義
① 3M	接着材製造・販売	塗布技術，接着技術
② Motorola	情報通信機器，製造・販売	最高の品質，適正な価格
③ Hewlett-Packerd	情報通信機器，製造・販売	技術的貢献
④ Johnson&Johnson	医薬品製造・販売	苦痛と病の緩和
⑤ Wal-Mart	ディスカウントストア	顧客の生活に貢献
⑥ Walt Disney	娯楽提供	創造性と夢

(2) ドメインのマス化・ファイン化マトリックス

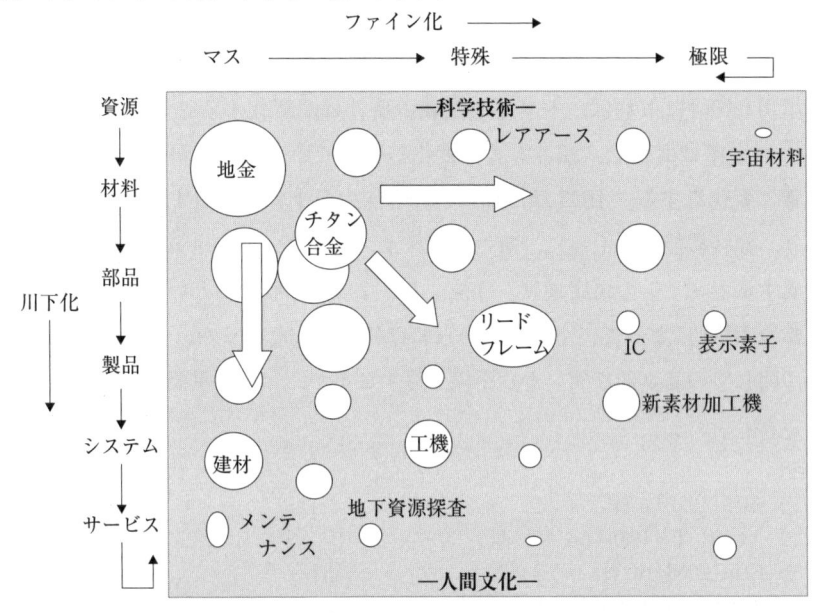

(出所)　(1) 岸川[2006]102頁，(2) 近藤修司[1984]138頁をもとに，筆者作成。

れば，選択と集中は必要不可欠である。また，需要が非常に多様であることは，サービス・ビジネスの１つの特性である。より多くの顧客から満足を得るためには，資源を集中させ，サービスを提供する能力を充足させることによって，多様な需要に対して応じることのできる，十分な柔軟性を確保することが不可

欠である。

　第二に，さらなるドメインの再定義があげられる。現在のIBMは，問題解決をドメインとし，コンピュータ関連の技術をベースとした，ソリューションの提供を行う企業である。前述したように，現在の高度情報化社会において，IBMのドメインの定義は，時流に乗っており，成功をもたらす要因となる。

　しかし，繰り返し述べたように，事業が成功し続けており，企業が，成功している事業に対して焦点を絞った経営戦略をとる場合，顧客機能の捕捉が近視眼的になり，真の顧客機能が視界から外れてしまうことがある。

　図表4-10に示されるように，ドメインの再定義によって成功した企業はあるものの，ドメインの変化は，①ハードからソフトへ，②川上から川下へ，③マス化からファイン化へ，などの潮流が観察される[46]。

　岸川[2006]によれば，ドメイン定義の要件は，変化することこそ常態である[47]。企業は変化し，顧客もまた変化し続けている。したがって，顧客機能も常に変化をする。IBMは，独自の経営能力を十分に活用することが可能であり，顧客機能にも沿った，新たなドメインに基づいて，企業の活動の拡大を達成するドメインの再定義は，今後，大きな成功を収めるといえよう。

　またIBMにとって，ドラッカー[1954]が提示したような，企業の目的・使命に関しての基本的な問いかけを繰り返すことが，今後の重要な課題であろう。

注）
1）榊原[1992] 6頁。
2）Levitt, T. [1960] pp. 45-56。
3）岸川[2006]102頁。
4）例えば，同上書97, 98頁を参照。
5）Zook, C. [2007]訳書23-40頁。なお，隠れた資産を，「既に自社が所有しており，しかし，価値や性質，可能性が十分に評価・理解されていない資産」であると定義した上で，①過小評価されている事業基盤，②未活用の顧客インサイト，③埋もれたケイパビリティ，という3タイプの資産を，戦略を刷新するための鍵概念としている。
6）Slywotzky, A. J. [2007]訳書288, 300, 313頁を一部修正。
7）岸川[2006]109頁。
8）Keygraphとは，適切な形式の実データを入力として与えると，シナリオマッ

プを可視化するツールの一つ IDM (Influence Diffusion Model) とは，影響普及モデルのことを指す。詳しくは，大澤[2006]45-67, 150頁を参照。
9) 岸川[2006]10頁。
10) 同上書190-193頁を一部修正。
11) 中谷巌[2001]293頁。
12) 同上書293, 294頁。
13) 岸川善光[1999]151頁。
14) 『日本経済新聞』[2010/2/17]によれば，不況の影響で生徒数が減り，学習塾大手10社のうち，7社が減収に陥った。一方，介護事業では，ワタミは，介護事業の利益が全体の3割になっている。ベネッセホールディングスも介護事業を収益源に育てている。また，『日本経済新聞』[2010/2/3]によれば，ニチイ学館は，2009年4-12月期の連結営業利益が前年同期比の2.2倍になった。原因は，①訪問介護やグループホームを手掛ける介護事業の利用者が増加したこと，②資格ニーズの高まりである。このことからも，外部環境を把握することの重要性は明らかである。
15) ヤマト運輸の事業をビジネス・システムの視点から考察した概要については，例えば東北大学経営学グループ[1998]79-94頁を参照。
16) なお，サービス・ビジネスにおけるITの意義については，第8章を参照。
17) 井之上喬[2006]137-153頁を参考。
18) 岸川[2006]261頁。
19) 井原哲夫[1990]38頁。
20) 「明日の食品産業」[2008/6]64頁。
21) なお，義務化が緩和され，努力目標に変更したことに伴い，電子化が停滞している実態があることには留意されたい。
22) Looy, B. V. = Gemmel, P. = Dierdonck, R. V. [1998]訳書534頁。
23) Lovelock, C. = Wright, L. [1999]訳書323頁。
24) 高橋[2004]109-183頁。
25) Lovelock, C. = Wright, L. [1999]訳書324頁。
26) Looy, B. V. = Gemmel, P. = Dierdonck, R. V. [1998]訳書439頁。
27) 同上書434-435頁。
28) Lovelock, C. = Wright, L. [1999]訳書23頁。
29) 同上書23-26頁。
30) ハーマン・ミラーの100％子会社，金融サービス業。
31) Berry, L. L. [1999]訳書87頁。
32) Looy, B. V. = Gemmel, P. = Dierdonck, R. V. [1998]訳書675-677頁。
33) Porter, M. E. [1999]訳書35頁。
34) 例えば，ルメルト (Rumelt, R. P.) [1991]は，各事業における収益性の要因において，戦略の選択が約46.4％であるのに対し，産業の選択は約8.3％と分析

している。
35)「Harvard Business Review」[2009/6]57頁。
36) Barney, J. B.[2002]訳書250-271頁。なお，VRIO フレームワークとは，経済価値（value），希少性（rarity），模倣困難性（inimitability），組織（organization）の4点を指す。
37) 岸川[2006]165頁。
38) Lovelock, C. = Wirtz, J.[2007]訳書102頁。
39) 例えば，Porter[1980]訳書55-71頁を参照。
40) Looy, B. V. = Gemmel, P. = Dierdonck, R. V.[1998]訳書679-680頁を一部修正。
41) Albrecht, K. = Zemke, R.[2002]訳書149頁。
42) 同上書148頁。
43) Kotler, P. = Hayes, T. = Bloom, P. N.[2000]訳書138頁。
44) 本社：米国ニューヨーク州，設立：1914年，従業員数：398,455人（2008年度），売上高：1,036億3,000万ドル（2008年度）IBM は現在，①ハードウェアの開発・提供，②ソフトウェアの開発・提供，③コンサルティング・サービス，④構築・運用サービス，⑤業務受託，⑥ハードウェアのリース，ソフトウェアおよびサービスのファイナンシング，を主な営業品目として定め，世界屈指のグローバル企業として活動している詳しくは，IBM ホームページを参照。
45) Drucker, P. F.[1954]訳書43-85頁。
46) 岸川[2006]99頁。
47) 同上書99頁。

第5章
サービス・マーケティング

　本章では，サービス・マーケティングについて考察する。マーケティングの諸概念を整理し，具体的な導入事例を理解することによって，サービス・ビジネスにおけるマーケティングの重要性を明らかにする。

　第一に，ホスピタリティについて考察する。まず，サービスとホスピタリティの異同点について理解を深めた後，ホスピタリティの構成要素と活用の仕方，さらには今日的な課題について考察する。

　第二に，顧客維持とサービス・マーケティングについて考察する。まず，リレーションシップに注目した戦略を取り上げた後，情報を有効活用するための，3つのマーケティング手法について考察する。さらに，サービス・マーケティングの今日的課題を明示する。

　第三に，STP戦略とプライシングについて考察する。まず，セグメンテーションとターゲティングの方法について理解を深めた後，ポジショニングの策定方法を整理する。次に，プライシングの手順や目的について，具体例を取り上げながら理解する。

　第四に，広告とプロモーションについて考察する。まず，イメージ戦略について理解した後，プロモーションの分類，および効果・測定方法について考察する。次に，広告効果について理解を深める。

　第五に，ホスピタリティのケーススタディとして，リッツ・カールトン・ホテルを取り上げる。特に，①世界的に評価されている同社の成功要因，②激変する外部環境に対して直面する今後の問題点と課題，を中心に分析することによって，ホスピタリティに関して理解を深める。

第1節　ホスピタリティ

❶　サービスとホスピタリティの違い

　近年，サービス・ビジネスを営む際に，「ホスピタリティ（hospitality）[1]」という考え方が重視されている[2]。サービス産業のなかでも，ホテル・レストラン業界や医療業界は，ホスピタリティ産業と呼ばれている。以下では，サービスとホスピタリティの違いを明らかにし，ホスピタリティの本質を探る。

　まず，サービスとホスピタリティの語源について考察する[3]。サービス（service）は，servusという「奴隷」を意味するラテン語を語源とし，「接待」，「奉仕」と訳される。一方，ホスピタリティは，「客を保護する，歓待する」を意味するhospesを語源としており，「もてなし」，「思いやり」を表現する考え方である。病院（hospital）やホテル（hotel）という関連語は，この用語から誕生した。

　この両者の共通点は，何かを施す人物と，施しを受ける人物が同時に存在していることである。

　浦郷義朗[2003]によれば，サービスは，この両者の間に上下関係，あるいは具現的な等価価値交換が生じる[4]。つまり，「施す人物＝主」，「施しを受ける人物＝従」といった主従関係が発生する。一方，ホスピタリティには，上下関係や等価価値交換は存在せず，心地よさや信頼など，人間性や感性に訴えかけることに重点が置かれる。

　次に，サービスとホスピタリティの対象について考察する。図表5－1に示されるように，①対象となる市場（客），②顧客との関係など，多くの点において，サービスとホスピタリティの対象は異なる。

　マイヤー（Meyer, D.）[2006]によれば，ホスピタリティは「for somebody（相手のために）」，サービスは「to somebody（相手に対して）」価値を提供する[5]。換言すれば，サービスは技術であり，パフォーマンスの手段である一方

図表 5－1　サービスとホスピタリティの異同点

【異なる点】		
比較軸	サービス	ホスピタリティ
対象となる市場（客）	大衆→分衆→小衆（顧客）	個人（個客）
顧客との関係	ワン・トゥ・マス	ワン・トゥ・ワン
マーケティング手法	市場細分化による標的マーケティング	個客を標的にしたリレーションシップ・マーケティング
生産方式	レディメイド方式	カスタマイズ方式
販売するもの	卓越した製品とサービス	夢，感動，幸福
顧客の求めるもの	ベネフィット	純顧客価値
仕事に対する従業員の意識	義務感	使命感
組織構造	ピラミッド型（顧客は最底辺）	逆ピラミッド型 or フラット型（顧客は最上位）
責任の所在	組織の責任 or 責任転嫁	自己責任
【共通点】		
①顧客をもてなし，満足を与え，継続的な顧客関係を構築しようとしている。 ②顧客が期待する価値を提供し，顧客満足を獲得する中で，良好な「人間関係」をつくり出す重要なプロセスである。		

（出所）　浦郷義朗[2003]50，112，136頁，小山[2005]62頁をもとに筆者作成。

で，ホスピタリティは，感情であり，パフォーマンスを差別化する要素になるといえよう。

　ホスピタリティは，顧客満足につながり，その結果として利益や企業の成長をもたらすと考えられている。そのため，多くの企業や，専門家による研究が行われている。INAXなど，ホスピタリティ・マネジメントを実践している企業も少なくない[6]。また，経営学の一環として，ホスピタリティ学を教える学術機関も，年々増加している。

❷　ホスピタリティの構成要素と横断的機能

　図表5－2に示されるように，ホスピタリティは，①ハード面からの要素（ハードウェア），②ソフト面からの要素（ソフトウェア），③人的な側面からの要素（ヒューマンウェア），の3つから構成される[7]。なかでも，人間の倫

理を中心としたライフスタイルや，社会のことを指すヒューマン・ウェアは，ホスピタリティを構成する重要な要素である。

服部勝人[2008]は，ホスピタリティ志向による発展について考察している[8]。すなわち，生産指向から多元的最適共創志向（ホスピタリティ・マネジメント）に発展する過程において，全従業員から最終消費者まで，相互満足を促し，相乗効果を生み出す最適環境の成立を目指す考え方である。

また，消費者である顧客だけでなく，企業組織を構成する従業員を含むすべてのステークホルダーが，ホスピタリティの対象である。すなわち，ホスピタリティは，人的要素，物的要素，機能的要素に加え，統括管理，および創造的要素によって構成されている。

以上のことから明らかなように，ホスピタリティは，多様な要素を保有しているため，サービス産業を含む第三次産業はもちろん，第一次産業や，第二次

図表5-2　ホスピタリティの構成要素

①ハードウェア（機能的サービス）
- ハードウェア（経営サイドの責任領域）：立地条件，建物の造り，外観，施設，設備，機器，環境
- ソフトウェア（総支配人の保守管理責任領域）：インテリア，照明，サイン類，ブランド名等，備品，安らぎの演出，料理・飲み物

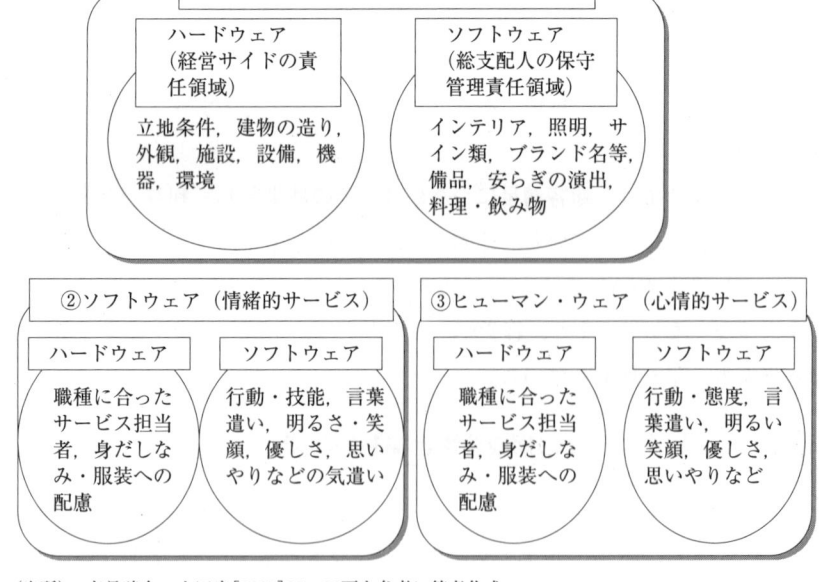

②ソフトウェア（情緒的サービス）
- ハードウェア：職種に合ったサービス担当者，身だしなみ・服装への配慮
- ソフトウェア：行動・技能，言葉遣い，明るさ・笑顔，優しさ，思いやりなどの気遣い

③ヒューマン・ウェア（心情的サービス）
- ハードウェア：職種に合ったサービス担当者，身だしなみ・服装への配慮
- ソフトウェア：行動・態度，言葉遣い，明るい笑顔，優しさ，思いやりなど

（出所）　高月璋介＝山田寛[2005]35, 36頁を参考に筆者作成。

産業といった他産業に対しても経済的影響力が大きい。したがって，ホスピタリティは，複数の産業間を横断する機能を持っているといえよう。

❸ ホスピタリティの活用と課題

　服部[2008]によれば，ホスピタリティが不可欠な産業として，①医療・福祉と介護，②宿泊業，③外食産業，④旅行産業，⑤観光・レジャー，を上位にあげている[9]。

　しかし，本質的には，業界による区分だけでなく，企業の規模や組織形態に着目することも必要である。例えば，西崎信男[2005]は，中小企業活性化のためには，ホスピタリティ・マネジメントの確立が欠かせないことを指摘している。経営資源が乏しい中小企業が，外部環境の機会に柔軟性・機動性を発揮しながら対応するためには，社内外のコミュニケーション（ホスピタリティ）が要求されるのである[10]。

　このほか，非営利組織がホスピタリティ・マネジメントを実践する際には，ホスピタリター（ホスピタリティを創出することが可能な人材）の役割が重要となる見方もある[11]。

　今後，ホスピタリティを提供する上で課題となるのは，評価方法であろう。なぜなら，「人間味あふれる対応」や「納得のいくもてなし」は，定性的であり，数値化が困難であるからである。

　しかし，小宮山康朗[2008]は，携帯電話を例にとり，ホスピタリティの評価方法を提示している。具体的には，①社会的損失の抑制・防止に努力し，成果を上げているか，②商品・サービスの危険性に関する「情報公開」を積極的に行っているか，③生活者の声を尊重する「社内システム」の確立は進んでいるか，などを評価項目として設定し，点数をつける手法である[12]。

　先にも述べたように，近年，多くの企業がホスピタリティの提供を試みている。例えば，東京ディズニーランドや伊勢丹，あるいはパークハイアット東京などは，短絡的なサービスを超えて，顧客満足（consumer satisfaction）を創出している[13]。

　したがって，「手厚いもてなし」や「期待を超えた満足の提供」など，客観

化しづらいものを社内で共有し，継承できるシステムが，今後ますます求められるであろう[14]。

第2節　顧客維持とサービス・マーケティング

❶　リレーションシップ

　サービス・ビジネスにおいて，双方向型コミュニケーション（顧客との良好な関係の創造）が重要なことはいうまでもない。近藤文男＝陶山計介＝青木俊昭編[2001]によれば，「生涯顧客との長期的・継続的な相互信頼の形成は，消費者や顧客による認知を促進したり知覚リスクを低下させ，その結果として，差別化コストの低減にもつながる。ここから一回限りの取引・交換ではなく，信頼と win-win の関係に基づく長期継続的なリレーションシップ（関係性）が重視される[15]」。

　1990年代後半から，CRM (Customer Relationship Management) に取り組む企業が増加していることからも明らかなように，マーケティングにおいても，リレーションシップに注目した戦略が積極的にとられている。以下では，①リレーションシップ・マーケティング (Relationship Marketing)，②リテンション・マーケティング (Retention Marketing)，③ロイヤルティ・マーケティング (Loyalty Marketing)，の3点について考察する[16]。

①　リレーションシップ・マーケティング：サービス・マーケティング研究の2大アプローチの1つであり，関係性マーケティングとも呼ばれる。顧客のニーズやウォンツを把握することにより，顧客との長期的かつ親密な関係を形成・強化することを目的とする。しかし，サウスウエスト航空のように，サービスを意図的に省くことによって，低料金での航空輸送サービス製品を提供している格安航空会社もある[17]。したがって，すべての企業がリレーションシップ・マーケティングに取り組む必要はない。

② リテンション・マーケティング：既存の顧客を維持することを目的としたマーケティング手法である。原田保＝三浦俊彦編[2002]によれば，既存顧客維持コストは，新規顧客獲得コストの5分の1である。したがって，入念な顧客分析を実践し，一人ひとりの顧客に応じたきめ細かな対応を徹底することが，顧客維持をするうえで不可欠となる。顧客の声を聞く機会を設けることにより，信頼性の構築と同時に，情報の蓄積・分析・活用が可能になる。

なお，リテンション・マーケティングの例としては，会員限定の情報サービスや，割引などインセンティブの付与があげられる。

③ ロイヤルティ・マーケティング：自社に対するロイヤルティが高い顧客を創出するマーケティングの手法である。例えば，購買によって付与されたポイントを提携百貨店などで互換できるなどの方法があげられる。航空会社や小売業での導入が顕著である。

また，リレーションシップの構築は，顧客の継続的な購買を促すプロモーションである一方で，顧客データを収集することによるマーケティング計画の向上を図るため，後述するデータベース・マーケティングと密接な関係にある。

このように，様々な手法を用いて，顧客との関係性を創出することは，企業にとって大きな課題であり，切り口の差別化が激化している。また，リレーションシップの形成において，散在する顧客データを一元化することが重要であり，情報とマーケティングの関連性にも注目が集まっている。

❷　情報とマーケティング

情報の有効活用は，マーケティングを成功させる鍵となり，そのためのマーケティング戦略も多い。荒木久義＝牧田幸裕[2002]によれば，データの散在は，管理・活用を困難にするため，データの確実なバックアップや有効活用を徹底する上で，散在データの一元管理が重要となる[18]。このようなデータの有効活用を目的とした手法として，以下では，①データベース・マーケティング (database marketing)，②パーミッション・マーケティング (permission marketing)，③バイラル・マーケティング (viral marketing)，について考察する[19]。

① データベース・マーケティング：データを利用したマーケティングの総称であり，特に，顧客情報などのデータをデータベース化して，マーケティング計画に生かす手法を指す。なお，データベース・マーケティングでは，データマイニングが重要である[20]。

また，短絡的なデータのみを信頼するのではなく，顧客基準に基づいて販売戦略を策定する必要がある。例えば，高谷和夫[2008]が指摘するように，売上データとして死に筋商品であったとしても，優良顧客を維持するためには必要な場合がある。

② パーミッション・マーケティング：顧客の許可を得て実施するマーケティング活動を指す。近年では，メールマガジンなどによって，この手法が拡大している。パーミッション・マーケティングは，顧客一人ひとりのニーズに対応することを目的としたワン・トゥ・ワンマーケティングから派生した手法である。

図表5－3　バイラル・マーケティングの実行に向けた4つの原則

【原則1：ネットワーク・コミュニティの自律性】
企業のサポートなしに形成され，サポートの程度によらず，自律的に発展する。

【原則2：ネットワーク・リーダーの存在】
イベントやショーでネットワーク・リーダーをどのように活用するかが，マーケット担当者にとって重要となる。

【原則3：ネットワーク・リーダーの発想力】
一見，マーケターには何の関連もないと思われるような社会的価値によって，商品やブランドを推奨することがある。

【原則4：ネットワーク・リーダーは，自らの価値観で商品カテゴリーの商品に感情を抱いている】
企業は，ネットワーク・リーダーの考え方を尊重する必要がある。

（出所）　Iacobucci, D. = Calder, B. J. [2003]訳書127-128頁をもとに筆者作成。

③ バイラル・マーケティング：口コミなどの個人的な情報発信力・収集力を媒介として市場を拡大する手法である。1次的バイラル・マーケティングと2次的バイラル・マーケティングの2種類に分けられる。前者は，ソーシャル・ネットワーク・サービスなどの，コミュニケーションツールを通じて，不特定多数に対してサービスや商品の情報を発信することから始まる。一方，後者は特定の顧客の紹介行動などによってサービスや商品の情報を発信することから始まる。なお，図表5－3に示されるように，バイラル・マーケティングに取り組む上で，ネットワーク・コミュニティに対する正しい理解が不可欠となる[21]。

顧客の感情にうまく訴えかけるには，自社の持つ情報，もしくは自社が必要としている情報を，状況・環境に応じて選出し，活用する必要がある。そのためには，地道な情報収集と，分析・データ化をすることが，企業にとっての課題になる。情報とサービスの親和性を見出し，生かすことにより，事業機会の可能性は広がるのである。

❸ サービス・マーケティングの今日的課題

サービス・マーケティングに取り組むためには，先にあげた様々な考え方に基づき，必要に応じて組み合わせながら顧客満足を得る姿勢が不可欠である。しかし，実行段階に際しては，いくつかの課題もある。

例えば，高橋秀雄[2009]は，リレーションシップ・マーケティングの課題として，①サービス・エンカウンターの重要性[22]，②組織構造の変革やエンパワーメントの困難性，③インターナル・マーケティングの重要性[23]，などをあげている。

以下では，さらに大局的な視点から，サービス・マーケティング全般に共通する課題について考察する。

図表5－4に示されるように，サービス・マーケティングの経営課題は，大きく3つに大別される。なかでも，需要変動やグローバル戦略に向けた課題は，第3章や第4章でも簡潔に触れたように，サービスの特性と関連が深い。

また，グローバル化を考えていない企業にとっても，新たに事業範囲を拡大

図表5-4 サービス・マーケティングの経営課題

①サービスのマーケティング戦略の策定

外部環境(経済的環境,倫理的・法的環境,技術的環境など)と自社の経営資源を勘案した上で,戦略の策定・設計・実行・統制に取り組み,市場ニーズに適合した製品・サービスを提供し続けること。
【成功例】マイクロソフト,アマゾン,ウォルマート
【失敗例】エンロン,ワールドコム

②サービスにおける需要変動への対応

顧客需要の内容構成や数量,タイミングなどは変化するため,需要パターンの性質を適切に理解する必要がある。
【例】レンタカー業界や航空業界は,曜日・月別・季節別などの需要変動に対応する必要がある。

③サービスのグローバル戦略

慣習をはじめとした多くの文化的差異に,標準化や適応化などによって対応する必要がある。グローバル化が加速する今日において,この観点は看過できない。
【成功例】コカ・コーラ,ケンタッキー・フライドチキン

(出所) Fisk, R. P. = Grove, S. J. = John, J. [2004]訳書255-318頁をもとに筆者作成。

する際には,様々な差異性を考慮する必要があるため,これらの課題と無縁ではない。

　サービス・マーケティングは,全社的な戦略に基づいて策定されるものである。したがって,上述したような大局的な視点を加味した上で,リレーションシップ・マーケティングやリテンション・マーケティング,ロイヤルティ・マーケティングなど,個別的な手法を導入することが必要となるであろう。

第3節　STP戦略とプライシング

　サービス・マーケティングの策定において,「市場はどのような顧客で構成され,誰を対象に,どのようなサービスを提供するか」を考慮することは不可

欠である。以下では，特に重要な概念となるSTP戦略[24]とプライシング（価格戦略）について考察する[25]。

❶ セグメンテーションとターゲティングの実施

セグメンテーション（市場細分化）とは，「潜在顧客の市場を同質のサブグループに分割すること[26]」を指し，一般的には，地理的変数，人口動態変数，心理的変数，行動変数などを切り口として分析を行う。万人受けを狙ったサービスや戦略は，結局，誰からもよい評価を受けない可能性が高い。したがって，上記のような分類軸・分類基準を設定することが不可欠となる[27]。

照井伸彦＝Dahana, W. D.＝伴正隆［2009］によれば，効果的なセグメンテーションを行うには，①消費者のニーズや特性は，セグメント内では同質であり，セグメント間では異質である，②セグメントを構成する消費者に接近可能である，③セグメントの市場規模が測定可能である，④セグメントに一定の市場規模がある，の4点が前提条件になる[28]。

換言すれば，セグメンテーションによって市場の顧客構成を明らかにするには，測定可能性や収益性が欠かせない。市場細分化によって顧客構成を把握した後は，的確なターゲティングが必要となる。ターゲティングとは，「セグメンテーションによって細分化された市場セグメントのどこに狙いをつけるかを決めること[29]」を指し，図表5－5に示されるように，3つの方法がある。自社の企業規模や業種・業態に応じて，適切なターゲティングを実行することが必要となるであろう。

また，イアコブッチ（Iacobucci, D.）［2001］は，①新市場に参入する際と，②新興企業におけるセグメンテーションとターゲティング，の2点について考察している[30]。以下のように，個別的な状況における戦略を把握することによって，企業ベースへの適用が可能となる。

① 新市場に参入する際のセグメンテーションとターゲティング：オペレーションの卓越性，製品リーダーシップ，顧客との親密さ，を軸としたコンピタンシー（competency）を組織化することが重要である。例えば，サウスウエスト航空，ヒューレット・パッカード，ブリティッシュ・エアウェイズが

図表５－５　ターゲット市場選定における３つのオプション

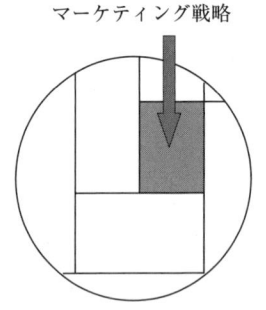

①集中的マーケティング
　特定の限られたセグメントだけを標的として絞り込み，そこに自社の経営資源を集中する手法。
【例】フェラーリ，ロレックス

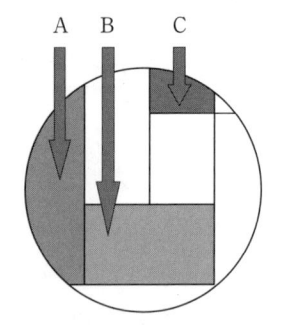

②差別化マーケティング
　それぞれのセグメントに対して，それぞれの製品・とマーケティング・ミックスを用意する手法。
【例】トヨタ自動車，ワールド

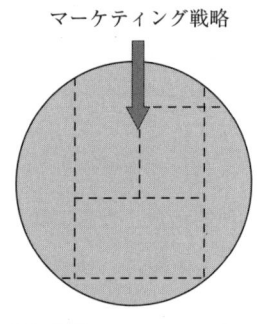

③無差別マーケティング
　１つの製品とマーケティング・ミックスだけで，市場全体に訴求していこうとする手法。
【例】ディズニー，コカ・コーラ

（出所）　照井＝Dahana, W. D.＝伴[2009]43頁，池上重輔[2007]64-65頁をもとに筆者作成。

あげられる。

② 新興企業におけるセグメンテーションとターゲティング：経営資源の不足など，多くの制約を抱えているため，市場で提供されているものと顧客ニーズのギャップを把握する必要がある。成功した例として，スターバックスやボディ・ショップがあげられる。

❷　ポジショニングの策定

　ポジショニングとは，競争市場の中で自社商品と他社商品を比較し，自社および自社商品の位置を明確にすることを指す[31]。ポジショニングにより，市場における自社および自社商品の特徴づけを行い，経営戦略や目的を明確にする。
　ポジショニングの方法は，研究者によって様々な見解がある。例えば，統計学の観点では，知覚マップ[32]や因子分析による分析方法があげられる。また，簡潔に２軸上に指標を設定し，自社と競合の製品・サービスを配置し，相対的

第5章 サービス・マーケティング

に位置を把握する方法もある。

どのような方法をとるかは，ポジショニングの前段階となるセグメンテーションやターゲティングの目的を加味しながら，正確に決定する必要があろう。

ところで，コトラー＝ケラー（Kotler, P. = Keller, K. L.）[2006]によれば，企業のポジションは，以下の4つに分類される[33]。

① リーダー（量的経営資源は大，質的経営資源は大）：最大シェアを持つ企業を指し，市場規模・シェアの拡大・維持を目的とする戦略をとる。例えば，セブンイレブンやドコモがあげられる。

② チャレンジャー（量的経営資源は大，質的経営資源は高）：リーダーに次ぐシェアを持つ二番手企業であり，直接対決，後方攻撃（自社よりシェアの小さい企業からシェアを奪う）などの手段によって，リーダー企業に対抗する。例えば，ローソンやauがあげられる。

③ ニッチャー（量的経営資源は小，質的経営資源は高）：市場シェアは小さいが，特定の領域で独自の地位を築き，成長を図る企業である。例えば，紀伊國屋書店があげられる。

④ フォロワー（量的経営資源は小，質的経営資源は低）：市場シェアの大きな変化は目的とせず，リーダーとチャレンジャーの追随を行う。

企業ポジションは，市場の成熟度やチャネルの増加などによって大きく影響を受ける。また，サービス・ビジネスにおいては，その線引きが曖昧になりやすいため，常に外部環境の変化を捉え，柔軟に対応することが不可欠となる。

❸ プライシング

プライシング（pricing）とは，モノやサービスが提供するバリュー（価値）を評価して値段をつけることである[34]。アンハイザー・ブッシュ（米国）やスウォッチなど，プライシングによって競争優位を構築している企業も多く，D&B[35]（米国）のように，独立した部門を設置している企業もある[36]。S&Pが感度分析を実施したところ，価格を1％上昇させるだけで，営業利益が12.3％改善された[37]。これほど，マーケティングにおいてプライシングは重要な戦略なのである。

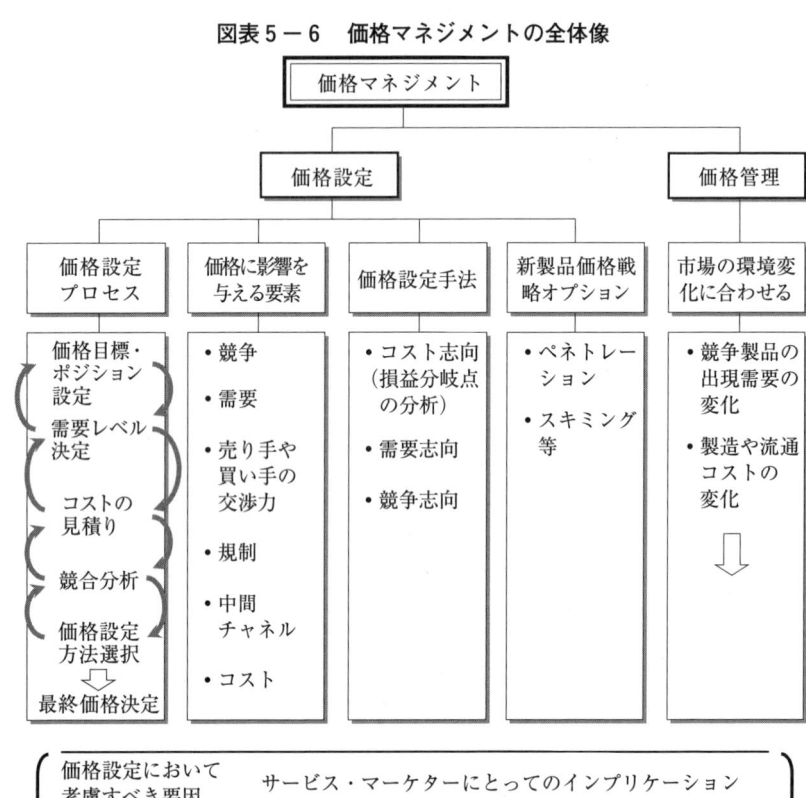

図表5-6 価格マネジメントの全体像

```
                    価格マネジメント
            ┌───────────┴───────────┐
          価格設定                 価格管理
  ┌────┬────┬────┬────┐          │
価格設定  価格に影響を  価格設定手法  新製品価格戦  市場の環境変
プロセス  与える要素              略オプション  化に合わせる
```

価格設定プロセス	価格に影響を与える要素	価格設定手法	新製品価格戦略オプション	市場の環境変化に合わせる
価格目標・ポジション設定 需要レベル決定 コストの見積り 競合分析 価格設定方法選択 ↓ 最終価格決定	・競争 ・需要 ・売り手や買い手の交渉力 ・規制 ・中間チャネル ・コスト	・コスト志向（損益分岐点の分析） ・需要志向 ・競争志向	・ペネトレーション ・スキミング等	・競争製品の出現需要の変化 ・製造や流通コストの変化 ⇓

価格設定において考慮すべき要因	サービス・マーケターにとってのインプリケーション
・ポジショニング	競合する商品の範囲内で，価格と品質の関係を示唆する。
・需要とタイミング	利用時点の違いなどに伴い，価格感度が異なる。
・提供能力の最大化	個別またはバンドルで，多用な商品を提供できるように借り入れや資本を利用する。
・メンバーシップ	割引などの便益によって，顧客ロイヤルティを維持し，スイッチング・コストを高める。
・顧客の参加	セルフ・サービスなどによって，価格が安くなる。

（出所） Iacobucci, D. [2001]訳書344頁, Fisk, R. P. = Grove, S. J. = John, J. [2004]訳書167頁, 池上[2009]93頁をもとに筆者作成。

イアコブッチ[2001]によれば，効果的なプライシングを行うためには，①戦略目標，②ターゲット・カスタマー，③プロダクト・ポジショニング，④競合ポジション，⑤コスト，⑥販売チャネル，⑦PLC（プロダクト・ライフ・サイクル）を反映する必要がある[38]。したがって，上で考察したターゲティングやポジショニングは，プライシングを実施する上で不可欠な概念とな

る。

　また，価格設定のプロセスは，図表5－6に示されるように，価格に影響を与える要素や設定手法，さらには市場の環境変化などを入念に把握した上で実行されなければならない。

第4節　広告とプロモーション

❶　イメージ戦略

　顧客が市場で購買行動を選択する場合，常に合理的なデータによって選択するわけではなく，企業イメージやブランド・イメージなどの要因も大きく影響している[39]。

　図表5－7に示されるように，例えば企業イメージは，提供する製品や社名だけでなく，複数の要因が関係しながら形成される。したがって，無形財を扱うサービス・ビジネスにおいては，イメージは，他産業と比べて一層大きな影響力を持つ。

　イメージとは，「人びとが対象物に対して記憶の中に蓄積した内容とその内容相互の関係づけ」であり，イメージ戦略を行う上では，製品や企業に対するイメージの現状と問題点の発見，望ましいイメージの把握，現状のイメージを望ましいイメージに近づけるために必要な要素の明確化，の3点が重要となる[40]。

　しかし，イメージは多義的・感覚的であるため，八巻俊雄編[1994]が指摘するように，定量的かつ客観的に把握することは困難である。したがって，様々な手法を用いて，最大限に定量化を試みつつ，定性データとのバランスをとりながら対応することが望ましい。

　イメージ戦略に取り組んでいる例として，シャープがあげられる。1980年代から1990年代にかけて，当時の社長であった辻晴雄は，シャープの強みである

図表5－7　企業イメージの形成要因

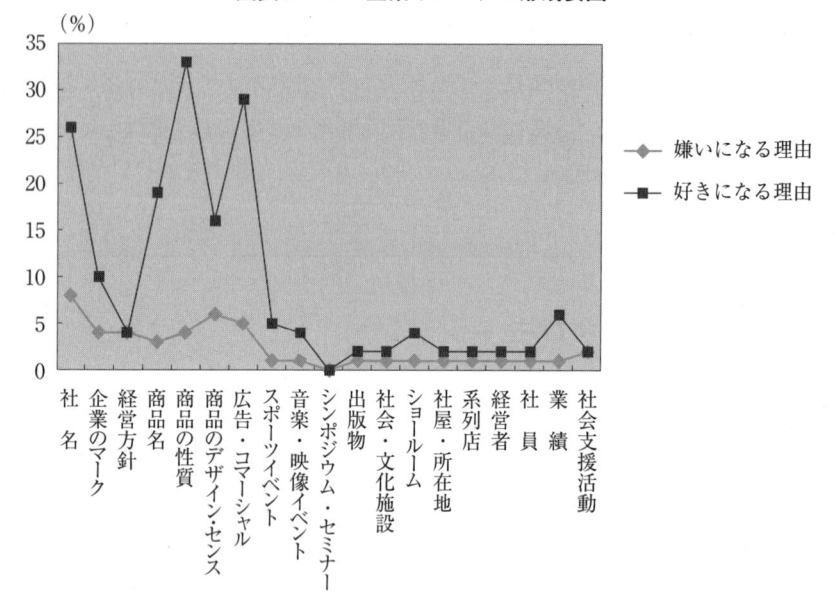

(出所)　松田義郎他[1995]71頁。

　先端技術を消費者にイメージづけるために，液晶を中心とした広報計画を策定した。「80年代はLSD，90年代は液晶」というキャッチフレーズをつくるなど，消費者がシャープの製品をイメージしやすいような広報活動を行ったのである。その結果として，「液晶のシャープ」として認知されるようになった。

　また，総合住宅設備会社であるINAXは，コーポレート・アイデンティティ（CI）と呼ばれる企業の特徴や理念を体系化し，外部に公開する戦略に着目した。当時の社長であった伊奈輝三は，CIプロジェクトチームを発足させ，「INAX5」という新企業理念や，新事業コンセプトを全面的に公表した。今日においても，INAXは企業環境や実態に応じて，CIによる企業革新を推進しており，外国人投資家の支持を得ている。

　このように，イメージ戦略は，企業の成長・維持に大きく関係している。したがって，先にあげた「イメージ目標と実際のイメージのギャップ」を認識し，ギャップを埋めるための要素を特定した上で，適切な実行プロセスを策定する

ことが不可欠である。

❷ プロモーションの効果と測定

　プロモーションとは，製品・サービスの販売を促進するための活動である。目的は状況に応じて変化し，売上げなどの成果，ブランド育成，顧客，など多岐にわたる。

　古川一郎＝守口剛＝阿部誠[2003]によれば，プロモーションの分類として，① 消費者向けプロモーション，② 流通業者向けプロモーション，③ 小売業者によるプロモーション，の3つに大別される。なお，アプローチ方法によって分類することも可能であり，① 店頭プロモーション，② 街頭プロモーション，③ パッケージ・プロモーション，④ 世帯向けプロモーション，などに分類される[41]。

　このように，自社の立場やアプローチの仕方によって，適切なプロモーションの方法は異なる。図表5－8に示されるように，段階的な効果測定に基づき，目的に応じてプロモーションのマネジメントを遂行することが重要となる。

　また，守口剛[2002]は，プロモーションの手法として，従来型の価格プロモーションと，それに代わる顧客特定プロモーションの2種類をあげている[42]。

① 価格プロモーション：1990年代の初頭以降，流通の合理化・効率化を目指して，加工食品・日用雑貨業界で取り入れられてきた。値引きやバーゲン，チラシ配布によって，価格の引き下げを訴求し，多層な顧客の興味・関心を集める手法である。

　しかし，近年，顧客価値の多様化に伴い，価格プロモーションの限界が問題視されている。必要以上の価格プロモーションは，売上げに波を生じさせ，収益の悪循環が生まれかねない。

　また，サービス・ビジネスに代表される無形財を扱う市場の拡大によって，金銭的価値のみが売上げに影響を与えるとは考えにくくなっている。そのような背景のもと，次の顧客特定プロモーションに注目が集まっている。

② 顧客特定プロモーション：優良顧客を優遇し，固定化や準優良顧客の育成

図表5－8　プロモーションの効果測定の枠組み

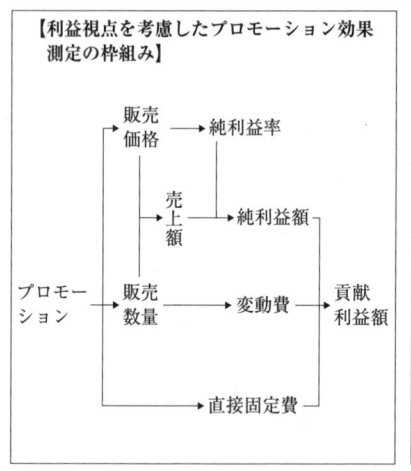

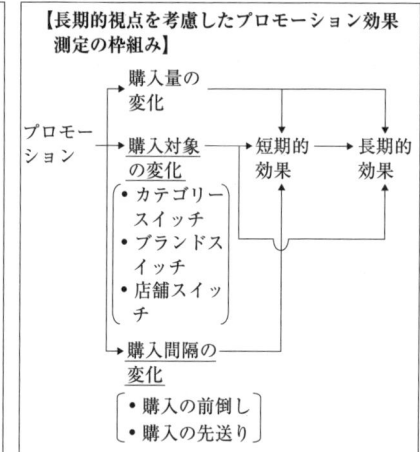

【利益視点を考慮したプロモーション効果測定の枠組み】

プロモーション → 売上額
- 販売価格 → 純利益率
- 販売数量 → 変動費 → 貢献利益額
- 売上額 → 純利益額
- 直接固定費

【長期的視点を考慮したプロモーション効果測定の枠組み】

プロモーション
- 購入量の変化
- 購入対象の変化
  - カテゴリースイッチ
  - ブランドスイッチ
  - 店舗スイッチ
- 購入間隔の変化
  - 購入の前倒し
  - 購入の先送り

→ 短期的効果 → 長期的効果

（出所）　守口［2002］28，31頁をもとに筆者作成。

を目的とする。代表例として，フリークエント・ショッパー・プログラム[43]（frequent shopper program：以下，FSP）があげられる。多頻度利用顧客に対するサービスプログラムと解釈され，顧客のロイヤルティを促す。

　近年，短絡的な製品・サービスの販売だけでは，企業の成長・維持は困難になっている。特に，サービス・ビジネスにおいては，顧客ロイヤルティをはじめとした，非物質的な価値も与える必要がある。

　そのため，プロモーションは，顧客の多様なニーズに応じつつ，企業の製品・サービスの魅力を伝える，コミュニケーション戦略としての役割も果たしている。

❸　広告効果

　広告効果（advertising effectiveness）とは，「広告出稿が，その受け手である一般の生活者，送り手である企業，さらに社会一般などに対して及ぼす影響」のことを指す[44]。

　キャッチコピーやテレビCMを利用した広告活動は，顧客の購買行動に影

響を与える手法として，プロモーション活動の主力となっている。日本サブウェイのクロスメディアでの広告展開や，ピザハットが実施した検索窓表示型CMなど，積極的に広告を打ち出し，測定方法を分析する企業も台頭している[45]。

そのような広告を利用したマーケティングの効果を客観的に測定することも，企業の将来的なプロモーション内容を定めるのに大きな役割を持つ。

先にも考察したとおり，サービスや顧客価値が多様化する近年では，広告効果の測定基準を，売上高への影響力ではなく，広告達成度やコミュニケーション効果におくことが一般的になっている。特に，記憶，態度，イメージ，購買意図といった，意思決定プロセスへの影響度は，サービス・ビジネスが拡大するにつれて，重要視されるようになってきた。

なお，意思決定プロセスを測定する基準として，AIDMA理論やAISAS理論があげられる[46]。特に，インターネットの普及により，Webやソーシャル・ネットワーク・サービス（social network service：以下，SNS）を利用した広告が急激に増加した今日では，後者のAISAS理論の考え方に基づいて消費者行動を把握することが効果的であろう。

オンライン広告は，消費者および顧客の目に触れやすく，クリックひとつで商品や広告主の情報を得ることができるのに加えて，看板やチラシなどと比較して広告料も安価なため，多くの企業が利用している。

また，オンライン広告の効果を調査することが，広告活動の一環として，重要視されている。一般的には，オンライン広告の効果を測定する基準として，表示回数や認知率を指標にしたインプレッション効果と，クリック数やクリック率を計量したレスポンス効果がある。

このような傾向を受けて，2008年にマイクロソフトは，オンライン広告の効果を測定する新手法として，「Engagement Mapping」を発表した[47]。この構想に基づき，顧客がオンライン広告キャンペーンを通じて製品・サービスの購入を決める過程を管理・測定するツールがリリースされた。マイクロソフトの狙いは，数量化することが困難な，多様化する顧客価値と，それに影響を与える広告の効果をデータベース化，セグメント化することであると考えられる。

顧客ニーズの多様化は，広告活動の多様化だけでなく，広告効果の測定法をも多様にし，広告効果の測定自体が新たなサービス・ビジネスとなりつつある。

第5節　リッツ・カールトン・ホテルのケーススタディ

❶ ケース

ここまで，サービス・マーケティングについて，要点を絞って考察した。以下では，ホスピタリティのケーススタディとして，ザ・リッツ・カールトン・ホテル[48]（The Ritz-Carlton Hotel Company：以下，リッツ・カールトン）を取り上げる。

分析の手順としては，リッツ・カールトンの業績や特徴をレビューした後に，同社を取り巻く環境要因に基づいて，持続可能な競争優位を構築するための方策を明らかにする。

図表5－9に示されるように，リッツ・カールトンでは，様々な特徴を有しており，ホスピタリティの全社的な共有を徹底している。例えば，従業員一人ひとりが，クレドと呼ばれる信条に準じたサービスを心がけている。たとえ，一般的な企業ではミスと受け取られる行為だとしても，宿泊者に満足を与える行為であるならば，ミスとして扱われない。

クレドは，あくまでマニュアルではなく，信条である。マニュアルとは，行動や方法論を，社会や組織などの集団における規則として示したものであるが，クレドは，理念や使命といった不変的な価値観を納得した上で実践するものである。そのため，従業員たちは，規則で縛られた，決まりきったサービスではなく，宿泊者一人ひとりのニーズに応じた自然な振る舞いができるのである。

また，宿泊者と同様に，従業員に対するもてなしの心を持つことを約束している。リッツ・カールトンの従業員の採用面接会場では，ドアマンとピアノの生演奏が志願者をもてなす。面接時から，従業員を宿泊者同様にもてなすこと

図表5－9　リッツ・カールトンの特徴

運営面の特徴	ハード面の特徴
【クレド】　お客様にどのように対処すべきかを具体的に示す名刺判のカード。社長から第一線の従業員が常備している。	【非常灯以外には，お客様が目にするスペースには白熱灯を使用，ダウンライトも原則として客用スペースでは用いない】
【モットー】　"We Are Ladies And Gentlemen, Serving Ladies And Gentlemen"である。	【従業員用スペースと客用スペースの間に必ず「付室」を設ける】
【20ベーシック】　リッツ・カールトン流のホテル哲学を提供するためのガイドライン	【正面玄関など入り口ドアに自動ドアを設けない】
【逆さピラミッド組織】　ピラミッドの頂点は，顧客に対応する第一線の従業員。	【ホテル館内の案内表示は最小限度にしている】
【QSP：Quality Selection Process】　人材採用時に取り入れている手法であり，「人となり」を選抜する。	【1階ロビーには集中して充実した投資を行なう】
【Commitment to Quality】　「クレド」や「ベーシック20」が日替わりで掲載されている日刊の社報。1日10～15分，リーダーが解説する。	【客室の廊下の絨毯は全世界リッツ・カールトン共通の色柄を用いる】
【クオリティ・リーダー】　他のホテル・チェーンにはない「クオリティ部門」があり，リーダーは品質管理を統括している。	【玄関の入り口スロープの工夫】ホテルに対する期待と心の高まりを演出する効果を持つ。
【ラテラル・サービス】　各従業員が，自らの業務の垣根を越えて，お互いにサポートするように努めること。	

(出所)　作古貞義編[2006]155-161頁をもとに，筆者作成。

によって，クレドの精神を具体化しているのである。リッツ・カールトンのモットーは，"We Are Ladies And Gentlemen, Serving Ladies And Gentlemen（紳士淑女におもてなしする私たちもまた紳士淑女）"である[49]。

　クレドやモットーの実践を徹底したことによって，マルコム・ボルドリッチ賞（サービスのプロセスで顧客満足の向上を目指す優良企業に与えられる賞）を世界で初めて2年連続受賞したホテル企業となった。また，様々なトラベル誌が定めた世界のベストホテルに，世界各地のリッツ・カールトンが選ばれている。

❷ 問題点

　上述したように，リッツ・カールトンは，世界を代表するラグジュアリー・ホテルとして人々から幅広く認知されている。しかし，今日継続している優位性が，将来的にも持続可能かどうかは，以下の理由を根拠として不透明であるといわざるをえない。

　理由の第一として，激変する経済環境や顧客ニーズ，ライフスタイルなどに対する適応可能性があげられる。ミケーリ（Michelli, J.）［2008］が指摘するように，リッツ・カールトンは，同業他社と比較して採用選考に時間をかける[50]。例えば，ホテル業界に28年間勤務し，リーダー経験もある候補者に対して14回の面接を行ったこともある。同社が提供するホスピタリティは，「即席」では不可能であるものの，外部環境の変化に対して敏速に対応できる柔軟性は不可欠であろう。

　理由の第二として，事業拡大に伴うサービス品質低下への懸念があげられる。リッツ・カールトンは，2011年までに，①ホテル100ヵ所以上を展開し，②従業員45,000人採用，新マネジャー7,200人を採用する計画である[51]。

　したがって，新たに事業展開するホテルにおいて，他のホテルと同等のホスピタリティを提供する一方で，新入社員や新マネジャーの育成に取り組む必要がある。以上の2点が，今後の外部環境を考慮した時に，リッツ・カールトンが抱える問題点となる[52]。図表5－10に示されるように，リッツ・カールトンが抱える問題点は，人材マネジメントに関する懸念である。一見すると，問題点①と問題点②は変わらないように見えるが，実は，その違いは明らかである。ホスピタリティは暗黙知[53]であるため，継承するのに時間がかかる。換言すれば，クレドやモットーは形式知であるのに対して，その文面を具体化するおもてなし（ホスピタリティ）は個人の経験に蓄積されるため，言語化が極めて難しい。面接に時間をかけ，入念な社員研修をすることは，自社の競争優位となっている反面，柔軟性という観点からみればリスクでもある。事業拡張に伴って従業員の増加が実現したとしても，従来と同様の高水準のホスピタリティを提供することが不可欠となるであろう。

図表5-10 リッツ・カールトンの問題点と課題

今後，リッツ・カールトンを取り巻く現象

環境要因：経済環境や顧客ニーズ，ライフスタイルなどは常に変化している。

経営方針：2011年までに，①ホテル100ヵ所以上展開，②従業員45,000人採用，③新マネジャー7,200人採用。

【考慮すべき事項①】柔軟性が不可欠となる。

【考慮すべき事項②】ホテル経営を適切にマネジメントすることと，新入社員を育成するに耐えうる組織が必要。

【問題点①】従業員は時間をかけて育成されるため，一人前になるまでに時間がかかる。⇒柔軟性を保持できるか不透明。

【問題点②】一律に顧客満足度の高いサービス品質を提供できるかが不透明。

課題の抽出

人材マネジメント
問題点①と問題点②を勘案すると，外部環境や経営方針に対応できる人材の創出が不可欠となる。

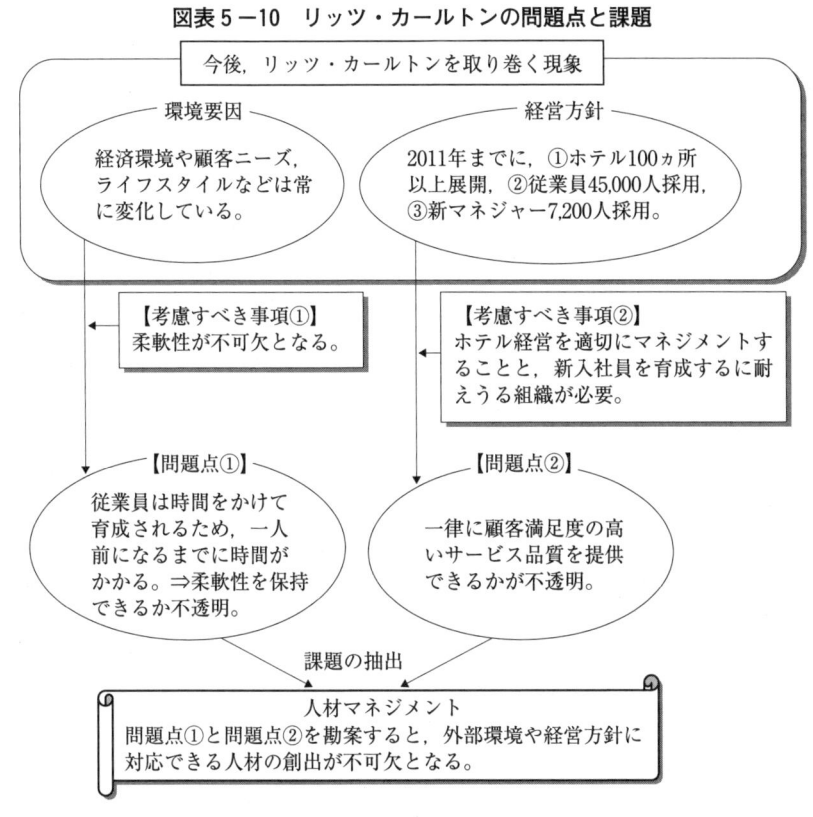

(出所) 筆者作成。

❸ 課　題

　上述した問題点を踏まえて，リッツ・カールトンにおける今後の課題について考察する。事業の拡大を目指すとすれば，従業員の確保に代表される人的資源管理は，必要不可欠な課題である。人的資源管理の質量（人的資源の水準と数量）の確保が，リッツ・カールトンの生命線になることは間違いない。

　人的資源管理については，第7章で詳述するが，リッツ・カールトンにおいても，①コンピテンシーの分類，②必要なコンピテンシーの特定と評価，③既存のコンピテンシーの評価，④能力開発プロセス，の4点は絶対に欠かせ

ない。

　併行して，今後展開するすべてのホテルにおいて，一律に顧客満足度の高いサービス品質を提供するための組織管理が欠かせない。これも第7章で詳述するが，サービス・プロセスの設計，サービス・プロセス・イノベーションなど，組織管理の具体策を準備する必要がある。

　すなわち，エンパワーメント，リーダーシップなどを含む人的資源管理と，組織構造，組織文化のマネジメントを含む組織管理の両立こそが，今後のリッツ・カールトンに求められる。いうまでもなく，この人的資源管理と組織管理の両立の根底に，ホスピタリティが必要不可欠である。

注）
1）服部勝人[2008]によれば，ホスピタリティとは，「相互満足しうる対等となるにふさわしい相関関係を築くための人倫」である。
2）Kotler, P. [2003]によれば，米国では，ホスピタリティ産業は全ての産業分野の中で2番目に雇用者数が多い巨大産業である。このことからも，ホスピタリティの重要性が裏付けられる。
3）サービスとホスピタリティの語源を比較した類書は多数ある。例えば，小山[2005]60頁，浦郷[2003]33-37頁。
4）浦郷義朗[2003]33-37頁。
5）Meyer, D. [2006]訳書6頁を一部修正。
6）山本哲士[2008]286-292頁。
7）高月璋介＝山田寛[2005]35頁。
8）服部[2008]61-66頁。
9）同上書60頁。
10）『Hospitality』[2005/3]167-168頁。
11）『Hospitality』[2004/3]43頁。
12）『Hospitality』[2008/3]25-33頁。
13）服部[2008]121-172頁を参照。
14）なお，ホスピタリティは，「信頼」という視点からも考察することができる。2000年の三菱リコール隠蔽事件や，JR福知山線の脱線事故など，顧客からの信頼を喪失した場合は，ホスピタリティを実践したとしても効果は薄い。畑村洋太郎[2005]は，失敗を，①無知，②不注意，③手順の不順守，④誤判断，⑤調査・検討の不足，⑥制約条件の変化，⑦企画不良，⑧価値観不良，⑨組織運営不良，⑩未知，に分類し，自社が抱える失敗を階層化させ，全社的に共有することの重要性を指摘している。

15) 近藤＝陶山＝青木編［2001］274頁。
16) 高橋秀雄［2009］57-73頁，三菱UFJリサーチ＆コンサルティング［2006］109頁，南知惠子［2006］85-99頁，原田保＝三浦俊彦編［2002］69-116頁。
17) Kim, W. C. = Mauborgne, R. ［2005］訳書61-66頁。
18) 荒木久義＝牧田幸裕［2002］194頁。
19) Iacobucci, D. = Calder, B. J. ［2003］訳書127-128頁，高谷和夫［2008］167-170頁，三菱UFJリサーチ＆コンサルティング［2006］101, 103頁。
20) データマイニングとは，事業活動によって発生・蓄積した膨大な情報を整理・分析し直し，以後の運営方針を定めていくことである。具体的な目的としては，優良顧客の発掘，規則性の発掘などがあげられ，情報・データの発掘作業と考えられる。
21) Iacobucci, D. = Calder, B. J. ［2003］訳書127頁。
22) サービス・エンカウンターとは，現場の従業員が顧客と接触する瞬間のことを指す。
23) インターナル・マーケティングとは，従業員に対して，顧客志向やサービス志向の風土を普及・定着させることを指す。
24) STPとは，それぞれS (segmentation：セグメンテーション)，T (targeting：ターゲティング)，P (positioning：ポジショニング) を指す。
25) サービス・マーケティングにおいて，STPと価格戦略が重要となる立場は，例えばFisk, R. P. = Grove, S. J. = John, J. ［2004］訳書264-274, 153-169頁を参照。
26) Iacobucci, D. ［2001］訳書10頁。
27) 池上［2007］58頁。
28) 照井伸彦＝Dahana, W. D. ＝伴正隆［2009］30頁。
29) 池上［2007］64頁。
30) Iacobucci, D. ［2001］訳書35-41頁。
31) 三菱UFJリサーチ＆コンサルティング［2006］92頁。
32) 製品ブランドの属性に対する消費者の評価や，製品ブランド間の類似殿評価によって，2次元または3次元の空間上に各ブランドをプロットしたものである。詳しい作成方法については，例えば，照井＝Dahana, W. D. ＝伴［2009］45頁を参照。
33) Kotler, P. = Keller, K. L. ［2006］訳書433-454頁。あるいは，MBA用語集〈http://gms.globis.co.jp/dic/〉。
34) 青木淳［2003］3頁。
35) ダンアンドブラッドストリート：世界最大の企業信用調査会社。
36) 青木［2003］137頁。
37) 同上書37頁。なお，変動費は8.7%，販売量は3.6%，固定費は2.6%の改善幅となっている。

38) Iacobucci, D.［2001］訳書338頁。
39) 藤江俊彦＝舘輝和［1999］iii頁。
40) 八巻俊雄編［1994］253頁。なお，イメージの定義は，哲学，心理学，認知科学，脳科学といった，様々な分野において長年研究され続けている。しかし，ビジネス用語では，企業の製品・サービスに，付加価値を与えたり，ブランド力を強化する要素として考えられる。
41) 古川一郎＝守口剛＝阿部誠［2003］421頁。
42) 守口剛［2002］13頁。
43) FSPのルーツは，1989年にアメリカン航空が始めた，フリークエント・フライヤー・プログラム（FFP）にある。顧客がアメリカン航空を利用するごとに，マイレージが加算され，無料航空券と引き換えられるというサービスは，多くの顧客支持を受け，他の航空会社でも導入された。
44) 八巻編［1994］227頁。
45) 「宣伝会議」［2007/5/15］70-71頁。
46) AIDMA理論とは，attention（注意），interest（興味），desire（欲求），memory（記憶），action（行動）という5つの測定項目に基づき，広告が顧客に与える効果を測定する。一方，AISAS理論とは，Attention（注意），Interest（興味），Search（検索），Action（購買），Share（情報の共有）のことを指す。
47) japan.internet.com ウェブニュース〈http://japan.internet.com/wmnews/20080226/11.html〉。
48) 前身は，リッツ（Ritz, C. T.）が1898年に開業した「ザ・パリ・リッツ」。1927年には，ザ・リッツ・カールトン ボストンを開業した。ザ・リッツ・カールトン・ホテルに社名を変更したのは，ジョンソン（Johnson, W. B.）に経営権や商標使用権を売却した1983年。1998年には，マリオット・インターナショナルの傘下に入る。社史については，ホームページ〈http://corporate.ritzcarlton.com/ja/About/OurHistory.htm〉を参照。
49) 井上理江［2002］210頁。
50) Michelli, J.［2008］99-101頁。
51) 同上書　320頁。
52) 類書には，リッツ・カールトンを「成功した企業」の事例として取り上げるものがあまりにも多く，問題点や課題について考察したものはほとんどない。しかし，外部環境の変化が加速している今日では，本章で提示している課題や問題点を考慮する意義は大いにある。
53) 暗黙知とは，個人が持っている経験や勘など，言語化できない知識を指す。なお，知識創造のプロセスについては，第9章で詳しく考察する。

第6章
顧客価値の創造

　本章では，サービス・ビジネスにおける顧客価値の創造について考察する。サービス・ビジネスを推進する上で，顧客価値を創造し，提供することは，まさに生命線であるといえよう。

　第一に，顧客価値について考察する。まず，顧客価値の定義について考察する。次に，顧客の選択と集中が重要であることを理解する。さらに，顧客との長期的な関係を構築する上でベースとなる，サービス・プロフィット・チェーンについて理解を深める。

　第二に，顧客満足について考察する。まず，顧客満足の定義について理解する。次に，顧客満足と顧客ロイヤルティの関係に言及する。さらに，サービス企業にとって，顧客ロイヤルティをもったロイヤルカスタマーの育成の重要性について考察する。

　第三に，クレーム対応について考察する。まず，クレーム対応の重要性について理解を深める。次に，適切なクレーム対応のために，サービス・リカバリー・システムの構築が必要不可欠であることに言及する。さらに，サービス保証の意義について考察する。

　第四に，顧客接点のマネジメントについて考察する。まず，真実の瞬間について理解を深める。次に，顧客維持と収益性との関係性について考察する。さらに，リレーションシップの構築について言及する。

　第五に，真実の瞬間を重視したケース・スタディとして，スカンジナビア航空を取り上げる。スカンジナビア航空の問題点と課題を考察することによって，サービス企業において，顧客価値の創造を行うためには，顧客との接点が最重要事項であることを明らかにする。

第1節　顧客価値

❶　顧客価値とは

　最近，インターネットで買い物をする人が増えつつある。女性の社会進出の拡大，特に，家事・子育てなどのニーズに基づいて，ネット販売や買い物代行など，時間節約型サービスの利用が増えている[1]。顧客は，企業における活動の基盤となる存在である。生産者優位の時代では，企業の生み出す価値を，作り手や提供者が評価していた。しかし，消費者優位の時代では，価値は顧客によって評価されるようになった[2]。

　サービス業における顧客価値は，製造業と違って無形性のものであり，顧客が主観的に感じて評価した価値となるため，サービスが実際に提供される場であるサービス・エンカウンター（サービス提供者と顧客との接点，出会いの場のことを指す）において生じる顧客の心理が，非常に重要となってくる。そのため，サービス価値（顧客価値）の算定には，サービスが提供されるまでにどのように感じたのか，期待通りの価値が提供されたのか，といった顧客の心理を含めた「過程」と「結果」の両方がサービスの品質評価に影響を与える[3]。

　この方程式の構造や関係性については，多くの企業で理解されている場合が多い。しかし，顧客価値を評価するのは，あくまでもサービスを受けた顧客自身であり，サービスを受けた顧客の主観的な判断である[4]という最も重要なポイントを理解していない企業が数多く存在する。

　企業は，サービス財を企画するにあたって，5つの製品レベルについて検討する必要がある。図表6-1に示されるように，顧客価値ヒエラルキーは，5つのレベルから構成されており，レベルが上がることにより，顧客価値も上がる。

　レベル1の中核ベネフィットとは，顧客が実質的に手に入れる基本的なサービスやベネフィットを意味する。例をあげてみてみよう。ホテルの利用客は「休憩と睡眠」を購入し，ドリルを買った人は「穴」を購入しているのである。

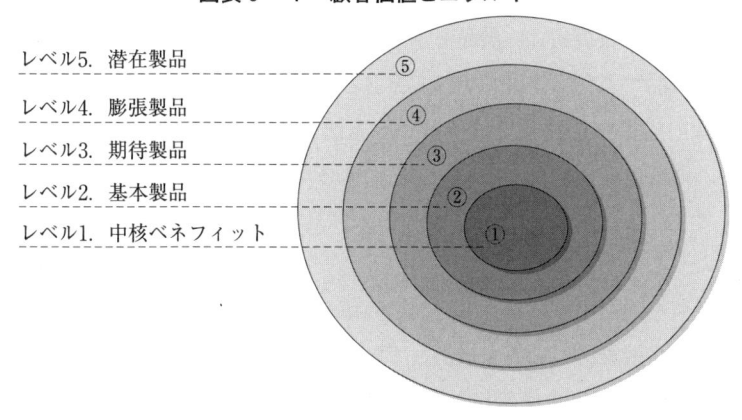

図表6－1　顧客価値ヒエラルキー

レベル5. 潜在製品 ⑤
レベル4. 膨張製品 ④
レベル3. 期待製品 ③
レベル2. 基本製品 ②
レベル1. 中核ベネフィット ①

（出所）　Kotler, P. = Keller, K. l. [2006]訳書460頁を筆者が一部修正。

　レベル2では，マーケターは，中核ベネフィットを基本製品に転換しなければならない。したがって，ホテルの部屋は，ベッド，バスルーム，タオルなどが備えられなければならない。

　レベル3では，マーケターは，期待製品，すなわち，購買者がその製品を買い求めるときに通常期待する一連の属性と条件を備えなければならない。ホテルの利用客は，清潔なベッド，洗いたてのタオル，適度な静けさなどを期待している。さらに，旅行者は通常，最も便利であるかまたは低価格のホテルを選ぶ。

　レベル4では，製品の膨張（膨張とは，規模が広がって大きくなること。または，数量が増大すること）レベルにおいて差別化が生じる。差別化とは，買い手のために価値を創造することである。つまり，製品の膨張に伴って，マーケターは，ユーザーの全体的な消費システムに目を向けることになる。消費システムとは，ユーザーが製品を購入し，その製品やそれに伴うサービスを利用する方法のことである。先進国では，ブランド・ポジショニング競争はこのレベル4で発生する場合が多い。例えば，近年のホテルの利用客は，CATVや衛星TV，高速インターネット接続などを期待している。つまり，競合企業は，レベル1から3までとは異なり，別の特徴やベネフィットを模索しなければな

133

らなくなるということである。

レベル5の潜在製品は，製品あるいは提供物に対して将来行われる可能性のある膨張製品および転換製品すべてを含む。潜在製品は，企業が顧客を満足させ，自社の提供物を特徴づける新しい方法を検索するレベルである[5]。したがって，顧客の主観性をうまく利用し，顧客が実際にサービスを生産，消費するサービス・エンカウンターにおいて，どのようにモノやサービスを提供するのかということが重要となってくる[6]。

顧客価値を向上するには，単発的に価値を提供するのではなく，日々の改善を加えながら継続的に価値を提供していくことが必要とされる。それによって，顧客は企業の生み出す価値に対して，長期間にわたって満足を示し，製品やサービスだけでなく，企業自体を評価してくれるようになる。このように，サービス業における顧客価値の特性をしっかりと理解した上で，顧客に高い価値を提供していくことが，サービス企業の存続・発展につながる。

❷ 顧客の選択と集中

顧客のニーズは，人によって様々であり，それぞれ異なったニーズを持っている。例えば，高くて質のよいものに高い価値を見出す人もいれば，質よりも安いものに高い価値を見出す人もいる。つまり，サービス業における顧客価値には，主観性が働くため，いくら優れた製品やサービスの提供であっても，全ての顧客が同じように満足を示してくれるわけではない。

そこで，重要となるのが，企業の提供するサービスと顧客のニーズが合っているか，ということである。企業の提供する価値に合ったニーズを持つ顧客は，優れたサービスに高い価値を見出してくれる。その一方で，企業の提供するサービスの価値とそぐわないニーズを持つ顧客は，いくら優れたサービスであっても価値が低いとしか評価しない[7]。

したがって，自社に合ったニーズを持つ顧客を選ぶことが，高い顧客価値の創造につながる。カナダのトロント近郊にあるジョルダイス病院の例をみてみよう。外科の患者の場合，ほとんどの病院では5～6日入院するのに，ジョルダイス病院では2～3日の入院で済む。ジョルダイス病院は，病気だからとい

う理由では入院できない。入院はヘルニア患者という一種類の患者に限られている。ただし，ヘルニア患者であっても，心臓疾患などの病歴があると，ジョルダイス病院が設けている制限体重以上であると入院を断られてしまう。

ジョルダイス病院の医者は，他の病院と比べて，年間にこなす手術数がはるかに多い。しかしながら，給与は開業医のそれに達していない。看護婦も多くの病院に比べて，何倍も患者の世話をしている。患者は，ジョルダイス病院に入院した経験を大切にしている。特化したサービスこそ，ジョルダイス病院の高業績のカギである。医療サービスという市場を病気の種類によって細分化したうえで，治療にコストのかからない1つのセグメントを選択し，そこに集中することによって，ジョルダイス病院はビジネスを最適化し，その使命を果たし，かなりの利益をあげている[8]。

このように，企業の提供するサービスと合ったニーズを持つ顧客を選び出し，その顧客に活動の的を絞り，集中して価値を提供することが，顧客に対してより高い価値の提供を可能にする。それにより，顧客は企業のサービスにさらに高い価値を見出し，高い割合で出費するのである。顧客シェアが高まるということは，顧客がその企業の製品やサービスに対してロイヤリティ（忠誠心）を持っているということであり，同時に顧客ロイヤルティの獲得にもつながる[9]。

企業の利益は全ての顧客が生み出しているのではなく，重要顧客が利益のほとんどを生み出している。そのため，利益にならない顧客を獲得して，市場シェアを高めるよりも，利益を生む潜在的な顧客を選別して，顧客との長期的な関係を築き上げ，顧客シェアを高めることが，企業にとってより有益となる[10]。

❸ サービス・プロフィット・チェーン

先述したように，これからは顧客と長期的な関係を構築していくことが重要となる。つまり，顧客から得られる短期的な価値よりも，長期的な価値のほうが重視される。そのため，企業は顧客ロイヤルティを高めていくことが必要となる。

サービス・プロフィット・チェーン（Service Profit Chain）とは，ヘスケッ

ト=サッサー=シュレシンジャー (Heskett, J. S. = Sasser, W. E. = Schlesinger, L. A.)[1997]らによって示された，サービスと従業員満足，顧客満足，企業利益の因果関係を表したモデルのことである。具体的には，従業員満足度（ES）がサービス・レベルを高め，それが顧客満足度（CS）を高めることにつながり，最終的に企業利益を高める，というモデルのことである。優れた価値の創造は，顧客満足と顧客ロイヤルティと収益性が互いに深く結び付いている。

サービス・プロフィット・チェーン・モデルは，図表6-2に示されるように，収益性，顧客ロイヤルティ，顧客満足，従業員満足，従業員の生産性および従業員ロイヤルティが互いに影響を及ぼすことを強調している。

ヘスケット=サッサー=シュレシンジャー[1997]は，成功を収めている企業をいくつか分析した結果，①サービス企業の能力が従業員の満足度に影響を与え，②高い従業員満足が高い従業員維持率と生産性を可能にし，③高い従業員維持率と生産性がサービスの価値を高め，④価値のあるサービスが顧客満足の創出に寄与し，⑤高い顧客満足が顧客ロイヤルティを生み出し，⑥高い顧客ロイヤルティが企業の成長と高い売上げと収益性を可能にする，と述べている[11]。

顧客ロイヤルティとは，企業とその製品もしくはサービスに対して肯定的な態度を持った顧客の行動であり，長期にわたる積極的な購買パターン（反復購入，購入頻度，財布のシェアといった指標によって測定される）が，主な特徴

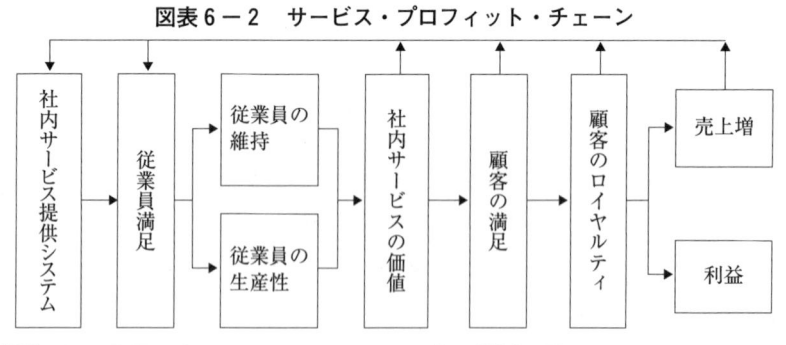

図表6-2　サービス・プロフィット・チェーン

(出所)　Looy, B. V. = Gemmel, P. = Dierdonck, R. V.[1998]訳書82頁。

としてあげられる。顧客ロイヤルティを高めていくことによって，企業と顧客の取引は一回で終わるのではなく，企業とある程度継続した期間での取引がされるようになり，顧客から長期的な利益がもたらされるようになる[12]。

　例えば，1杯500円のコーヒーを，毎日飲みにきてくれる顧客がいたとする。ある日コーヒーショップが忙しく，その顧客に対して不適切な対応をしてしまった結果，その顧客は二度と来なくなってしまった。もし，この顧客がこれからもずっと店に来てくれて，500円という売上げを提供し続けていてくれたら，1年で15万円，5年で75万円という売上げを実現することができたのである。これが顧客生涯価値であり，予想以上に大きな額になることが多い[13]。

　そのため，企業は顧客のライフサイクルの変化に沿った価値を生み出し，提供し続けることによって，顧客ロイヤルティを高めていく必要がある[14]。このように，顧客のライフサイクルの変化に対応し，顧客ロイヤルティを維持していくための企業活動は，顧客生涯価値という概念で見たとき，費用ではなく顧客を育てるための投資と捉えることができる。つまり，顧客を販売対象としてみるのではなく，資産価値とみるパラダイムの転換が重要となってくる[15]。顧客を資産とみなす考え方は，カスタマー・エクイティと呼ばれる。高い価値の提供は，顧客シェアを高め，顧客との長期的な関係を築くことにより，顧客生涯価値を高め，カスタマー・エクイティを大きくすることができる。サービス・プロフィット・チェーンは，利益の獲得における原点といえよう。

第2節　顧客満足

❶　顧客満足とは

　企業は，提供した価値に対して，顧客がどのように認識したのか，どのくらい満足してくれたのかを測定する必要がある。そのための指標となるものが，顧客満足（customer satisfaction：CS）である。顧客満足とは，企業，製品，

もしくはサービスに対する顧客の期待と，それらの達成度に対する顧客の知覚の差によって生じる感情のことである[16]。また，顧客の期待を上回った価値の提供が行われたときに，はじめて実現する価値のことと定義される。つまり，顧客満足は，事前期待と事後効用（成果）の差から求めることができる[17]。

製品やサービスを利用した結果，成果が期待を大きく上回り，高い満足（感動）を得ることができると，顧客はリピーターとなり，企業に対するロイヤルティは高くなる。一方で，成果が期待を下回ってしまうと，顧客は不満を感じ，提供された価値に対して苦情をいうか，あるいは黙って二度と戻らない顧客になる場合もある。例えば，素晴らしいサービスの典型例であり，多くのリピーターを維持しているディズニーの世界では，すべてが「そこまでやってくれるか」という顧客の期待を大きく上回った価値の提供をしているため，顧客に感動を創造し続け，また利用しようという意思を生み出しているのである[18]。

では，顧客満足に大きな影響を及ぼす顧客の期待とはどのようなものであろうか。ラブロック＝ウィルツ［2007］によれば，顧客期待は主に4つに分類することができる[19]。

① 希望サービス・レベル：顧客が企業に是非こうあって欲しいと望むレベル。
② 限界サービス・レベル：不満を感じることなく受け入れられる最低水準レベル。
③ 予測サービス・レベル：顧客が実際に得られると期待するレベル。
④ 許容範囲：従業員や日により多少変化するサービスを受け入れられる範囲。

このような顧客の期待は，あくまでも顧客の「自己基準」に基づいて決定される。また，顧客の「自己基準」は，過去のサービス経験や知り合いの口コミといった様々な情報から形成される。さらに，顧客期待は顧客満足を決定する上でも非常に重要な役割を担うため，顧客に高すぎる期待をもたせることは，不満足という感情を生み出しやすくなる可能性が高くなる。

したがって，顧客の期待を管理することが必要となる。企業が顧客との双方向のコミュニケーションを実現することによって，企業側の期待と顧客側の期待のギャップを少なくすることが重要となってくる。また，企業にとって顧客の期待を上回る価値を提供し続けることは，非常に重要であるが，決して容易

なことではない[20]。そのためには，企業は，定期的に顧客満足度を調査・測定・分析し，顧客を維持するために，適切な対応が必要である。CS調査から得られる結果は，経営上の意思決定に役立つ有益なデータであるといえよう[21]。

　顧客の期待・要望およびクレームに積極的に対応することによって，顧客は，自社のリピーターになる可能性が高く，周りにも提供された価値の良さを宣伝するという一種のプロモーション活動になる場合が多い。つまり，企業はロイヤルティの高い顧客を確保することができる。

❷　顧客ロイヤルティとの関係

　顧客のロイヤルティを確立するためには，顧客満足が不可欠であり，そのためには高品質のサービスを提供しなければならない。顧客はサービスに満足すると，「サービスの伝道者」となり，そのサービスだけを利用し，友人などにもサービスの利用を勧める。逆にサービスに不満を感じると，サービス利用を止めて別のサービスに移行する[22]。

　したがって，単に顧客満足度だけを見るのではなく，顧客ロイヤルティと組み合わせてみることが，より深い顧客理解につながる。図表6－3に示されるように，顧客満足と顧客ロイヤルティの関係は，「離反」，「無関心」，「支持」の3つの領域に区分することができる。

① 　離反領域：顧客は不満を感じ，移行コストの低い場合や代替サービスがある場合は，そのサービスを利用する。極めて強い不満を感じている顧客は，サービス組織に対する「テロリスト」となる。
② 　無関心領域：顧客のサービスに対する満足度は中程度のため，他に満足できるサービスがあれば，すぐに移行してしまう。
③ 　支持領域：顧客のサービスに対するロイヤルティは高く，他のサービスの利用を検討することはない。サービスの素晴らしさを周囲の人々に宣伝し，サービスの利用を勧めるようになれば，立派なサービスの伝道者である。

　サービスに強い不満を感じている顧客は，サービス組織に対するテロリストとなり，テロリストは，サービスに対する悪い評判を吹聴する。このように，

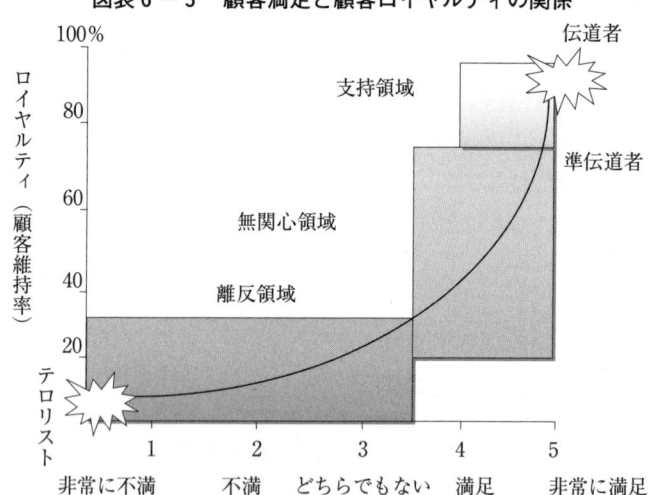

図表6－3　顧客満足と顧客ロイヤルティの関係

（出所）Heskett, J. S. = Sasser, W. E. = Schlesinger, L. A. [1997] 訳書23頁を一部修正。

顧客満足と顧客ロイヤルティの関係は大きく異なってくるため，自社のポジションを正確に把握する必要がある。企業は，顧客ロイヤルティを5％あげることができると，利益は25～85％も増加すると推定されている。このことからも明らかなように，真のロイヤルティを持つ顧客を増やすことが，企業に長期的な利益を生み出すことにつながる[23]。そのためには，全ての顧客を満足させようとするのではなく，企業にとって中核となる伝道者といわれる顧客を育成するか，または，不満足を言いふらし，マイナスの効果を生み出す，テロリストを減らすことに重点を置くことが重要である。

❸ ロイヤルカスタマーの育成

ロイヤルカスタマーとは，企業との信頼関係が深く，ロイヤルティが極めて高い顧客のことである。しかし，どんなに顧客や従業員のロイヤルティを重視することを目指しても，マネジメント・システムのなかに効果に関する評価システムが組み込まれなければ，うまく機能しない。つまり，ロイヤルカスタマーを育成するためには，顧客と長期的なリレーションシップを築きながら，

顧客一人ひとりのニーズに応じたサービスを提供することが重要である[24]。

ロイヤルカスタマーを最重視して育成することは，企業における競争優位の獲得につながる。ロイヤルカスタマーを育成するためには，企業との関係を徐々に深めていくという，「顧客ロイヤルティのはしご」を基に考えることができる。

「顧客ロイヤルティのはしご」とは，図表6－4に示されるように，顧客ロイヤルティを軸に，顧客と自社との関係を測り，その関係に基づいて顧客を数段階に区分したものである。企業は，最終的に顧客を擁護者にすることが目標とされるため，顧客に顧客ロイヤルティのはしごを一段ずつ登ってもらうことにより，顧客との関係を深めていくことが必要とされる。具体的に，顧客ロイヤルティのはしごを登ってもらうためには，まず，顧客を維持するために継続的に差別化を行い，顧客に対して特別な価値を提供しなければならない。

また，より密接なコミュニケーションを行うことにより，顧客の声を企業の改善に活かし，顧客自身に自分は企業にとってなくてはならない存在であることを認識させることが重要となる。さらに，企業は擁護者となった顧客を保持し，彼らに関連商品やサービスを購入してもらい，その良さを他の顧客に口コミで宣伝してもらうという，3R（カスタマーの保持（retention），関連販売

図表6－4　顧客ロイヤルティのはしご

関係性の構築・改善を重視

擁護者
支持者
得意客
顧　客
潜在顧客

新規顧客を重視

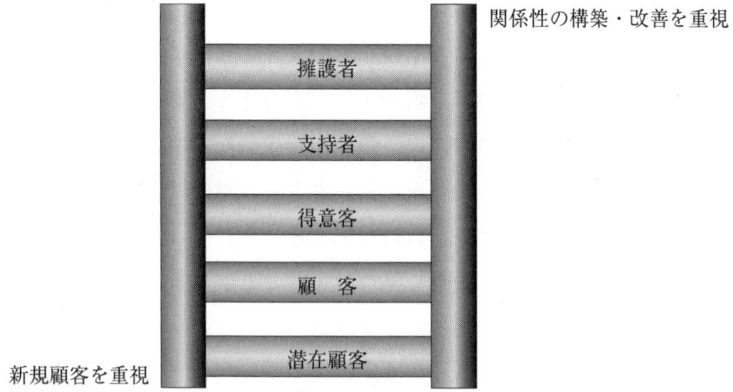

（出所）　Looy, B. V. = Gemmel, P. = Dierdonck, R. V. [1998]訳書93頁。

(related sales)，口コミ（referrals））を中心とした戦略の実行が求められる[25]。このように，顧客ロイヤルティと企業との相互関係こそが，よりよいサービスを生み出し，両者に満足と利益を与えるのである。

第3節　クレーム対応

❶　クレーム対応の重要性

　ラブロック＝ウィルツ[2007]は，サービスに不満を感じた顧客は，多くの人々に悪い評判を吹聴することが多く，1人の顧客が別のサービスを利用するようになると，その顧客だけでなく別の顧客も将来的にサービスを利用しなくなる可能性があることを認識する必要がある，と述べている[26]。
　クレームとは，企業の提供する価値に対し，顧客が示す不満のことである。多くの企業では，クレームを面倒なもの，やっかいなものとして捉える傾向が強いため，顧客の不満の声に真剣に耳を傾け，受け止めるという姿勢が欠けている。しかし，少し考え方を変えてみると，クレームは，企業にとって改善の余地を示してくれる「宝の山」となるのである。具体的に，クレームに対応する重要性として，次の3点があげられる[27]。
① 顧客維持：顧客の抱いている不満を解消することにより，離反顧客を減らし，ロイヤルティの高い顧客を増やすことができる。また，不満を感じた顧客は，満足した顧客の2倍の口コミ情報（否定的な口コミ）を流すため，テロリストを生まないという観点からも，クレーム対応は重要な意味を持つ。
② 継続的な改善：企業はクレームに対応することによって，顧客が不満に感じている点，重要としている点を見つけ出すことができ，よりよいサービス提供のための改善につなげることができる。
③ 顧客志向の実現：クレームという顧客の声を反映させた改善は，真の顧客志向を実現させる。

したがって，クレームは，決して企業にとってマイナスだけではなく，むしろ，改善のきっかけであり，顧客からの贈り物なのである[29]。

企業は，顧客がどのような要望を持っているか，どんなことに困っているのか，そして，何に不満を持っているのかを探さなければならない。例をあげてみると，カメラを買う人は，商品・ハードとしてのカメラそのものが欲しいのではなく，例えば，赤ちゃんの記録をずっと撮っていくことを望んでいる。カメラが故障してから，クレームに対応しても，赤ちゃんの成長過程において，その瞬間は一生の間のその時にしか撮れない[28]。

では，なぜ顧客はクレームを言わないのか。顧客満足度調査を行っているTARPワールドワイド社によると，クレームを言わない理由は，①手間がかかる，②クレームを理解されない（効果が期待できない），③クレームを言う場所がわからない，という主に3つの理由に分類される。つまり，顧客自身もわざわざクレームを言うことが面倒なことであると感じているのである。そのため，顧客が満足するような対応や改善が行なわれることがなく，クレームを言う前より，クレームを言った後のほうが悪感情を抱いたという顧客も数多く存在する[30]。

しかし，反対に，サービスのミスに遭遇し，その対応に満足した顧客は，ミスを経験していない顧客に比べて，その後のサービスを利用することが多くなる「サービス・リカバリー・パラドックス」という現象が存在する。つまり，クレームは，企業に改善のためのヒントを与えてくれるものであり，適切なクレーム対応は，今後の成長のチャンスといえる。そのため，より多くの顧客から，些細なクレームでも収集し，適切に対応していくことが重要となってくる。

❷ 適切なクレーム対応

企業は，クレームに対処する一番確実な方法は，顧客との距離が一番近い従業員に問題を見極めさせ，その解決を委ねることである。そして，クレームを訴えた顧客の不満に対してスピーディに対処し，顧客からのフィードバック・システムを作ることが必要である[31]。本項では，クレームが企業にとって改善のチャンスであることを理解した上で，次に企業が適切なクレーム対応を行

うためのシステムを構築することについて考察する。具体的には，図表6－5に示されるように，①クレームを言いやすい環境整備，②サービス・リカバリーの円滑化，③サービス・リカバリーの総合的管理，の3つを取り上げる。

① クレームを言いやすい環境整備：クレームを言ったことに対する対応への期待を高め，クレームを言うための物理的，心理的，金銭的なコストを減らすことである。

② サービス・リカバリーの円滑化：実際のクレーム対応の場面で迅速な対応が不可欠ということである。具体的には，クレーム予測，従業員への権限委託，優先順位をつけての対応があげられる。

　クレームの予測とは，過去の経験や顧客の行動から，すばやく顧客の気持ちを察知して，クレームが起きる前に，企業側から対応していくということである。それにより，迅速なクレーム対応が可能になるばかりか，不満があっても苦情を訴えない顧客の信頼も回復できるのである[32]。次に，従業員への権限委託とは，従業員に十分な自主性を与え，クレームなどの予期せぬ事態に従業員が自らの判断で対応できるようにすることである。

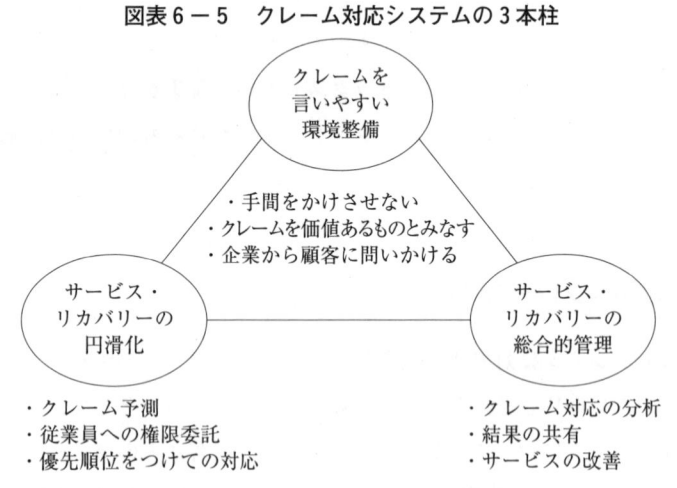

図表6－5　クレーム対応システムの3本柱

```
                クレームを
                言いやすい
                 環境整備

          ・手間をかけさせない
          ・クレームを価値あるものとみなす
          ・企業から顧客に問いかける

   サービス・                    サービス・
   リカバリーの                  リカバリーの
    円滑化                        総合的管理

・クレーム予測              ・クレーム対応の分析
・従業員への権限委託        ・結果の共有
・優先順位をつけての対応    ・サービスの改善
```

（出所）Looy, B. V. = Gemmel, P. = Dierdonck, R. V. [1998]訳書202-206頁，Lovelock, C. = Wirtz, J. [2007]訳書395-397頁に基づいて筆者作成。

③ サービス・リカバリーの総合的管理：サービス・リカバリーの結果を次の対応に生かすために，様々なクレームを総合的に管理することである。

　クレーム対応が成功し顧客に満足を感じてもらうことができた場合は，何が良かったのか，反対に顧客が不満のまま帰ってしまったら，何が悪かったのかを正確に分析し，その結果を全社的に共有することが，次のクレーム対応につながるのである[33]。

　以上のように，クレームの対応に適切に対処するためには，企業は，サービス・リカバリー・システムを構築することが不可欠である。それは，経営者，従業員，つまり全社が一体となって顧客志向の実現を目指し，クレームへの対処方策を改善し，経営発展のチャンスとして捉えることである。

❸ サービス保証

　顧客にサービス保証を行い，あらかじめ規定した水準のサービスを提供できない場合，サービスのやり直し，代金の払い戻しや支払免除など何らかの賠償を顧客に確約している企業が増えている。サービスは無形であり，消費と生産が同時に起こるため，事前の評価をすることが難しいとされる。そのため，ある程度の水準を約束したサービスを提供できるということを，事前に顧客に知らせることができれば，顧客の知覚リスクは低くなり，購買する可能性が極めて高くなる[34]。

　サービス保証は，顧客に一定の水準のサービス品質を約束する制度である。すなわち，サービス品質の提供が失敗した場合に補償することである。サービス品質の保証は，顧客に提供するサービス品質がある一定水準の確かなものであるという約束であって，顧客がこれから提供されようとするサービスに対して感じるリスクを低減する効果がある[35]。

　図表6－6は，各種のサービス保証の事例を示したものである。この保証は，もし顧客がサービスに100%満足しなければ，代金を払わなくてもよいというサービス保証である。サービス保証は，品質の改善点を把握するための情報を与えてくれるとともに，顧客志向の実現に役立っているのである。また，企業側からサービスの水準が保証されているため，顧客は水準に達していないと感

図表6－6　各種のサービス保証

種　類	保証範囲	事　例
単に事項に対する保証	サービス内容の一つの重要事項に対する保証	3種類の人気ピザのうちのいずれかであれば，平日の正午から午後2時の間は，10分以内に宅配いたします。もし，時間内に届けられなければ，次回のサービスを無料にいたします。
複数事項に対する保証	サービス内容のいくつかの事項に対する保証	ミネアポリス・マリオットのサービス保証。 • 親切で速やかなチェック・イン（チェック・アウト） • 清潔で快適な客室の準備は万全です。 もし，このサービスができていないと，お感じになれば，理由は問わず無条件で20ドル返金いたします。それがお客様の評価であると認識します。
100％満足保証	すべてのサービス内容に対して例外なく保証	ランズエンドのサービス保証。 当社でお買い上げいただいた商品に100％ご満足いただけない場合は，使用済みの商品でも返品してください。どのような商品でも，いつでも，常に100％ご満足保証いたします。
複合サービス保証	すべてのサービス内容に対して例外なく保証し，保証内容を分かりやすくするために重要な項目については最低限のサービス水準を規定	データプロ・インフォメーションのサービス保証。期日通りに高品質のレポートをお届けします。もし，この条件を守らなければ，あるいはお客様のご満足いただけなければ，請求金額分を差し引いてお支払下さい。

（出所）　Lovelock, C. = Wirtz, J. [2007]訳書402頁。

じた場合には，不満を言いやすくなる[36]）。

　以上のように，サービスを保証するということは，企業が誇りを持って提供できるサービスであるということを，顧客に理解してもらうとともに，顧客が安心してサービスを購入することができるようにするための方策である。つまり，目に見えない企業と顧客の信頼関係を構築するための手段といえよう。

第4節　顧客接点のマネジメント

❶ 真実の瞬間

　企業におけるサービス品質は,「真実の瞬間」に決まる。真実の瞬間 (Moment of Truth) とは, 顧客が企業のサービスに接し, その品質を評価するその時, その場面のことである。その瞬間での対応の如何によって顧客にとってその企業の印象が決まってしまう。つまり, サービス・エンカウンターの重要性を強調する概念である[37]。

　スカンジナビア航空 (SAS) のカールソン (Carlzon, J.)[1985] は, CEOを務めたとき, 真実の瞬間を価値基準として, スカンジナビア航空をオペレーション志向から顧客志向へ転換しようと試みた。1986年, 1,000万人の顧客が, 1人当たり約5人のスカンジナビア航空の従業員と平均15秒間接した。スカンジナビア航空の1回の応接時間が, 1年間5,000万回の"真実の瞬間"を経験している。この5,000万回の"真実の瞬間"がスカンジナビア航空の将来を左右する決定的瞬間であると述べている[38]。具体的には, SASでは「真実の瞬間」の意味を従業員に徹底的に理解させることによって, 従業員の意識改革を行い, 結果として仕事に関する組織図上の変革に成功したのである。

　サービスは, 企業と顧客とのエンカウンターの場において形成されるため, 1回のエンカウンターにおける企業の対応が, その後のサービスの良し悪しを決定づける重要なポイントとなる。つまり, ほんの数秒の真実の瞬間においても, 企業が顧客にとって本当に価値のあるサービスを, 心から提供するということが重要となる。また, 真実の瞬間は, その企業との取引について, 顧客の意思決定に決定的な影響を持つことが多い。企業は, そうした重要な真実の瞬間をうまく管理し, よりよいものにしていくことによって, 顧客の心によい印象を刻み込むことができる[39]。

　そのため, 企業は顧客との接点を一連の流れとして図式化したサービス・サ

イクルを分析することが必要となる。サービス・サイクルとは，顧客と企業が出会った瞬間から始まり，いくつかの真実の瞬間を経て，サービスが完了したと顧客が考えた時点で終わる。つまり，サービス・サイクルとは，サービスを顧客の視点から捉えるツールである。

企業はサービス・サイクルを作成し，複数の真実の瞬間の中から，特に重要とされる真実の瞬間を特定し，その場面については更なる配慮を行うことが求められる。具体的には，以下の4点があげられる[40]。

① 物理的な印象と外見：その場に見合った服装や表情といった外見。
② 認知：顧客が大切にされていると感じる実感。
③ 情緒または態度：安心感やユーモアといった心に対する付加価値。
④ 連携：従業員同士のコミュニケーションによる，一貫性のあるスムーズな対応。

上述した4つのポイントをうまく取り入れることによって，企業は高水準の価値の提供を行うことができ，顧客と企業の両方にとってより良い真実の瞬間を生み出すことができる。また，このように1つひとつの真実の瞬間を分析し，顧客の視点に立って改善していくことが，結果として，企業のサービス全体の質を高めていくことにつながる。

❷ 顧客維持と収益性

サービス企業にとって，品質管理，従業員との関係性の構築と並んで最も重視されるのが，顧客との長期的な関係性の構築である。つまり，顧客との関係性の構築に基づいて，様々な顧客管理の手法が提案されている[41]。

多くの企業では，新規顧客の獲得に重点を置いている。たくさんの時間や労力といった経営資源を費やし，新規顧客の獲得を評価する一方で，既存顧客の継続に対しては，あまり評価しないことが多い。しかし，本当に大切なことは，新規顧客の獲得ではなく，顧客維持である。顧客維持の重要性は，「水漏れするバケツ理論」に当てはめて考えるとわかりやすい[42]。

図表6-7に示されるように，いくらバケツに水を注いでも，下に穴が開いていたら水はいつになっても溜まらない。バケツの水を顧客に変えて考えてみ

第6章　顧客価値の創造

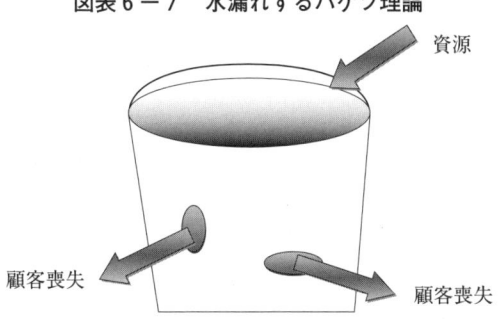

図表6－7　水漏れするバケツ理論

（出所）　Kotler, P. = Hayes, T. = Bloom, P. N. [2002]訳書320頁。

ると同じことがいえる。いくら経営資源を投入して新規顧客を獲得しても，既存顧客が次々に失われるならば意味がない。なぜなら，顧客維持こそが，企業の収益につながるからである。顧客維持がなぜ収益性を高めるか，その理由として，次の6点があげられる[43]。

① 信用と信頼の存在：新規顧客に比べ，既存顧客のほうが企業に対して信用や信頼が高いため購入する可能性が高い。

② 低コスト：新規顧客を1人獲得するには，既存顧客を1人維持するのに要するコストの5倍かかる。

③ 関連分野の利用：信用や信頼があるため，別の種類のサービスが必要になったときに，また利用してくれる可能性が高い。

④ 活動効率の向上：既存顧客と接する時間が長くなれば，顧客への理解も深まり，新規顧客に比べ手間がかからない。

⑤ 価値の向上：継続的な関係性を築くことで，顧客がより高い価値を感じるようになる。

⑥ 紹介：満足した既存顧客は，別の顧客を紹介してくれる可能性が高い。

以上のように，顧客維持は収益性と深く結びついていることがわかる。そのため，企業はバケツに開いた穴の原因を探り，埋めていくことによって，より多くの顧客を引き止めなければならない。以上のように，サービス企業は，新規顧客の獲得よりも既存顧客の維持の方が有利である場合が多いので，既存顧客の離脱を防ぎ，既存顧客をできるだけ長く引き止めることによって，顧客維

持戦略の有効性が高まる[44]。

❸ リレーションシップの構築

　高い顧客維持率を保つことができる企業は，顧客と長期的な関係性を構築することに成功している企業である。つまり，顧客維持を重視して，顧客とより深い絆を作り上げ，継続的な関係性を構築することが，企業の高業績につながる。したがって，企業は様々な顧客接点を通じて，積極的に顧客との関係性を築き上げていく必要がある。関係性の構築のポイントとして，次の4点があげられる[45]。

① 信頼：サービスは，無形性であるため，顧客は信頼という資本の有無を判断基準とする。そのため，企業と顧客が相互に信頼すること。

② 顧客についての知識：マーケティング・リサーチによる情報の収集，データベースの活用による情報記録，収集した情報の活用という3つの段階を経て，顧客についてより深く知ること。

③ 利便性の良さ：企業と顧客がコミュニケーションを円滑に取れるようにすることで，コンタクト回数を増やしていくこと。

④ 技術：コンピューターのメモリーや記録容量，ソフトウェアや処理能力など，技術の力を借りることで，関係構築のプロセスをより円滑化すること。

　また，近年，顧客自身も自らのニーズがわからない状態となっている。そのため，企業と顧客のより強い関係性の構築には，顧客とインタラクティブな共創価値づくりが欠かせない[46]。

　図表6-8に示されるように，顧客リレーションシップは，サービス組織が，顧客とのメンバーシップ・リレーションシップをどのように形成するか否かを示している。

　顧客にとって，価値を見出すことができるリレーションシップとは，サービスを得るのに要したコストを十分に上回るベネフィットを，サービス・デリバリーから得られるようなリレーションシップである。サービス組織にとっては，経時的に収益を生み出すリレーションシップであり，加えて，顧客へのサービス提供がサービス組織に財務上の収益を超えて，知識や顧客との協働の喜びと

図表6－8　顧客リレーションシップ

サービス・デリバリーの特性	サービス組織と顧客間のリレーションシップ・タイプ	
	メンバーシップ・リレーションシップ	公式のリレーションシップはない
継続的なサービス・デリバリー	保険サービス ケーブル・テレビ 大学への入学 銀行口座開設	ラジオ放送 警察 灯台 無料の高速道路
非継続的な取引	契約電話による長距離電話 劇場連続公演予約 定期券による通勤 補償期間中の修理 保険維持機構（HMO）による健康診断・指導	レンタカー 郵便 有料の高速道路 公衆電話 映画館 レストラン

(出所)　Lovelock, C. = Wirtz, J. [2007] 訳書151頁。

いった無形の価値をももたらすようなリレーションシップである[47]。

　組織にとってメンバーシップ・リレーションシップの利点は，現在の顧客が誰であり，どの顧客が提供されるサービスのどの部分を利用しているかを把握できることにある。顧客と企業の公式の継続的なリレーションシップを構築する努力が必要である。つまり，モノづくりではなく関係づくりが重要である。顧客と深い関係性を築き，そこから必要とされているニーズを見つけ出し，顧客にとって価値あるサービスを提供し続けることが，顧客の創造と維持につながる。

第5節　スカンジナビア航空のケーススタディ

❶　ケース

　本章では，顧客価値の創造について，理論をベースに考察した。本ケースで

は，顧客との接点である「真実の瞬間」を充実させ，顧客に高品質のサービスを提供することによって，企業改革に成功したスカンジナビア航空（以下，SAS）をケースとして取り上げる。

SASは，1946年にデンマーク，ノルウェイ，スウェーデンの国営航空会社が合併して設立された。同社は，17年間連続して収益をあげることに成功してきたが，1979年，80年に3,000万ドルの赤字を累積し，不況に追い込まれた。

1981年，SASでは，スウェーデンの国内航空会社リンネフリュ社において，素晴らしい成果を上げた世界最年少の航空会社社長であるカールソン（Carlzon, J.）を新社長として迎えた[48]。カールソンは，他の航空会社が，業務コストを少しでも多く削減することに力を注いでいるような状況で，4,500万ドルの追加投資と147件のプロジェクトのために，年間1,700万ドルの営業費増額を取締役会に提案した。

このように，カールソンは，経費は競争力を高めるための資源であるという認識に基づいて，顧客によりよいサービスを提供するために，必要ならば，ためらわずに支出を増やした。そして，SASの再建戦略は，1年そこそこで20億ドルの売上げと7,100万ドルの粗利益をあげる劇的な成功を収めたのである[49]。

SASが，他の航空会社に比べ，ここまで成功することができた要因と，改革以前のSASにおける問題点および課題について考察する。

❷ 問題点

SASは，1970年代の第一次オイル・ショックまで30年間，競合企業なしの安定した経営環境の中で運営されてきた。しかし，オイル・ショックの影響で，17年間黒字であったSASは2年間連続で赤字を出した。SASは新しい経営戦略の策定が急務であった。その経営戦略のポイントは，総合的な時間厳守キャンペーン，コペンハーゲンの交通拠点整備，頻繁に旅行するビジネスマンにとって世界最高の航空会社というサービス復活など，リスクの大きな戦略であった。

しかし，ビジネス旅行者にとっては，観光旅行需要を喚起したり，航空産業

全体の地位向上を図ったりするための維持的経費をSASがいくら支出しても，何も得るものはなかったのである[50]。実は，スカンジナビア航空には，図表6－9に示されるように，3つの問題点が存在した。

　第一の問題点は，市場ターゲットをビジネス客に絞ったことである。SASは，顧客に注意を置くのではなく，飛行機を飛ばすという生産性や効率性に目を向けていたため，ターゲットにしていたビジネス客の顧客ニーズを満たしていなかった[51]。

　第二の問題点は，サービス・コンセプトに関する誤りである。具体的には，ビジネスマンのニーズを充たすべきサービス提供に関して，顧客の選択と集中の誤りがあげられる。SASは，ターゲットとする顧客をビジネス客に絞ったわりには，全ての顧客を対象に経営資源を投入していた。しかし，それでは，企業に利益を生み出してくれる顧客とそうでない顧客を同じように扱うことになるため，顧客ロイヤルティを高めることのできない収益性の低い企業となってしまった。

　第三の問題点は，離発着遅延および組織構造ピラミッド型の組織構造に関するものである。現場での些細なトラブルが1つ発生しても，上司に連絡を取り解決するまでに時間がかかることが多かった。また，経営陣は，直接顧客と顔をあわせているわけではないので，顧客の真のニーズが見えにくく，正しい判

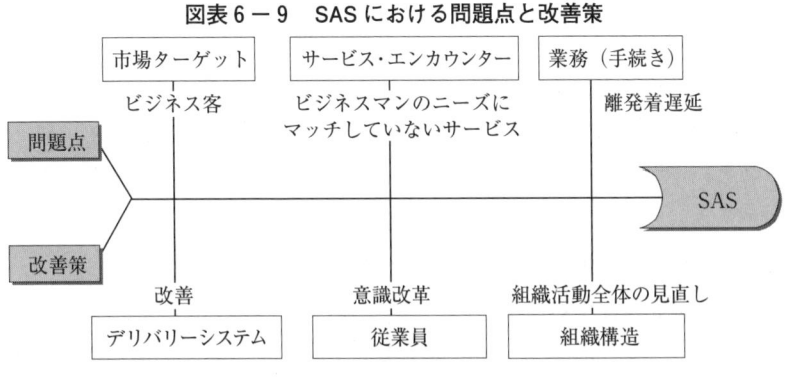

図表6－9　SASにおける問題点と改善策

	市場ターゲット	サービス・エンカウンター	業務（手続き）
問題点	ビジネス客	ビジネスマンのニーズにマッチしていないサービス	離発着遅延
改善策	改善　デリバリーシステム	意識改革　従業員	組織活動全体の見直し　組織構造

（出所）　筆者作成。

断をすることが難しかったのである[52]。つまり，顧客のニーズに直接，迅速に対応するためには，ピラミッド構造を改善し，階層的な責任体制を排除しなければならないということである。

3 課　題

　以前のSASは，真実の瞬間を顧客と直接立ち会う現場の従業員だけの問題であると考えていた。しかし，真実の瞬間は，全従業員による些細な振る舞いや行動が全て含まれるため，非現場部門の従業員に対しても，その重要性を伝え，意識改革を行った。また，現場の声を経営に生かすため，現場従業員にもある程度の権限を委託するとともに，全従業員が総合的経営ビジョンを認識・理解することによって，組織全体が一丸となってサービス向上に取り組める環境が作られた。その結果，会社の経営風土が変わり，顧客サービスが向上し，顧客の信頼が回復し，SASの顧客満足度が日に日に向上した。そして，売上げ上昇，収益改善，従業員のモティベーション向上という好循環が生まれたのである[53]。

　また，以前のSASには，エコノミークラスとファーストクラスの2つしか存在しなかった。そして，両方のクラスにおいて，割引運賃を利用する顧客に悩まされていた。そこで，問題点の改善として，普通運賃エコノミークラスを多く利用してもらうために，サービスの質を大きく改善した"ユーロクラス"（現在では，ほとんどの航空会社が導入しているエコノミークラスとファーストクラスの間にあるビジネスクラスのこと）を設けた。ユーロクラスでは，空港ラウンジ，チェックイン手続き，座席，食事などの場面において，他のクラスと差別化を図り，ビジネスマンにとって，望ましいサービスの提供を行った。ユーロクラスという新しいサービス商品の導入は，ビジネスマン向けの特別クラスの新設でもあった。そして第三の問題点を克服したSASは，時間に正確という評判を取り戻し，新規顧客を増やすことにも成功し，コンソリデーションが必要な空席の多い便はなくなった[54]。

　SASにとっては，図表6-10に示されるように，①真実の瞬間の充実化のため従業員に徹底して教育・理解をさせること，②組織の改革従業員に権限

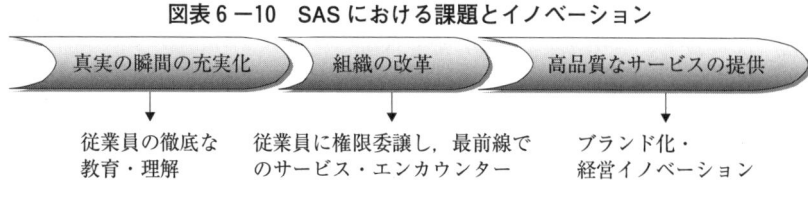

図表6-10 SASにおける課題とイノベーション

真実の瞬間の充実化	組織の改革	高品質なサービスの提供
従業員の徹底な教育・理解	従業員に権限委譲し，最前線でのサービス・エンカウンター	ブランド化・経営イノベーション

(出所) 近藤隆雄[2007]152頁を参考に筆者作成。

委譲し，最前線でのサービス・エンカウンターを実施する，③高品質なサービス提供のためのブランド化および経営イノベーションの実施が，今日の重要な課題である。そして，次の成長に向けた新たな目標を達成するために，経営陣，および従業員が共有し学習して，顧客が安心・安全（信頼を実感できる）なサービス・ビジネスに取り組むことが今後のSASの重要な課題である。

注）
1) 近藤隆雄[2004]51頁。
2) 常盤猛男[2007]42頁を一部修正。
3) 小山[2005]126頁。
4) 同上書68頁。
5) Kotler, P. = Keller, K. L. [2006]訳書460-461頁を一部修正。
6) 常盤[2007]43頁。
7) 同上書43頁を一部修正。
8) ダイヤモンド・ハーバード・ビジネス編集部[1998]253-254頁。
9) 近藤[2007]9頁。
10) 常盤[2007]92-93頁。
11) Heskett, J. S. = Sasser, W. E. = Schlesinger, L. A. [1997]訳書23頁を一部修正。
12) 山本昭二[2007]189頁。
13) 武田哲男[2006]168頁。
14) ダイヤモンド・ハーバード・ビジネス編集部[1998]75頁。
15) 小山[2005]161-162頁。
16) Looy, B. V. = Gemmel, P. = Dierdonck, R. V. [1998]訳書83頁。
17) 常盤[2007]36頁。
18) 小山[2005]126頁。
19) Lovelock, C. = Wirtz, J. [2007]訳書57-58頁。
20) 小山[2005]125頁。

21) Lovelock, C. = Wright, L. K. [1999]訳書113頁。
22) Lovelock, C. = Wirtz, J. [2007]訳書369頁。
23) ダイヤモンド・ハーバード・ビジネス編集部[1998]39頁。
24) 常盤[2007]82頁，ダイヤモンド・ハーバード・ビジネス編集部[1998]90頁を一部修正。
25) Heskett, J. S. = Sasser, W. E. = Schlesinger, L. A. [1997]訳書77頁。
26) Lovelock, C. = Wirtz, J. [2007]訳書388頁。
27) Looy, B. V. = Gemmel, P. = Dierdonck, R. V. [1998]訳書197-198頁。
28) 武田[2006]26頁。
29) 常盤[2007]66-67頁。
30) Heskett, J. S. = Sasser, W. E. = Schlesinger, L. A. [1997]訳書226頁。
31) ダイヤモンド・ハーバード・ビジネス編集部[1998]205頁。
32) Looy, B. V. = Gemmel, P. = Dierdonck, R. V. [1998]訳書200-204頁。
33) 同上書216頁。
34) 同上書222頁。
35) 南方＝酒井[2006]151頁。
36) Carlzon, J. [1985]訳書60頁。
37) Lovelock, C. = Wirtz, J. [2007]訳書399頁。
38) Carlzon, J. [1985]訳書204頁を一部修正。
39) 近藤[2007]158頁-160頁。
40) ダイヤモンド・ハーバード・ビジネス編集部[2006]116頁。
41) 山本[2007]183頁。
42) Kotler, P. = Hayes, T. = Bloom, P. N. [2002]訳書318頁。
43) 同上書317，320頁を一部修正。
44) 山本[2007]189頁。
45) Kotler, P. = Hayes, T. = Bloom, P. N. [2002]訳書323頁。
46) Diamond Harvard Business Review [1997]24頁を一部修正。
47) Lovelock, C.=Wright.L [1999]訳書150頁。
48) 近藤[2004]155頁。
49) Carlzon, J. [1985]訳書30頁。
50) 同上書36-37頁。
51) Looy, B. V. = Gemmel, P. = Dierdonck, R. V. [1998]訳書203-204頁。
52) 小山[2005]123頁。
53) 近藤[1995]152頁。
54) Carlzon, J. [1985]訳書40-41頁。

第7章
サービス・ビジネスにおける組織マネジメント

　本章では，サービス・ビジネスにおける組織マネジメントについて，人的資源，従業員の役割と従業員満足，サービス・プロセスの管理，組織管理，の4つの観点を設定し，それぞれの観点から考察する。

　第一に，サービス・ビジネスにおける人的資源について考察する。まず，コンピテンシーの定義および分類について理解する。次に，協調と学習について理解を深める。さらに，エンパワーメントについて言及する。

　第二に，サービス・ビジネスにおける従業員の役割と従業員満足について考察する。まず，サービス・ビジネスにおける従業員の役割について理解を深める。次に，従業員のストレスと従業員満足，さらに，従業員満足の要素について理解を深める。

　第三に，サービス・ビジネスにおけるプロセス管理について考察する。まず，サービス・プロセスの概要について理解する。次に，サービス・プロセスの要素と流れについて理解を深める。さらに，サービス・プロセス・イノベーションについて言及する。

　第四に，サービス・ビジネスにおける組織管理について考察する。まず，組織構造および組織文化について理解する。次に，リーダーシップについて考察する。さらに，学習する組織について理解を深める。

　第五に，サービス・プロセス・イノベーションおよび組織変革のケーススタディとして，タコベルを取り上げる。タコベルの組織管理は，様々な特徴がある。したがって，問題点を体系的に分析し，プロセス管理に焦点を絞って，課題および解決策について考察する。

第1節　サービス組織に求められる人的資源

❶ コンピテンシー

　コンピテンシー（Competency）とは，特定の職務を修行し，高い水準の業務をあげることができる個人の内的な能力を新たに想定し，あるいは卓越した業績を生む原因として関わっている個人の根源的特性と定義される[1]。

　渡辺一明[2000]は，コンピテンシーについて，高い成果を上げた人材の行動特性を調査分析し，その行動特性により明らかになった行動能力を，いくつかのキーワードとしてモデル化したものであると述べている[2]。具体的には，コンピテンシーを理解するためには，ソリューション（問題解決）プロセス，すなわち，問題意識→問題発見→問題整理分析→問題解決および計画手順の立案→遂行→問題解決（成果）といった流れを想起することが重要である。

　サービス・ビジネスにおけるコンピテンシーについて理解することができれば，新しい人的資源管理（HRM）システムの設計が可能となる。図表7－1は，コンピテンシーを活用したHRMシステムのモデルである。HRMシステムは，従業員と企業間の均衡を保ち，両者を結びつける役割を果たす。また，企業の目標および特性（組織構造など）とそこで働く人々の橋渡しとなる。従来の人事評価は，スキル・優秀さのように，わかり易く，測定しやすい能力が基準にされてきた。しかし，本当の意味での成果，すなわち顧客満足を創造するためには，従来の方法では十分ではない。コンピテンシーを活用することによって，能力主義と成果主義を統合し，フォロー機能も兼ね備えたHRMシステムの設計が期待されている。

　実際に，サービス・ビジネスに必要なコンピテンシーをどのようにHRMシステムに組み込んでいくか，そのプロセスとして，大きく分けて以下の4点があげられる[3]。

① コンピテンシーの分類：コンピテンシーは，行動レパートリー，技術能力，

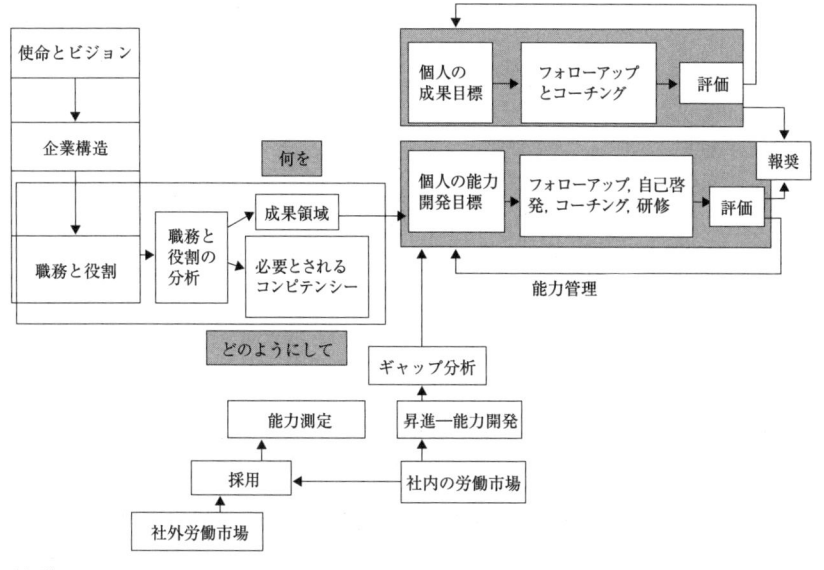

図表7－1　クインテッセンスの成果・能力管理モデル

（出所）　Looy, B. V. = Gemmel, P. = Dierdonck, R. V. [1998]訳書283頁。

個人特性に分けられる。つまり，スキル・知識が最も表層的で開発が容易であり，動因・特性は中核的な人格に関わるので，開発が困難であるとされている。

② 必要なコンピテンシーの特定と評価：必要とされるコンピテンシーを特定するには，ある状況における行動モデルを観察し，その状況の下で望ましい行動を示唆するコンピテンシーを明確に定義しなければならない。さらに，そのコンピテンシーの構成要素を明らかにして，コンピテンシーのレベルを評価し，コンピテンシー・プロフィール（特定の職務に求められるコンピテンシーの種類とレベル）を作成する。

③ 既存のコンピテンシーの評価：既存のコンピテンシーの評価には，アセスメント・センター法や行動インタビューが用いられる。アセスメント・センター法は，従業員の実際の役割と様々な状況を想定したシミュレーションを通して，コンピテンシー・レベルを測定する。

④　能力開発プロセス：実際にコンピテンシーを活用するアウトプットの研修と，適切なフィードバックのプロセスのことである。成功体験の蓄積によるコンピテンシーの獲得は，能力開発プロセスの中で極めて重要である。

❷　協調と学習

　組織を構成する従業員の働く目的には，極めて多様性がある。一方，企業には経営理念があり，これに沿った目標がある。個人の目的意識が薄ければ，その従業員の持っている能力は十分には発揮されない。従業員が企業の理念と価値観を共有することが重要である[4]。すなわち，従業員の知識やスキルを習得するためには，学習と協調が必要不可欠な要素である。

　学習とは，自ら学び，知識を得て，自らを変化させることである。また，組織のミッションに結びつき，創造することが学習の目的である。学習では，協調によって，過去に例のない問題や予期せぬ問題への解決策を見出せるようになる他，知識や洞察力を養い，それらを他者に伝えるようになる。すなわち，学習と協調のシナジー効果が働くのは，専門家のチームに限られるのではなく，初心者や見習過程においても重要な役割を果たす。協調によってもたらされる学習は，それ以上の役割を果たす。また，協調関係がなければ，適正なフィードバックは望めず学習が達成されることはない[5]。

　松尾睦[2009]は，組織学習は，①個人や集団によって生み出された知識が，②集団・組織内で共有・解釈され，③それらの一部が組織のルーチン（手続・ルール・制度など）として制度化され，新たな知識にとって替られる。つまり，組織学習は，個人や集団が獲得した知識が集団や組織において共有され，ルーチンとして制度化されたり，棄却されることによって，組織メンバーの知識・信念・行動に変化が生じることである，と述べている[6]。

　ジョンソンビル・フーズ（以下，フーズ）の事例をみてみよう。1982年フーズにおいて，従業員の学習を促進するためのプログラム（MIP：メンバー・インターアクション・プログラム）が実施された。このプログラムは，従業員が自社について幅広い認識をもつことができるように支援するものであった。工場で働く従業員の多くは，MIPを活用して，販売担当者やトラック運転手

と1日を過ごした。工場で働く従業員は，販売担当者やトラック運転者が実際に何をしているかを理解できず，彼らの仕事が楽な仕事だと信じていた。各メンバーは，他の従業員が何をしていて，自分の仕事が他の従業員にどのような影響を及ぼしているかを学習した。そのプログラムを通じて，最も重要なことは，彼らが自分の顧客との関係を改善したことであった[7]。

　サービス・ビジネスにおける協調と学習の意義は，主に，①協調によって過去に例のない問題や予期せぬ問題の解決策を見い出せること，②協調を通して学習できるということである。人は自分一人で活動したり，任務や役割を果たしたり，何かを理解したりすることはできない。すなわち，他者との関係において行われるからこそ意味がある。学習は，特定の活動に携わることだけではなく，社会共同体との結びつきを持つことも意味する。つまり，学習者は，単に活動を観察するだけではなく，活動に参加することによって，実践的な知識を身につけることができる[8]。

　サービス組織における協調の重要性は，知識の構築と共有を通じて学習に結び付くのである。

❸　エンパワーメント

　多くの企業では，従業員の生活に影響を及ぼすような重要な意思決定に，従業員をうまく関与させてこなかった。エンパワーメントを生み出すことが難しくなるには理由がある。そのほとんどは，権力を与えることに対して組織・人間・社会が抱いている矛盾する価値と信念が原因である[9]。

　今日のエンパワーメントは，サービス・製品品質と顧客満足という観点から，従業員の自主性を高めて進んで行動させ，成果を改善する目的として重視されている。すなわち，サービス・ビジネスにおけるエンパワーメントとは，サービス従業員に権限を委譲することである。つまり，従業員に上司の指示をいちいち仰がなくとも，サービス上の問題解決を自ら見つけ出したり，顧客のニーズや要望に応えるために，適切な意思決定を行うことのできる権限を与えることである[10]。エンパワーメントが行われることによって，サービス提供者には自らの能力を発揮する機会が与えられる。その結果，顧客満足とともにサー

ビス提供者の満足も高まる[11]。

しかし，エンパワーメントは，個人の権限が拡大するだけでなく，組織の構造や文化，仕事の進め方など，組織全体にも変化を及ぼす。エンパワーメントの最終的な目的は，従業員に自主性を発揮できる満足感を与えることだけではなく，それによって組織の成果を上げることである。組織は，そのことを念頭に置いてエンパワーメントを行わなければならない[12]。

図表7−2に示されるように，個人レベルのエンパワーメントは，ピラミッド構造の5つの要素から構成される。

① 意義：職務に対してどの程度の意義を個人的に見出すことができるか。
② コンピテンシー：自身の職務遂行能力にどの程度の自信をもてるか。
③ 自己決定能力：自身の仕事のやり方をどの程度自分で決められるか。
④ 影響力：職務環境に対してどの程度の影響力を持っているか。
⑤ 戦略的自主性：仕事の内容をどの程度自主的に決めることができるか。

以上のように，エンパワーメントは，意義とコンピテンシーを基盤としているため，この2つがなければ，自己決定力，影響力，戦略的自主性は存在し得ない。これらの事実は，一面では，エンパワーメントの実現がいかに難しいかを示している[13]。

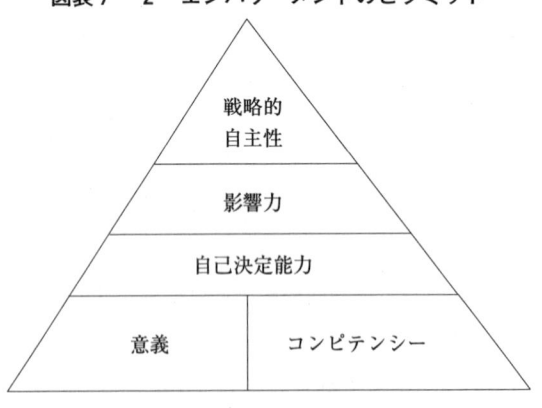

図表7−2　エンパワーメントのピラミッド

(出所)　Looy, B. V. = Gemmel, P. = Dierdonck, R. V. [1998]訳書342頁。

エンパワーメントは，顧客視点で働く従業員に十分トレーニングを積ませた後，さらに十分な権限を与えなければならない。このことは，より良いサービスを提供するために必要不可欠である。顧客と接する従業員がまずトラブルに気づかなければならない，つまり，従業員こそ顧客を満足させるために何をすべきかを判断する最もふさわしいポジションにいるのである。エンパワーメントの範囲は，従業員が利用できる手段，許されている意思決定の内容によって決まる[14]。

組織レベルのエンパワーメントを行うためには，従業員が与えられた権限を十分に行使できる環境が必要である。つまり，組織環境のイノベーションが求められる。

第2節　サービス・ビジネスにおける従業員の役割と従業員満足

❶　従業員の役割

多くのサービスは，顧客とサービス従業者の相互プロセスそのものである。顧客と直接相互に作用する従業員は，サービスの知覚に対して大きな影響力を持っている。すなわち，サービスの成果は，顧客の視野の外にある働き手にも依存している[15]。

実際の事例をみてみよう。米国では1970〜1980年代にかけて，トヨタ車に対する顧客満足度の高さが評判になるにつれ，トヨタのディーラーは，需要が供給を上回るという羨むべき状況を経験した。そしてこの需給逆転は，傲慢なセールスマンを生んだ。消費者の証言によれば，貴方が買わなくても買いたい人はいくらでもいるといった態度をとったといわれている。その結果，米国で販売されている37の自動車ブランドのうち，トヨタはセールスマン満足度で33位にランキングされている[16]。このように，従業員の役割は企業全体のブランドの評価に悪影響を及ぼす。

163

サービス組織は，マネジャーから顧客と直に接する従業員に至るまで，多様な人的資源で成り立っている。特に重要なのが，顧客と直に触れ合う最前線の従業員である。最前線の従業員は，一人で多くの役割をこなすことが求められる。サービススタッフの役割として，次の5点があげられる[17]。

① カウンセラー・情報収集者：顧客は，サービス・エンカウンターの場に特定のサービス（食事，病気の治療など）を求めてやってくる。そのサービスの消費が顧客の第一義のニーズである。しかし，従業員には，これにとどまらない真のニーズ（落ち着いた雰囲気での食事，安心感の獲得など）を読み取り，それを満たすことが求められる。さらに，顧客から読み取った情報の中から，企業に役立つ情報を収集し，改善点や新しいサービスのヒントを見つけることも重要である。

② コンサルタント・情報提供者：真のニーズを把握したとしても，今度は，そのニーズにどのようなサービスを提供できるかを的確に顧客へ説明できなければならない。これが従業員の情報提供者としての役割である。ここで重要なことは，十分な知識に基づいて簡潔でわかりやすい説明を行い，顧客を不安にさせないよう心がけることである。また，個々の顧客にとって最適な選択が出来るように，顧客のコンサルタントになることが必要な場合もある。

③ ミーディエイター・仲介者：従業員は時として，企業の定めた手続きやルールの一部を逸脱して顧客の要求に応えることを求められる。このように企業と顧客の間で，相反する要求を仲介し顧客満足を損なわないようにすることも従業員の役割の一つである。

④ プロデューサー・演出者：従業員は受け持っているサービス・エンカウンターについて，その全体のプロセスを仕切り，組織の諸資源をフルに活用して顧客の要求に応える努力をし，顧客満足を高める責任がある。この意味で従業員はサービス・エンカウンターの演出家であり，プロデューサーである。

⑤ アクター・演技者：上の①から④にあげた役割は，顧客に自ら働きかける演技者としての役割に集約される。この役割を果たすには，顧客に共感する姿勢や人間理解力，さらに顧客に訴えかける表現力が必要とされる。

　先述したように，サービスの特性の1つとして，サービスが従業員と顧客の

間に同時に存在する同時性(一過性)があげられる。その瞬間は,サービス・エンカウンターと呼ばれ,顧客と従業員の相互作用の場となる。

サービス・エンカウンターで,顧客と共にサービスを作り上げていくのが最前線の従業員である。顧客満足は,最前線の従業員が作り出すサービスの質によって大きく左右される。このようにサービス企業の組織では,最前線のサービス提供者が最も重要な役割を負っている[18]。

❷ 従業員のストレスと従業員満足

サービス組織の従業員は,多くの役割を求められるのに加えて,様々なストレスにさらされている。ラブロック=ウィルツ[2007]は,サービス提供には,サービス従業員がその場に相応し,様々な感情を表現することで成り立っている「感情労働」の側面があると述べている[19]。しかし,この時求められる感情は,しばしば従業員が本当に抱いている感情と異なることがある。そのために,従業員は顧客に対して感じていない感情を演出的に示すことや,自らの感情をコントロールすることを強いられる。このように,非常に高度なサービスを提供するサービス従業員には強いストレスがかかる。

サービス組織の従業員が,効率的に質の高いサービスを生み出すためには,彼等が組織の内部サービスの品質や文化など,自分が働いている状況に満足していることが大切である。先述したように,従業員満足は,サービス品質の向上につながり,顧客満足を生む。従業員満足は,サービス・プロフィット・チェーンの出発点であり,サービス組織が顧客満足と並んで重要視しなければならない課題である。

従業員満足の向上を目指す上で活用されているのが,インターナル・マーケティングという概念である。インターナル・マーケティングとは,外部の顧客に対してマーケティングを行うのと同じように,内部の顧客(従業員)に対してもマーケティングを行うべきという考え方である[20]。顧客としての従業員は,より効率的にサービスを提供するために様々なニーズを持っており,このニーズを満たす環境を作り出すことが従業員満足を向上させる。

インターナル・マーケティングの重要性を裏づけるのが,サービス・トライ

図表7-3 サービス・トライアングル

①サービス提供組織
- インターナル・マーケティング
- エンパワーメント

②顧客
- 顧客満足
- 従業員への共感

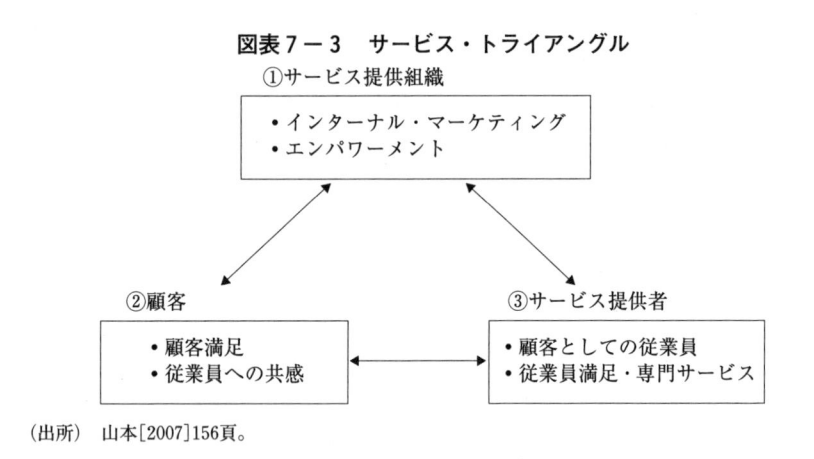

③サービス提供者
- 顧客としての従業員
- 従業員満足・専門サービス

(出所) 山本[2007]156頁。

アングルである。サービス・トライアングルという考え方は,企業と顧客,そしてサービス提供者によって作られる関係性のことを指している。サービス・トライアングルでは,図表7-3に示されるように,三者の関係が連動的であるため,それぞれが適当な距離間をもち,バランスのとれた三角形を保つことが重要とされる。

例えば,企業と従業員の関係で,両者の距離が遠すぎると離職率が高くなる。また,企業と従業員の関係が親密過ぎると費用がかかる。さらに,従業員と顧客の関係が近すぎると,顧客が従業員とともに企業から離れていってしまう可能性が高く,結果的に企業は優秀な従業員と顧客を一挙に失うことになる。このように,企業と従業員の距離が適切でないと,それが企業と顧客,従業員と顧客の距離にも影響を与え,効率的なサービス提供が困難になる[21]。

❸ 従業員満足の要素

従業員満足は,顧客満足と同様,サービス企業の経営にとって重要な指標である。従業員満足の要素は,給与や昇進,待遇,他の従業員との関係,顧客との関係,職務への満足,達成感などの様々な要因によって左右される。従業員満足を高めるためには,多くの要因がある。なかでも大きな影響力を持っているのは,その組織の風土あるいは文化である[22]。

第7章　サービス・ビジネスにおける組織マネジメント

　先述したように，サービス・プロフィット・チェーン（図表6－2）では，従業員満足を高めるためには，内部サービスの品質を充実しなければならない。内部サービスの品質とは，職場において，従業員の個人的欲求が充たされ，仕事上の成長を可能にするような企業の諸制度，仕事のやりやすい職務の構造や流れ，十分なツール類，やる気を引き出す組織風土など，仕事を行う上での様々な条件に関する総合的な質の良さを意味している[23]。

　内部サービス品質の向上は，従業員のモティベーションの向上につながる。モティベーションは「動機づけ」と訳することが多いが，「意欲」と言い換えることもできる[24]。動機づけが強く，意欲のある従業員は意欲のない従業員に比べ高品質のサービスを提供することができる。ノーマン（Norman, R.）[1991]は，この関係を，顧客とサービス提供者との相互作用から捉えて，図表7－4に示されるように，「ミクロの循環」と呼んでいる[25]。

　図表7－4に示されるように，サービス・エンカウンターにおいて「高揚する気分」（集中，興奮，良い体験への気付き）を従業員と顧客の両方が感じることができれば，顧客はそれを良いサービス体験と認識する。こうした経験は，顧客には顧客満足を，従業員には従業員満足を生むことになる。高品質のサービス提供ができ顧客が満足すれば，それは従業員を満足させ，ポジティブな循

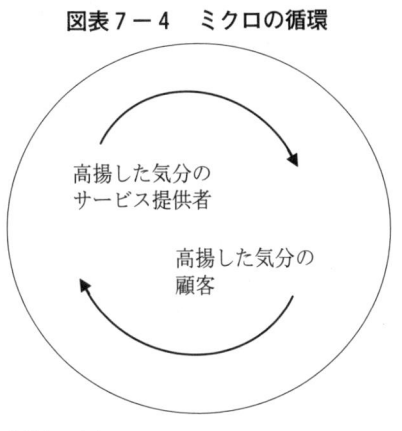

図表7－4　ミクロの循環

高揚した気分の
サービス提供者

高揚した気分の
顧客

（出所）　Norman, R.[1991]訳書279頁。

環ができあがることになる[26]。また，モティベーションの方法として，モティベーション理論を用いて，組織の提示しているインセンティブが従業員の欲求に合致しているかの参考にすることができる。

第3節　サービス・ビジネスにおけるプロセス管理

❶　サービス・プロセスの概要

　ラブロック＝ウィルツ[2007]によれば，サービス・プロセスとは，サービスの構成要素であり，どのような手段や手順でサービス・オペレーションを行い，それらがいかに連携して顧客に対する価値提案を実現するかの基盤である。すなわち，顧客側とサービス提供側のコンタクトの多いサービスでは，顧客自身がサービス・オペレーションに参加するため，サービス・プロセスによって顧客のサービス経験が左右されると述べている[27]。

　ダベンポート（Davenport, T. H.）[1992]は，プロセスとは，特定の顧客あるいは市場に対して，特定のアウトプットを作り出すために，デザインされ構造化された評価可能な一連の活動であると述べている[28]。言い換えれば，製品に焦点を当てた「何を」に対して，「どのように」組織の中で仕事が行われるべきかを強調している。

　サービス・プロセスには，顧客に提供する製品（サービス）とそれらを可能にするプロセスを区別することがほとんど不可能であるという特徴がある。顧客に提供するサービスの品質を向上させようとするとき，必然的にサービス・プロセスの改善が必須となる。現在，多くの企業では，業務がどのように行われ，どこが非効率であるかを把握していない。そこで，業務プロセスを図表などで可視化し，分析，最適化を図るというアプローチがとられる[29]。

　図表7－5に示されるように，サービス・プロセスを改善するためのアプローチとして，ABC（活動基準原価計算），プロセスの価値分析，ビジネス・

図表7－5　プロセス方法論の概要

アプローチ	目　　標	ツール・手法	起　　源
ABC (活動基準原価計算)	コスト削減	プロセスの付加価値分析に基づくコスト積み上げ（図）	製品ライン選択のための会計
プロセス価値分析	1つのプロセスの合理化・コストと時間の削減	各々のプロセス・ステップの価値分析	コンサルティング・アプローチ
ビジネス・プロセス改善	コスト・品質・時間から1つまたは全部のプロセスの継続的改善	プロセス・ステップの価値分析	トータル・クオリティ・マネジメント（TQM）
インフォメーション・エンジニアリング	プロセス・ラインに沿ったシステム構築	現行と将来のプロセスの図表化	システム分析
ビジネス・プロセス・イノベーション	キー・プロセスの根本的改善への変革のてこの使用	変革のてこ　将来ビジョン	競合分析

（出所）　Davenport, T. H.［1992］訳書173頁。

プロセス改善，インフォメーション・エンジニアリングなどがあげられる。これらの改善手法の中から適切なものを選ぶこと，または，これらの改善手法を用いて新しいアプローチを創造することもできる[30]。

サービス・プロセスの最終的な目標は，顧客のニーズをプロセスに反映させ，顧客満足を得ることである。顧客満足が達成されることは，従業員満足にもつながり，サービスの品質が向上するという成功サイクルを生み出す。

❷　サービス・プロセスの要素と流れ

サービス業では，「どのように」，「どのような」サービスを提供するかという基本的なプロセスが重要である。多くの企業が類似のサービスを提供している場合，特にサービス・プロセスの意義が大きい。そのため，サービス要素とともにサービス・プロセスを検討し[31]，設計することが必要不可欠である。サービス・プロセスを通して顧客の可変的なニーズに対応することがサービス提供者に求められる。つまり，プロセスタイプを選択し，個々のプロセスタイプが管理手法にどのような影響を及ぼすかを理解する必要がある。

サービス・プロセスを構成する要素として，従業員，顧客，組織，技術の4つがあげられる。企業と顧客は相互関係であるため，顧客をサービス・プロセスの顧客ではなく，プロセスのオーナーであると理解すべきである[32]。正しくデザインされたプロセスには，顧客の視点が組み込まれている。しかし，プロセス設計では，企業と顧客が協働しなければならない。サービス・プロセスには，①設計，②監視，③評価，④再設計という一連の流れがあげられる。

① 設計：サービス・プロセスの設計における顧客は，異質性を生じさせる主な要因の一つであり，プロセス設計が不適切であれば，問題が生じることになる。そのため，従業員が異質性に対処できるようなプロセス設計，十分な資源が必要となる。また，異質性を減らすために，プロセス設計段階で設計者が顧客ニーズを十分に反映することが求められる。

② 監視：サービス・プロセスには，変動性がつきものであり，製造プロセスと同じように管理不能になることがある。プロセスの管理不能状態を避けるには，ISO9000などの品質認証制度の導入が必要となる。ISO9000の品質管理システムでは，顧客の期待を文章化し，測定方法を定義し，サービス・プロセスを監視して，実際のサービスと仕様の合致を保証することが定められている。サービス産業では，プロセスと製品の品質が連動しているため，品質保証にプロセスの監視が果たす役割は大きい。

③ 評価：サービス・プロセスの評価において重要なのは，不具合が発生する可能性がどこに潜んでいるのかを明らかにすることである。つまり，不具合の発生ポイントを特定する際には，顧客の知覚や解釈を無視してはならない。

　サービス・プロセスの評価に多く用いられているのが，サービス・トランザクション分析（STA）である。サービス・トランザクション分析とは，実際のサービス・プロセスを顧客として体験してみて，個々のトランザクション（プロセスの各段階）を実際の顧客ならばどのように評価するかを判断するテクニックである。この方法では，トランザクションの評価とともにその評価にいたる理由も明確になる[33]。

④ 再設計：プロセスの再設計は，業務プロセスを基礎から見直し，再設計することによって，サービス生産性とサービス品質を大幅に改善することが可

能になる。また，サービス・プロセスの再設計には，顧客の利便性や生産性を向上し，さらに，従業員の満足度も改善する場合が多い[34]。

❸ サービス・プロセス・イノベーション

サービス・プロセス・イノベーションは，企業活動を活性化し，戦略的に企業価値を向上させるアプローチである。顧客と従業員の満足度を高め，新しいビジネスモデルの創出などを目指すことである。サービス・プロセス・イノベーションにおける3つの重要なポイントとして，①時代の変化，顧客ニーズなどの変化に適応するために，ビジネスの転換や再編をタイムリーに実施すること，②組織を活性化し，組織の価値をあげるために，業務プロセスを継続的に革新すること，③個人の価値をあげるために，プロフェッショナル社員を育成し，専門性を持った社員を重視すること，があげられる。すなわち，ビジネスの転換や再編において，的確な判断，迅速な意思決定，すみやかな実践が成功のポイントになる。業務プロセスの継続的なイノベーションの原点は，顧客満足の向上である[35]。

プロセス・アプローチは，製品やサービスに焦点を当てるよりも，仕事の仕方の改善を強調している。組織が成功するには，高品質の製品やサービスを提供するとともに，それらを生産し販売する効果的で効率的なプロセスを採用しなければならない[36]。

サービス・プロセス・イノベーションは，図表7－6に示されるように，①イノベーションのためのプロセスの識別，②変革のてこの識別，③プロセス・ビジョンの創造，④現行プロセスの把握，⑤新規プロセスのデザインとプロトタイピング，という5つのステップから構成されている。

① イノベーションのためのプロセスの識別：イノベーションを行うプロセスを決定する場合，どのプロセスが最も深刻で機能的な障害を抱えているか，どのプロセスが最も顧客への影響が強いか，その時点でどのプロセスが最もイノベーションに成功しそうか，を把握しなければならない。

② 変革のてこの識別：プロセス・イノベーションを成功させるための手段のことである。例えば，情報技術は，イノベーションのツールとして代表的な

ものであるが，それが十分に活用されるには，組織的・人的要素のイノベーション（組織構造・文化の変革，従業員の意識改革）との連携が必要である。

③ プロセス・ビジョンの創造：プロセス・イノベーションを開始する前に，ビジョンを見直し，明確化する必要がある。新しく提示されたビジョンに沿って，プロセスの到達目標や個々のプロセスをどう連携させるかをプロセス提供に関わる全員が理解しなければならない。

④ 現行プロセスの把握：これ以前のステップ①〜③を通して行うことができる。これにより小規模のプロセス改善でまかなえる部分と大規模な変革が必要な部分が分けられる[37]。

⑤ 新規プロセスのデザインとプロトタイピング：これまでの段階で策定されたプロセス・ビジョン，変革のてこ，およびベンチマークなどの知識を材料として確保し，新しいプロセスのデザインを実施すること。

プロセスの改善がシステムの見直しなどによって，従来のプロセスのまま有

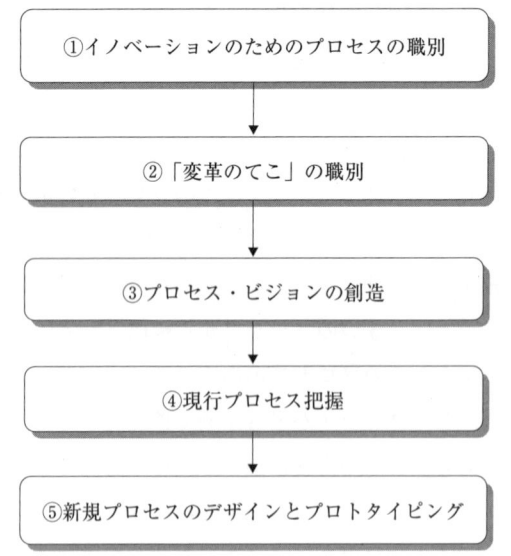

図表7－6 プロセス・イノベーションのアプローチの概略

```
①イノベーションのためのプロセスの識別
          ↓
②「変革のてこ」の識別
          ↓
③プロセス・ビジョンの創造
          ↓
④現行プロセス把握
          ↓
⑤新規プロセスのデザインとプロトタイピング
```

（出所） Davenport, T. H. [1992] 訳書36頁。

効性や効率を向上させることを指すのに対し,プロセス・イノベーションは,プロセス・ビジネス目的を問い直し創造的で根本的な変革を行い,その目的を達成できる方法を駆使して大きな改善を実現することである。

第4節 サービス・ビジネスにおける組織管理

❶ 組織構造・組織文化

近年,イノベーションを推進する上で,組織文化がイノベーションの成否に大きなインパクトを及ぼしていることが次第に明らかになりつつある。

岸川［1999］によれば,組織文化とは,①組織構成員の間に共有される暗黙の了解・態度または固有の観念,②組織メンバーによって共有されている価値・規範・信念の集合体など,組織の目に見えない側面のことである。また,組織文化の形成の最も大きな要因は,経営者の経営理念およびリーダーシップである[38]。

サービス・マネジメント・システムの要素として,組織理念・文化を取り上げる理由は,サービス提供の大部分が人によって担われているからである[39]。サービス企業の構造は,平らで分権的か,あるいは逆ピラミッド型が望ましい。サービス企業の構造が従来の階層的ピラミッド型の構造となっており,顧客に対してサービス提供や接客応対などを行う第一線の従業員の自由裁量の余地が少ないと,顧客と接触する真実の瞬間,あるいはサービス・エンカウンターを必ずしもうまく処理できない可能性があるからである[40]。

顧客が求める価値を最優先にして組織を動かすためには,組織構造それ自体を変える必要がある。図表7−7に示されるように,Aのピラミッド型組織は,経営者をトップに置き,管理者,現場第一線がピラミッド構造をなしており,顧客志向の経営組織にはなり得ない。サービス組織は,Bの逆ピラミッド組織にしなければならない。その理由は,顧客中心型組織としての顧客満足が実現

図表7-7 顧客満足追求型ピラミッド組織

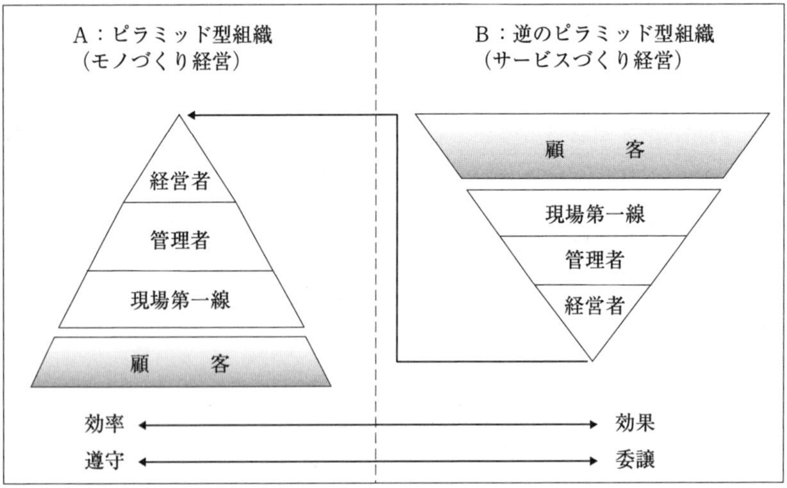

A：ピラミッド型組織　　　　　　B：逆のピラミッド型組織
（モノづくり経営）　　　　　　（サービスづくり経営）

A：経営者／管理者／現場第一線／顧客
B：顧客／現場第一線／管理者／経営者

効率 ←→ 効果
遵守 ←→ 委譲

（出所）小山[2005]83頁を筆者が一部修正。

できないからである。

　サービス組織においては，顧客の声，すなわち顧客ニーズが組織を動かし，組織をあげて顧客を満足させることが重要である。このことを組織のトップ層が意思決定の最重要要素にしない限り，組織内においてサービス文化は育たない[41]。

　また，Bの逆のピラミッド型組織では，従業員に権限が大幅に委譲されることになる。高い生産性を維持し続けるためには，組織文化を重視しなければならない。

❷ リーダーシップ

　現在，サービス産業においては，競争が一層激化している。これに伴い，意味のある差異を創造し，顧客に伝達することが，サービス・リーダーシップにおいて重要になりつつある。

　サービス・リーダーシップ（service leadership）は，サービス組織がサービスのイノベーションと差別化において，傑出しているという評判を確立し，維

持すること。これにより，選択した市場において競争優位を構築する[42]ことを目的としている。

サービス・リーダーシップは，行動様式や才能，個性などの属人性ではなく，関係するのは，目的，意味，方向性，そして，目標と向かい合うリーダーならではの気構えである。つまりリーダーは，ビジネスに関わるすべての部門の従業員たち（全身全霊で顧客サービスに打ち込む姿勢を持った人たち）のために的確な支援を提供することにある。優れたサービス・リーダー企業の中心には，パッケージされた仕組みと，また企業の魂として昇華されるまでその仕組みを教え込むトレーニング・プログラムが揃っている[43]。

リーダーシップのスタイルは，完全に独裁的なものから純粋に民主的なものまで多様性がある。リーダーシップのスタイルの第1分類は，権限と支配力を100％保持しようとする独裁的なリーダーシップであり，権限や権力を従業員と共有しようとするのが民主的なリーダーシップである。

第2の分類基準は，能動的なものと受動的なものに分けられる。受動的つまり自由放任主義のリーダーは，部下の日常的な活動に関与しないため，彼らにあまり影響を及ぼすことがない。これに対して能動的なリーダーは，従業員の活動に深く関与し，従業員に対してリーダーの存在を明らかにしようとする。これが強すぎると，能動的で独裁的なリーダーシップは，従業員の自主性をくじき，エンパワーメントの実現を妨げる[44]。サービス業のリーダーは，こうした規範的指導原理を理念として表明し，組織文化として企業に定着させねばならない。

サービス企業のリーダーには，先述したように，逆ピラミッド組織を重視し，顧客価値創造のために最前線の従業員とのコミュニケーションを図り，権限や権力を従業員と共有する民主的なリーダーシップが望まれる。そして，組織と従業員の内側にあって，有効な価値システムのプロセスを機能させることができるように，経営努力を続けていかなければならない。

❸ 学習する組織

コトラー＝ヘイズ＝ブルーム[2002]は，21世紀の市場で生き残ることができ

る組織とは，真の意味で顧客志向を確立し，顧客のために活動する組織だけである。そして，真の顧客志向を身につけるためには，学習を続けることである，と述べている[45]。目の前にいる顧客が明日も変わらないとはいいきれない。顧客ニーズは，日々変化するからである。

森本三男[1999]によれば，センゲ（Senge, P.）は，学習する組織（learning organization）は，「人々が継続的にその能力を広げ，望むものを創造したり，新しい考え方やより普遍的な考え方を育てたり，集団のやる気を引き出したり，人々が互いに学び合う場」と定義している。そして，学習する組織の基本条件として，自己マスタリー（自己の視点の明確化とその深化），固定観念の打破（メンタル・モデルの転換），共有ビジョンの構築，チーム学習そしてシステム思考をあげている[46]。

学習する組織は，教育に対する新しい考え方の基盤になる。個人学習と組織学習とを結びつけるものでもある。組織は個人を通して学習するが，組織学習は，そうした個人学習が社会的に構造化され，共有化され，組織全体ないしその一部を変革するように活用されるときだけ可能となる。

図表7－8　学習する組織の4レベルでの学習の要約

学習の特性	学習促進要因	学習への脅威	学習の成果(7C)
個人 行動，知識，動機づけ学習能力での変化	学習の継続性と発展性	学習された無力感，探求スキルの欠如	継続的改善に向けた継続的学習
チーム 協同的・相乗的仕事を行える集団的能力の変化	集団としての準拠枠変更，実験，多様性の追求，洞察の交換	職務細分化・独立化，チームワークではなく個人レベルへの報酬	共同，連結性，集合性，創造性
組織 イノベーションと新たな知識を獲得するための組織的能力の変化	エンパワーメントされた従業員と分権的な構造，学習の成果を反映したシステム	構造的硬直性，トンネル・ビジョン，中途半端な学習	連結性，獲得とコード化，能力構築
社会 コミュニティと社会の全般的な能力の変化	労働生活の改善と結びついた品質改善活動	分裂，トンネル・ビジョン	コミュニティの能力構築への連結性

（出所）　Watkins, K. E. = Marsick, V. J.[1993]訳書333頁。

図表7-8に示されるように、学習の成果は7つの"C"の形で示される。つまり、継続性（Continuous），共同（Conllaborative），連結性（Connected），集合性（Collective），創造性（Creative），獲得（Captured），コード化（Codified），能力構築（Capacity building）の"C"である[47]。学習する組織を作り出す最初の一歩は，現在の学習・変革能力を監査することである。

上で，学習する組織という観点から組織構造の重要性を述べた。しかし，組織だけが学習の提供者ではなく，自己学習も人的資源管理部門で認められ評価されるべきである。それぞれの現場での環境変化に適応した柔軟な学習によって，サービス組織全体の効率的な効果が期待できる。

第5節 タコベルのケーススタディ

❶ ケース

本章では，サービス・ビジネスにおいて，顧客と接する最善線の従業員の役割がどのような影響を与えるか，そして，管理者のリーダーシップの役割について，理論をベースにして考察した。本ケースでは，ファストフードチェーン店の株式会社タコベル（以下，タコベル）のサービス・プロセス・イノベーションおよび組織変革について取り上げる。

タコベルは，1962年にグレン・ベルによって，創業された米国の大手ファストフード店である。主力商品は，タコスなどのメキシコ料理であり，「think outside the bun（バンズを脱して考える）」というコピーを掲げ，ハンバーガーを販売する他のファストフードチェーン店との差別化をはかっている[48]。

1980年代，新たなマーケティング手法が導入され，価値の概念が重視されるようになった。同社における価値とは，料理を迅速・正確・衛生的に適温で提供することを意味した。しかし，低コストでこれらを実現するには，マネジャーと従業員の意識改革が必要であった。

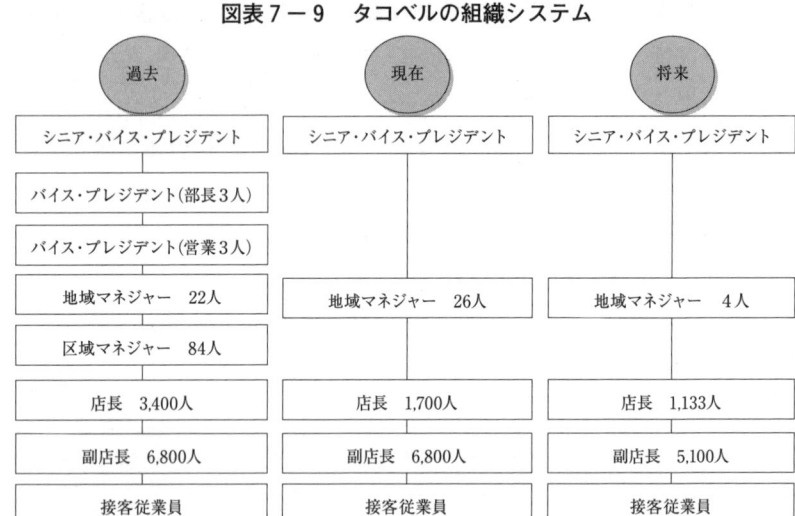

図表7－9　タコベルの組織システム

過去	現在	将来
シニア・バイス・プレジデント	シニア・バイス・プレジデント	シニア・バイス・プレジデント
バイス・プレジデント(部長3人)		
バイス・プレジデント(営業3人)		
地域マネジャー　22人	地域マネジャー　26人	地域マネジャー　4人
区域マネジャー　84人		
店長　3,400人	店長　1,700人	店長　1,133人
副店長　6,800人	副店長　6,800人	副店長　5,100人
接客従業員	接客従業員	接客従業員

（出所）　Diamond Harvard Business Review [2003] 7月号111頁を筆者が抜粋して一部修正。

　組織管理面においては，管理者の責任が重視されており，店舗で問題が起きれば，例えば，設備の故障，顧客とのクレームなど，店舗マネジャーが対処してきた[49]。タコベルの経営陣は，店舗単位，市場マネジャー単位，そして国単位で毎日利益を追跡調査し，これによって得られた情報と，顧客を対象に行う出口調査の結果と併せて分析を行い，顧客満足を得るため力を入れている。また，金銭的および制度的インセンティブを導入して，従業員選抜のいい加減さ，標準以下のトレーニング，給与の低さ，離職率の高さなどによって引き起こされる悪循環を一掃しようとした。

　図表7－9は，タコベルの新しいサービス思考に伴って，自社の機構改革を行っている現存するタコベルの実績を反映している。

　管理階層を減らし，店頭業務を見直し，人件費の節減と高賃金を達成し，人的資源に投資し，サービスの質を向上させ，増益を実現させている。タコベルの過去の従業員の平均給与は，総計293,930,000ドル，現在総計は，249,100,000ドルである。また，管理階層を減らした将来の総計は，212,050,000ドルと予測している[50]。

第7章　サービス・ビジネスにおける組織マネジメント

❷　問題点

　ファストフードチェーン店としての地位を確立しているタコベルは，改革以前のレストランの数は15,000足らず，売上は5億ドルで，競争相手であるハンバーガーレストランには遠く及ばなかった。ファストフードチェーン店として，一般的なトップ・ダウンの命令・管理型の会社であり，典型的な管理重視型であった。また，顧客との接点はそれほど重視されず，それよりも機械のメンテナンスなどの技術を重視していた。1980年代，顧客の視点をなくしたタコベルは，撤退の危機に面していた。

　タコベルの新モデルは，「顧客が重視するのは提供された食品とサービス」，「店舗設計」だけという，極めて単純な考え方に基づいている。顧客に価値を提供するうえで，この方向に貢献することならば，すべて改善・強化され，経営陣の支援も得られる。その他のものはすべて，付加価値を創造しない間接費ということである。また，従業員の管理は不要であるとされ，事実，監督者の数は，1988年5店舗当たり一人から，現在では20店舗当たり一人へと減少している。ファストフード・レストランでは，料理される場所については，さしたる関心を示さないという事実がある[51]。

　サービスの面では，顧客との相互作用が短時間で終わるため，従業員の任務も複雑ではないとされた。そのため，技術的な知識とスキルはそれほど重視されず，個人的な特性はほとんど役立たないと見なされていた[52]。

　タコベルの問題点を整理すると，①組織構造の問題，②コンピテンシーの欠如，③リーダーシップ（意思決定）の問題の3点があげられる。

❸　課　題

　タコベルのサービス・ビジネスの改革は，図表7-10に示されるように，タコベルのサービス・ビジネスを顧客の視点から見直すことから始まった。人的資源管理の重要な組織学習を通じて，チーム管理制度が導入された。そして業務支援システムの改善で，雑務が減って，タコベルはマネジメントに専念するようになった。

図表7-10　タコベルのサービス・マネジメント・イノベーション

問　題	改　善　策
組織構造	・組織学習を通じてチーム管理制度 ・業務支援システムの改善
エンパワーメント	・コンピテンシーの見直し ・従業員への報奨制度，福祉厚生の充実
リーダーシップ	・ビジョンの明確化 ・マネジャーと従業員への権限委譲 ・従業員の研修および能力開発に資源投資

（出所）　筆者作成。

　また，リーダーの明確なビジョンや従業員の報酬制度の変革によって，従業員のモティベーションが高まり，顧客満足につながった。タコベルにおける変革は，相当な研修と能力開発，そして新たな事業体制と報奨制度がなければ成功しなかったといえる[53]。タコベルは，全体のトレンドならびに従業員満足と顧客満足との間にどのような相互関係があるのかを，我々により深く理解させてくれる[54]。

　企業が発展し，成功を続けるためには，常に，マネジメントを改善し，中期的な視点を持つことが重要である。タコベルの改革のケースから，企業のマネジメント・イノベーションの重要さが分る。

　今後の重要課題として，下記の2点があげられる。

① 　ターゲットの拡大：タコベルは，商品の販売方法を店舗販売に留まらず，企業，学校，空港などに届ける試みを始めた。これによってタコベルがターゲットとする顧客は店舗に訪れた人だけでなく，食事を求める人に広がった。しかし，ターゲットを広げることは，競争相手が増えることを意味する。現在，数多くのサービス企業が増えつつあるので，顧客中心の差別化およびブランド化が求められる。

② 　アジア圏への進出：タコベルは，現在米国以外にもカナダやグアムに店舗をかまえている。日本の神戸に出店していた店舗もすでに撤退しており，一部の米軍基地内にしか店舗はない。しかし，今後の成長市場であるアジア圏への進出は不可決である。またアジア進出の際には，メキシコ料理をどう

第7章　サービス・ビジネスにおける組織マネジメント

やって受け入れさせるかが重要である。

注)
1) 古川久敬[2002]13頁。
2) 渡辺一明[2000]58頁。
3) Looy, B. V. = Gemmel, P. = Dierdonck, R. V. [1998]訳書282, 296頁。
4) 常盤[2007]179頁。
5) Looy, B. V. = Gemmel, P. = Dierdonck, R. V. [1998]訳書312, 319頁。
6) 松尾睦[2009]231頁。
7) Watkins, K. E. = Marsick, V. J. [1993]訳書280-281頁。
8) Looy, B. V. = Gemmel, P. = Dierdonck, R. V. [1998]訳書319-320頁。
9) Watkins, K. E. = Marsick, V. J. [1993]訳書265頁。
10) Lovelock, C. = Wirtz, J. [2007]　訳書371頁を一部修正。
11) 山本[2007]167頁。
12) Looy, B. V. = Gemmel, P. = Dierdonck, R. V. [1998]訳書336頁。
13) 同上書342頁。
14) ダイヤモンド・ハーバード・ビジネス編集部[1998]214頁。
15) Fisk, R. P. = Grove, S. J. = John, J. [2004]訳書112頁。
16) Power, J. D. = Denove, C. [2006]訳書95-96頁。
17) 近藤[2004]160, 171頁。
18) 山本[2007]135, 163頁。
19) Lovelock, C. = Wirtz, J. [2007]　訳書369-370頁。
20) 近藤[2004]178頁。
21) 山本[2007]158-159頁。
22) 同上書170頁。
23) 近藤[2004]175-176頁。
24) 田尾雅夫[2007]14頁。
25) Norman, R. [1991]訳書279頁。
26) 近藤[2004]175頁。
27) Lovelock, C. = Wirtz, J. [2007]訳書231頁。
28) Davenport, T. H. [1992]訳書14-15頁。
29) ビジネス・プロセス革新協議会[2005]23頁。
30) Davenport, T. H. [1992]訳書173頁。
31) Lovelock, C. = Wirtz, J. [2008]訳書28頁。
32) Davenport, T. H. [1992]訳書27頁。
33) Looy, B. V. = Gemmel, P. = Dierdonck, R. V. [1998]訳書388, 394, 397頁を一部修正。

34) Lovelock, C. = Wirtz, J. [2007] 訳書244頁。
35) ビジネスプロセス革新協議会[2005]20-21頁。
36) Davenport, T. H. [1992] 訳書15-16頁。
37) 同上書28-29頁。
38) 岸川[1999]204-205頁。
39) 近藤[2007]124頁。
40) 高橋[2009]64頁。
41) 小山[2005]83頁。
42) Lovelock, C. = Wright, L. [1999] 訳書185頁。
43) ダイヤモンド・ハーバード・ビジネス編集部[1998]14頁。
44) Looy, B. V. = Gemmel, P. = Dierdonck, R. V. [1998] 訳書343-344頁。
45) Kotler, P. = Hayes, T. = Bloom, P. N. [2002] 訳書339頁。
46) 森本三男[1999]169頁。
47) Watkins, K. E. = Marsick, V. J. [1993] 訳書332-334頁。
48) Diamond Harvard Business Review [2003] 7月号108頁。
49) Looy, B. V. = Gemmel, P. = Dierdonck, R. V. [1998] 訳書346頁。
50) Diamond Harvard Business Review [2003] 7月号111頁。
51) 同上書108頁。
52) Looy, B. V. = Gemmel, P. = Dierdonck, R. V. [1998] 訳書346頁。
53) 同上書348頁。
54) Katzenback, J. R. [1999] 訳書42頁。

第8章
サービス・ビジネスを取り巻く環境

　本章では，サービス・ビジネスを取り巻く環境について考察する。わが国におけるサービス・ビジネスの環境は，文字通り激変しており，環境変化に対応するためには，その実態を正しく認識する必要がある。

　第一に，サービス・ビジネスの環境要因について理解する。次に，サービス・ビジネスの環境変化について理解を深める。さらに，サービス・ビジネスの環境対応について言及する。

　第二に，各産業におけるサービス・ビジネス化の実態について考察する。まず，第一次産業における環境変化について理解する。次に，第二次産業における環境変化について理解を深める。さらに，第三次産業における環境変化について言及する。

　第三に，国・地域別のサービス・ビジネスについて考察する。まず，先進国におけるサービス・ビジネスについて理解する。次に，中進工業国におけるサービス・ビジネスについて理解を深める。さらに，開発途上国におけるサービス・ビジネスについて言及する。

　第四に，価値の創出・提供について考察する。まず，製品・サービスの融合について事例に基づいて理解を深める。次に，統合についてこれも事例に基づいて理解を深める。さらに，サービス・ビジネスにおけるスピードに言及する。

　第五に，製造業のサービス化のケース・スタディとして，GEを取り上げる。GEのサービス事業の5つの発展段階は，多くの企業に対して，サービス・ビジネスの問題点と課題を分析する際の重要なベンチマークになるであろう。

第1節　サービス・ビジネスの環境

❶ サービス・ビジネスの環境要因

　近年，企業活動を取り巻く環境は激変している。市場構造の変化はいうまでもなく，企業システムの上位システムである産業システム，さらに産業システムの上位システムである経済システムの変化が加速しており，かつ多様化している。サービス企業は，環境の中で生産活動を営む組織体であるので，企業の存続・発展を実現するには，環境にうまく対応することが不可欠である。

　岸川[2006]によれば，環境とは，「企業の経営活動に対して，その活動を制約したり促進したりする外的要因のことである」[1]。

　サービス企業の観点から環境要因をみると，①経済環境，②政治・法的環境，③社会環境，④自然環境，⑤市場環境，⑥競争環境，⑦技術環境，の7つがあげられる。

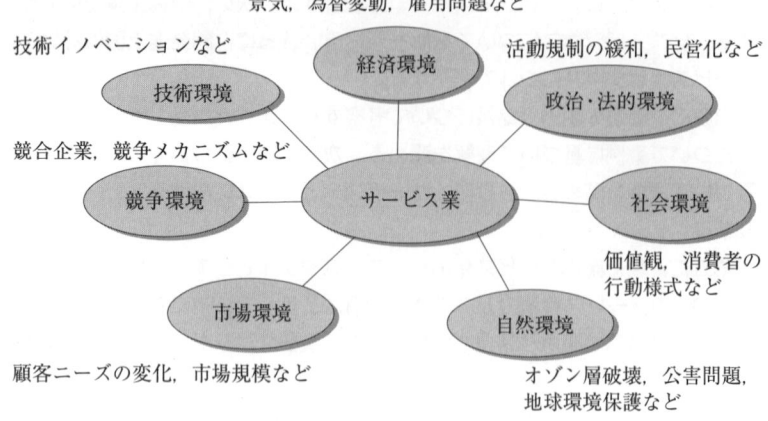

図表 8－1　サービス・ビジネスの環境要因

- 経済環境：景気，為替変動，雇用問題など
- 政治・法的環境：活動規制の緩和，民営化など
- 社会環境：価値観，消費者の行動様式など
- 自然環境：オゾン層破壊，公害問題，地球環境保護など
- 市場環境：顧客ニーズの変化，市場規模など
- 競争環境：競合企業，競争メカニズムなど
- 技術環境：技術イノベーションなど

（出所）　岸川[2006] 3頁を筆者が一部修正。

① 経済環境要因：企業は，営利原則に基づいて行動する生産経済体であるので，経済環境は，企業の経営に影響を及ぼし，企業の経営活動を制約したり促進したりする。例えば，景気の変動，為替レートの変動，雇用問題などが経済環境要因の例としてあげられる。景気後退があれば建設業界が低迷する一方で，景気後退は離婚率を増加させ，離婚専門の弁護士にとっては好ましい状況を生む[2]。また，1992年のバブル経済の崩壊による長期不況による失業者の激増なども経済環境要因の例である。

② 政治・法的環境要因：政治・法的環境とは，政府機関・立法や産業政策によって，企業の経営活動を制約したり促進したりする外的要因のことである。具体的には，提供されるサービスの内容（製品の安全性と責任など）に対して，価格統制や事業の地理的制限があり，この環境を構成する主体として，政府と圧力団体などがあげられる，様々なビジネス活動を制約する法律の増加という現状がこれにあたる[3]。政治・法的環境要因の変化は，様々な組織や個人に大きな影響を与え，ビジネス活動を制約したり促進したりする。

③ 社会環境要因：社会環境とは，少子・高齢化など人口動態，消費者の行動様式・価値観・慣習の変化などが企業の経営活動に対して及ぼす影響のことである。特に，経済成長による所得の向上とともに，消費者ニーズの高まりによって，精神的な余裕・教養的な知識サービスの獲得に傾くようになり，消費者が買い求める製品についても，他人との差異を重視し，規格品よりも個性化・多様化した商品を求めるようになった[4]。それらの社会環境要因変化は，様々なビジネス活動に様々な影響を及ぼす。

④ 技術環境要因：技術環境とは，科学技術の進歩が企業の経営活動に対して及ぼす影響のことである。ハード，ソフト両面の技術革新が，新たなサービス産業を誕生させている。ハードな技術については，製造業の進んだ技術の応用が多く見られる。ソフトな技術は，サービス産業独特の形を取るものが多いが，標準化，ブランド化，大量化など，いわゆるモノを中心に発達してきた近代工業技術の基本概念の応用もなされている[5]。また，情報化の進展により，サービス産業において多様な消費者ニーズに対応したサービス技術革新が進んでいる。

⑤ 自然環境要因：自然環境の変化，つまり気温・湿度・気候地理的要因などの公害問題，地球環境問題などが企業の経営活動に対して及ぼす影響のことである。自然環境は，食品産業だけではなく，多くの産業に様々な影響を及ぼす。産業がもたらす環境破壊を減らすため，業界・企業は具体的な取組みを政府に求められている。例えば，自動車産業は，汚染を減らすための設備と環境に優しい高価な排気制御システムを車に搭載しなければならない[6]。つまり，消費者の自然環境に対する意識の高まりに応じなければならない時代であることを認識しなければならない。

⑥ 競争環境要因：競争環境とは，競合企業の変動，競争メカニズムの変動，新規参入の可能性などが，企業の経営活動に対して及ぼす影響であり，企業レベルの極めてミクロ的な環境要因である。例えば，企業間の競争が有形財からサービスへと変化しつつあり，規制緩和やイノベーションによって，従来とは異なった分野や地域の企業が異なったルールで競争に参入することなどがあげられる。

⑦ 市場環境要因：市場環境要因とは，顧客ニーズの変化，市場規模の変化，市場成長率の変化など，市場の変化が企業の経営活動に対して及ぼす影響である。サービス産業では，国際的な競争にさらされていない，新たに生まれた若い産業が多いサービスは目に見えない，といったサービス産業の特性に起因して，市場環境が整っていない。規制改革の更なる取組みとともに，幅広い競争促進のための市場環境の整備が必要である[7]。

以上のように，サービス・ビジネスにおける外的環境は，サービス経済化の動向にも影響を及ぼすため，サービス・ビジネスを取り巻く様々な環境要因の厳しさに対して，規制改革，市場環境整備など，サービス・ビジネスに適した環境作りが急務である。

❷ サービス・ビジネスの環境変化

サービス・セクターは，革新的ともいえる変化の真っ只中にある。世界中で革新的な若い企業がサービスの新しいスタンダードを生み出し，既存企業が顧客を満足されられなかったような市場で成功を収めている[8]。

第8章 サービス・ビジネスを取り巻く環境

　製造業における生産能力は，積極的な設備投資などによって急速に増大し，国民生活に必要な財の供給能力は著しく高まり，国民の所得水準も大きく向上してきた。財の供給拡大，国民の所得水準の向上は，様々な形でサービスの価値を相対的に高め，サービス経済化を促進する大きな要因となっている。わが国におけるサービス経済化の進展には，製造業の発展を核とした経済成長の過程における財の供給拡大，さらに，それによる国民の所得水準の向上という要因が主要な役割をもっているといえる[9]。

　製造業が「サービス産業化」を図る一方で，サービス産業においてもICT（情報通信技術），サービステクノロジー，サービス設備の果たす役割が大きくなり，従来のサービス産業のイメージでは捉えきれなくなってきている。今日においては，サービス産業と製造業の固有の特性に基づく二元論的な区分を維持する理由は乏しく，サービス産業であるからローテクで労働集約的であるとはいえなくなっている。また，「産業空洞化」の議論はわが国に限らず，サービス経済化が進展する先進国において共通して生じてきた議論である。しかしながら，1980年代後半頃から，議論の中心は「産業空洞化論」から「国内経済システムの変革」に変化し，企業の柔軟な組織再編の後押しを目的として，イノベーションを促進するための制度改革が重視されるようになった[10]。

　図表8－2は，サービス・ビジネスの環境変化を表したものである。特に，わが国の自動車産業は，これまでも，VA/VE（value analysis/value engineer-

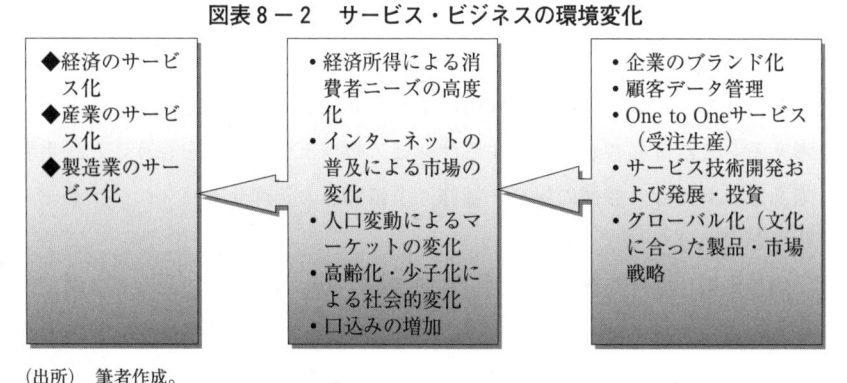

図表8－2　サービス・ビジネスの環境変化

◆経済のサービス化 ◆産業のサービス化 ◆製造業のサービス化	・経済所得による消費者ニーズの高度化 ・インターネットの普及による市場の変化 ・人口変動によるマーケットの変化 ・高齢化・少子化による社会的変化 ・口込みの増加	・企業のブランド化 ・顧客データ管理 ・One to Oneサービス（受注生産） ・サービス技術開発および発展・投資 ・グローバル化（文化に合った製品・市場戦略）

（出所）　筆者作成。

ing), QC（品質管理），フランチャイジングなどを自在に使いこなして，独自のビジネスモデルを生み出してきた。コンピュータやネットワークのパワーアップとコスト・ダウンなど，ICT を新しいプラットフォームとして積極的にビジネスに取り入れ，自社製品のみならず，他社製品向けのサービスなど，情報の蓄積・共有・伝播を図っている[11]。近年では，顧客やパートナーをネットワーク上で自在に結び付けるオープン・システム型のビジネスモデルを確立し，製造業のサービス化に向けた環境が大きく変化しつつある。

❸ サービス・ビジネスの環境対応

近年，顧客中心へとサービス・ビジネスの環境が変わりつつある。エンジニアリング産業は第2.5次産業ともいわれている。これまでは，モノを提供することが「主」であり，サービスは「従」で，かつ無料で提供するおまけという位置づけであった。20世紀が「モノ作り」の時代とすると，21世紀は「モノを通じたサービス提供の時代」といえる。

亀岡他[2007]は，サービス・ビジネスの環境に対応するためには，① モノ作りからサービスへの意識改革，② サービスポイントの明確化，③ 価値創造に向けた機能の再編成，④ 優れたサービス・オペレーションの構築，の4つの条件を満たす必要がある，と述べている[12]。

① モノ作りからサービスへの意識改革：従来のモノ作りは，技術重視，製品重視であったが，顧客中心へと意識改革を行う必要がある。つまり，製品を通じてサービス（顧客満足）を提供するというように意識改革を行うことが重要である。

② サービスポイントの明確：顧客の要望，直面している課題を顧客とともに考える。また，顧客が必要とするサービスのパッケージ化を行うことが重要である。例えば，機械の保全・補修，予備部品の管理サービスのパッケージ化などがあげられる。

③ 価値創造に向けた機能（コア・コンピタンス）の再編成：サービス業は，従来の強いコア・コンピタンスを生かし，生産性の低い部分あるいは保有しない機能を外部から導入し，サービス提供の方法を再設計しなければならない。

④ 優れたサービス・オペレーションの構築：自社の戦略に合致したオペレーション指標の明確化が必要である。例えば，ICTを取り入れて，サービス提供プロセスの効率化，サービス・メニューや知識の共有化を図るなど，サービス・オペレーションのイノベーションが不可欠である。すなわち，いかにコストをかけずに顧客のパフォーマンスを向上させ，それを自社のパフォーマンスとどのようにリンクさせて管理できるかがポイントである[13]。

今後，サービス・ビジネスの環境対応の課題として，サービス産業のグローバル化やアジア各国との文化交流の進展，信頼関係の構築，などに努めなければならない。このような観点から，サービス産業に対する直接投資の促進が重要である。特に，経済の供給面の強化に資する事業支援，人材育成分野，経済の需要面を刺激する健康福祉，コンテンツ・レジャーの4分野は，経済，社会全体への波及効果が大きいので，政策的対応の重点課題とすべきであろう。

第2節　各産業におけるサービス・ビジネス化

❶　第一次産業における環境変化

　明治時代初期（1872年頃）のわが国は，全就業者の84.9％が農業や漁業などの第一次産業に従事していた農業国であった。それが明治政府の殖産興業政策によって，製造業の工業化が進むにつれて，第二次産業の就業者が増加し，第一次産業の低下が著しくなった。サービス産業ないしサービス経済という呼称がわが国で一般に普及したのは，1960年代後半であったとみられる。

　国勢調査における産業別就業者数の推移をみると，図表8－3に示されるように，高度成長期における1955年には，第一次産業は41％の比率を占めていたが，その後の急速な工業化によって1970年には19％に低下し，一方で，第二次産業は23％から34％へ上昇している。1990年以降の低成長段階では，第二次産業の就業者数の比率は低下し，製造業の就業者数は，1990年代の長期不況を経

て2000年には30％となった。そして，2000年の第一次産業の就業者数の比率は5％にまで低下した。また，就業者数が多い産業は，1960年までは農業第一位，製造業第二位，商業第三位，サービス業が第四位であった。1990年には，サービス業が第二位の産業となった[14]。

斉藤重雄[2001]によれば，クラーク（Clerk, C. G.）は，経済が発展するにつれ所得格差が原因となって，第一次産業から第二次産業へ，さらに第二次産業から第三次産業へと労働力が移転し，産業構造が変化すると主張した[15]。今日では，サービス産業は広義には第三次産業全体を，そして，狭義には第三次産業内のサービス業を意味するものとなっている。

現在，わが国の第一次産業に属する農業でも，サービス経済化が進展している。例をあげてみてみよう。農業サービス化に取り組んでいる米沢郷牧場は，農薬に依存しない有機野菜や米，畜産，果実，など農産加工をすべて行い，消費者と直結した生産・販売・産直流通や供給ネットワークを構築し，トレーサビリティ情報付きで農産物を供給している。また，農産物を販売している多くの農家では，スーパーや小売店で売られる米や野菜に，生産者の名前や顔写真

図表 8 − 3　産業別就業者数の推移

	1955年	1970年	1990年	2000年
全産業	3,926(100.0)	5,224(100.0)	6,137(100.0)	6,214(100.0)
第一次産業	1,610(41.0)	1,008(19.3)	435(7.1)	323(5.2)
第二次産業	923(23.5)	1,787(34.2)	2,055(33.5)	1,873(30.1)
第三次産業	1,393(35.5)	2,429(46.5)	3,647(59.4)	4,018(64.7)
商　業	547(13.9)	1,006(19.3)	1,383(22.5)	1,436(23.1)
金融保険不動産産業	62(1.6)	138(2.6)	267(4.4)	253(4.1)
運送通信電気ガス水道業	205(5.2)	350(6.7)	400(6.5)	428(6.9)
サービス業	442(11.3)	764(14.6)	1,389(22.6)	1,684(27.1)
生活関連サービス	137(3.5)	150(2.9)	141(2.3)	151(2.4)
余裕関連サービス	63(1.6)	98(1.9)	200(3.2)	218(3.5)
対事業所サービス	46(1.2)	186(3.6)	462(7.5)	599(9.6)
公共サービス	196(5.0)	330(6.3)	587(9.6)	715(11.5)
公　務	136(3.5)	172(3.3)	207(3.4)	217(3.5)

（出所）　飯盛[2004]17頁。（国勢調査による万人：（　）は構成比％）

がつけられている。消費者は，農産物を買うのと同時に，顔の見える生産者から連帯感や信頼関係を買っているということになる。このように，第一次産業の農業にサービスを付加価値としてパッケージ化することによって，第1.5次産業へと変化しつつある。

❷ 第二次産業における環境変化

1960年代の高度成長期から1970年代初めまで，工業化に続く脱工業・サービス経済化を楽観的に描く脱工業社会論が登場した。そして，1995年には，グローバル経済化・大競争時代の到来の中で，コスト削減の手段としての企業関連サービス産業の役割が高まった[16]。しかし，現在アジア諸国などにおいてグローバルな競争が激化する中で，このような量産プロセスでは，利益や雇用が十分に確保できなくなっている。

わが国の第二次産業の中心である製造業も様々な面でサービス化へと環境が変わりつつある。自動車産業は，組立加工の生産プロセスだけでは成り立たなくなっている。例えば，完成車や部品の販売，保守・修理，リースやレンタル，金融・保険などの広範な付帯・周辺サービスが機能することによって，はじめて自動車メーカーのビジネスが可能になる。総額では，メーカーの売上・利益よりも，こうしたサービス・ビジネスの売上・利益の方が大きくなっている[17]。その例として，GEは，図表8－4に示されるように，1980年までは典型的な製造業であった。1990年代に製造業から金融，航空などのサービス産

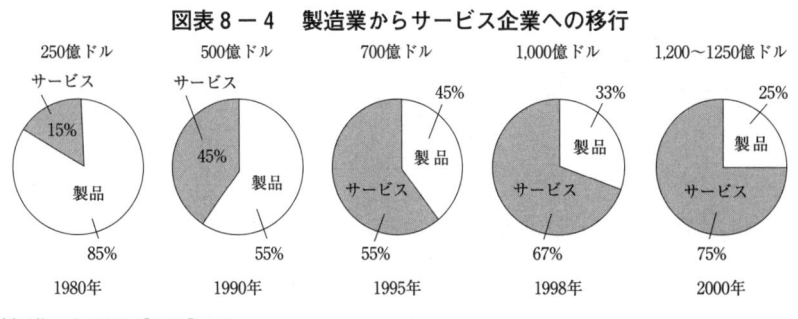

図表8－4　製造業からサービス企業への移行

	250億ドル	500億ドル	700億ドル	1,000億ドル	1,200～1250億ドル
サービス	15%	45%	45%	33%	25%
製品	85%	55%	55%	67%	75%
	1980年	1990年	1995年	1998年	2000年

（出所）小山周三[2005]44頁。

業に転進し，2000年にはサービス分野での増収・増益を達成した。GEは，製造・販売自体から生まれる利益よりも販売後の維持・補修・管理などのサービス活動からの事業収入を重視する方向を早い段階から打ち出した[18]。具体的には，本章第5節のケースで考察する。

すなわち，単なる商品やハードの提供のみでは，サプライヤーと顧客との信頼関係を構築できない。サービス業は業務の専門化，顧客から見えるサービス化に努めなければならない。

最近のサービス産業におけるICTの進展によって，コンピュータ産業などを中心とする第二次産業の生産の増加を誘発する面も強まっており，製造業の発展もサービス産業の拡大に依存するという形で，両者間の相互依存性がより一層強まっていくことが考えられる。こうした製品と広範な付帯・周辺サービスの機能，つまり，第二次産業において，大量生産で効率よく安くモノを作るのが20世紀型であったが，21世紀型はさらに付加価値を高める第2.5次産業型（製造＋サービス化）に変化しつつある。

❸ 第三次産業における環境変化

サービス産業は，広義には第三次産業を指すことがある。この場合には，第一次産業，第二次産業以外の非常に幅広い業種を含む。一方，対個人・対事業所サービスなどの狭義の産業を指してサービス産業と呼び，これを政策対象とすることも多い[19]。

現代社会では，もはやサービスは，副次的，周辺的なものではなく，価値の中心的な位置を占めるようになってきた。わが国の経済社会は，1980年代後半以降，成熟化段階に移行した。ここでいう成熟化とは，国民の衣食住に関する基礎的な需要が充足されたことを示す。すなわち，作れば売れるという「もの不足経済」から，売れるものを作るという時代に大きく変化した。

2003年におけるわが国のGDPの63％を個人消費（住宅投資を含む）が占めた。個人消費が全体経済の60％を超えることは，消費者の購買行動が経済の大勢を決めることを意味する[20]。

サービス産業（広義）は，先述したように，日本経済の約7割（GDP・雇

用ベース）を占める第三次産業である。具体的には，サービス産業（広義）のGDPに占める割合は，図表8－5に示されるように，1990年の63.6%から2000年には69.2%まで拡大している。このように，経済発展によって，サービスの生産部門が拡大している。サービスを生産する産業が大きくなることだけではなく，財を生産する産業の中でも，販売，広告などサービスに類する仕事が増えている[21]。

さらに，① 少子高齢化など社会構造の変化に対応したサービス需要の増大，② 製造業中心にモジュール化が進むことによるアウトソーシングの拡大，③ 公的市場の民間開放や規制改革による新たなサービス市場の拡大，が見込まれる[22]。

少子高齢化など社会構造変化に対応しているスーパーマーケットでは，その需要の変化に適したサービス開発に取り組んでいる。例えば，旅行代理業，クリーニングサービス業，アミューズメント施設の併設などの次第に複合店化を推進している。すなわち，サービス化によって集客力を増大し，ワンストップショッピングに対する要望に応えようとしている。

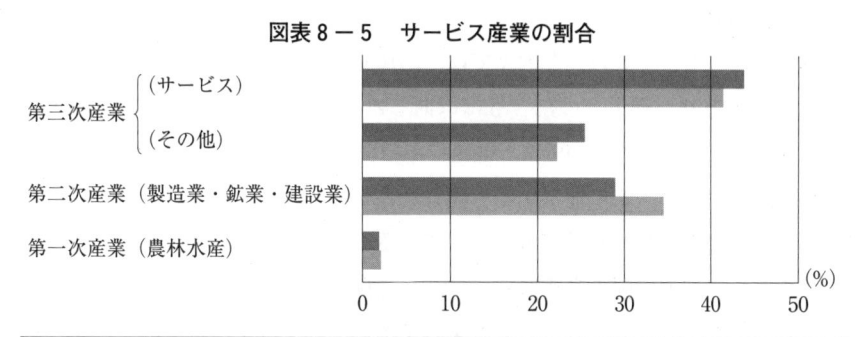

図表8－5　サービス産業の割合

	第一次産業 （農林水産）	第二次産業 （製造業・鉱業・建設業）	第三次産業 （その他）	第三次産業 （サービス）
2000年	1.9%	28.9%	25.4%	43.8%
1990年	2.1%	34.5%	22.2%	41.4%

（出所）　経済産業省編[2007] 7頁を筆者が一部修正。

1980年代に，コンビニエンスストア業界は急成長を遂げたが，1990年代後半に入って店舗が乱立し，コンビニチェーン間，さらには同一チェーンの店舗間競争が激化した。競争優位を獲得するためにコンビニエンスストアでは，今も様々なサービスが開発され提供されている。具体的には，現金自動預払機（ATM）の設置，オンラインショッピングの代金回収，車検予約，宅便サービスなどがあげられる。

　きたるべき高齢化社会や多様化するライフスタイルに対応するために[23]，第三次産業の典型であるコンビニエンスストアは，次第に有形財とサービスをパッケージ化して，第3.5次産業に向けて変化しつつある。

第3節　国・地域別のサービス・ビジネス化

❶　先進国におけるサービス・ビジネス

　先進国の経済ではこれまで，サービス・セクターの隆盛が顕著になっており，日本や米国，ドイツといった国々では，国民総生産の70％から80％がサービス関連産業であり，勤労者の割合もほぼ同じ水準に達している[24]。ローイ＝ゲンメル＝ディードンク[1998]は，経済におけるサービスの重要度の高まりと同じ現象が，サービス業に従事する労働者数について，先進国の全雇用のうち3分の2以上はサービス産業で創出されている，と述べている[25]。

　すなわち，先進諸国の産業構造では，付加価値，雇用のいずれにおいても，製造業の比率が低下し，サービス産業の比率が上昇する，いわゆる「サービス経済化」が進展している。サービス経済化により，製造業の中でもサービス部門が収益の中心となるという「製造業のサービス産業化」も進展している。製造業界では，図表8－6に示されるように，「スマイル・カーブ」が観察されており，組立・加工より試作開発，販売，アフターサービスといった部門の方が高い収益が得られるようになっている[26]。

第8章　サービス・ビジネスを取り巻く環境

　先進国では，基礎的ニーズの充足と新たなサービスニーズの高まりによって，すでに生活必需品のみならず家電製品，パソコン，自動車など基礎的な工業製品は一通り普及し，社会資本整備も相当進んでいる。これにより，物質的な欲求は一応充足され，より個別的，より多様なニーズを満たすために，サービスに対する欲求が高まっている。所得弾力性を見ても，製品消費よりもサービス消費の弾力性の方が大きい。

　まず，米国における製造業の実態をみてみよう。米国の経済のサービス化に伴い，「産・官・学・軍」のカルテット体制によって，国家をあげてサービス化に対応している。米国の牽引役であるIBMは，製造業が見事にサービス産業に転換することに成功した典型的な事例である。

　従来，米国の製造業は，基本的には垂直統合型の構造であり，コア部品であればあるほど国内で内製化していた。また，コア部品が模倣されることがなく，部品メーカーに何らか経営的問題が発生した場合に備えるために，リスクマネジメントが組み込まれていた。しかし，技術革新による環境変化が激しい製造業を取り巻く状況下にあっては，結果的に，米国国内で製造している自動車産業などは危機的な状況になっている[27]。

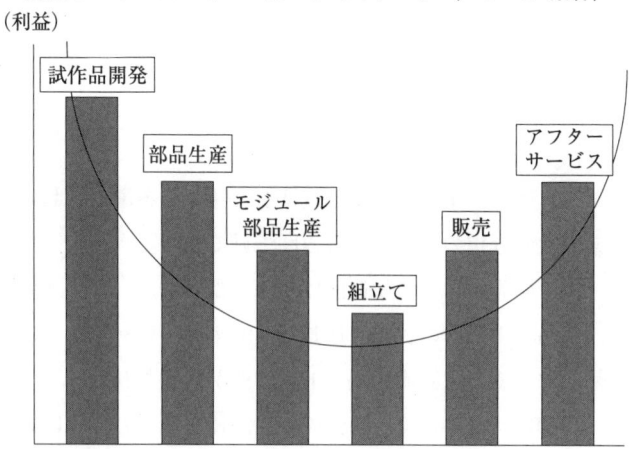

図表8－6　スマイル・カーブのイメージ（パソコン業界）

（利益）

（棒グラフ：試作品開発／部品生産／モジュール部品生産／組立て／販売／アフターサービス）

（出所）　経済産業省HP〈http://www.meti.go.jp/discussion/topic_2003_07/kikou_03.htm〉

195

わが国もサービス経済化の例外では決してありえない。例えば,トヨタは,ダイハツなどグループ内 OEM メーカーや東京トヨペットなど系列ディーラーに対する増資を通じて,産業バリューチェーンにおける支配力を強化している。また,ジェームズなどサービス拠点の展開,あいおい損保などとの提携を通じた金融サービスの提供,自社ユーザー向けカーナビゲーション・サービスモネの運営など,サービス分野の余剰価値の取組みにも積極的である[28]。

サービス産業は,ICT を活用することによって,新しいニーズに応えることが可能となった。サービステクノロジーの研究と技術開発を深め,サービス産業を科学的に発展させていくための基盤を整備しなければならない。

❷ 中進工業国におけるサービス・ビジネス

20世紀後半のアジア諸国の成長の時期と地域を単純化すると,1970年代に,東アジアの新興工業経済地域(Newly Industrializing Economies:NIEs),1980年代前半に,東南アジア諸国連合(Association of Southeast Asian Nations:ASEAN),そして1980年代後半以降に,中国やインドなど,その他のアジア後発国が経済成長率を急激に向上させた。1980年代後半の東アジア地域で高い成長率を持続することができたのは,経済連携モデル(雁行形態モデル)が効率的に機能したからである[29]。

1985年のプラザ合意以降,NIEs(韓国,台湾,香港,シンガポール)では,海外への直接投資が拡大した。各国は,開発資金の提供,製造業の技術の供与,民間資本の流入による人材の育成など,発展段階に応じた明確な役割分担に基づき,その役割を果たしてきた。

発展のパターンは,工業化の進展の速度を意味し,各国の製品の高度化により,国際分業の役割分担の変遷もある程度予見できた。

雁行形態モデルの先頭に立つ先進国は,海外投資によって現地生産を促進した。さらに,部品・中間財の貿易を通じて,例えば,1980年代には製造業のノウハウの移転に加えて,生産流通ネットワークが構築された。

台湾では,1980年代後半以降,時代の変化,経営環境の変化に対応して伝統的産業分野からハイテク産業や新しいサービス産業へ参入する動きが広がって

第8章 サービス・ビジネスを取り巻く環境

きた。そうした動きの中で，パソコンや半導体などのハイテク産業，食品加工，流通，輸送などの分野で，数多くの新しい企業グループが生まれてきた[30]。

　韓国においては，業種横断的に顧客満足度調査を実施し，毎年200社以上の品質の変動傾向や資産価値指標を提供することによって，消費者の視点からの基礎的データの提供，顧客資産やサービスの品質面での見える化，競争を通じたサービスの品質の向上などを行っている。例えば，2006年にサービス政策の策定や人材育成に当たる社会サービス向上企画団が発足した。運輸，情報通信，金融，流通などの重要サービス産業別に生産性実態調査を実施し，それに基づいて生産性向上対策を確立しつつある[31]。

　先述したように，世界各国においてサービス産業の対 GDP 比は拡大しつつあり，サービス産業の重要性は，急速に現実化しつつある。このような，急速なサービス・ビジネスの環境変化に対応するためには，サービス開発に対する技術開発投資，先進国と開発途上国とのグローバル的連携，イノベーションなど，さらなる諸施策が必要不可欠である。

❸ 開発途上国におけるサービス・ビジネス

　1980年代，タイ，マレーシア，インドネシアの各国政府は，外国からの資本・技術の導入を加速して，本格的な輸出志向の工業化を展開し始めた。1980年代後半になると，「円高・ドル安」の進行などを背景として，日本やアジアNIEsの企業による投資が急激に増加し，地元の華人系企業や民族系企業がこれに呼応して，輸出産業やその関連分野を中心に急速に事業を拡大した。輸出産業主導の経済発展は，所得の上昇，雇用機会の拡大を背景に，東南アジアの消費市場を拡大させるとともに，流通，観光，不動産，情報通信など様々な分野においてビジネス機会を開花させた。

　さらに，中国，フィリピン，ベトナムにおいて，地域的な経済発展が予測されている。開発途上国は，開発資金の提供，製造業の技術の供与，民間資本の流入による人材の育成など，発展段階に応じた明確な役割分担に基づき，その役割を果たしてきた。しかし，急速な経済発展に伴う人口の都市集中，都市化の進行による過密都市問題および都市環境の悪化，地域間の経済・社会的格差

の縮小・均衡化といった課題は,特に,製造業を中心とした第二次産業の振興に重点がおかれており,中国,フィリピン,ベトナム国内において,急激な事業所サービス需要の増大に迅速に対応することは困難であるといえよう[32]。

上述したように,経済の発展パターンは,工業化の進展の速度に規定され,各国の製品の高度化により,国際分業の役割分担の変遷もある程度予見できた。これらの国によって直面している国際的な分業のもとでの工業機能の一部の開発途上国への移転は,国々の工業化を一層加速させ,第三次産業のシェアの伸びを相対的に鈍化させる。同時に,第三次産業の成長は,工業化による発展の結果,需要が発生する非基礎的な消費者サービス業を中心としたものに限られる。

このような状況のもと,大量の知識や情報を媒介することができる遠距離通信技術,貨物および旅客輸送システムの低コスト化などによって,サービスの域外移出が容易になると,対事業所サービス業が産業として成立する基盤が確立されていない開発途上国においては,対事業所サービスは海外の先進国から移入され,多国籍企業によって実現されることになる[33]。

開発途上国の中国のサービス産業についてみてみよう。中国は計画経済の下では,サービス概念が確立できず,第三次産業は極めて低い水準であった。中国は,1978年の改革開放以降,第三次産業の比重が増大した。経済センサスによれば,2004年のGDPは,前年度31.9%から40.7%に8.8ポイント向上した。中国のサービス産業の発展の遅れの原因として,①サービス業のうち,特に発展潜在性の強い業界においては,新規規制が強く実施された結果,寡占が形成され,コスト削減やサービスの質の向上へのインセンティブが働かなかったため,需要を作り出せなかった。②国有企業は就業を維持するために,サービスを外部から調達するのではなく,長期的に内部化したため,サービス業の発展を遅らせている,③工業を重視し,サービス業を軽視する傾向は長期的に存在し,それが租税,金融,エネルギー供給など諸政策に反映されている,の3点があげられる[34]。

中国の第三次産業内の変化も大きく,社会サービス業や電気通信業の付加価値のサービス業全体に占める比率をみると,1991年から2001年の10年間で,社

会サービス業は5.4％,電気通信業は5.1％の上昇に対して,交通・運輸・倉庫業・卸売・小売・飲食業は6.6％低下している。中国のサービス産業は,サービスの工業化を目指しており,経済発展と所得水準の向上に見合っている。また,新サービス業の経営は,企業制度上の制限もあって個人で事業を起こせる事情にはなく,国有企業の参入が多い[35]。

以上のように,工業化が急務である開発途上国に対する先進国からの工業機能のシフトは,これらの国々を工業機能とともに消費者サービスを中心とした生産性の低い労働集約的サービス業に特化させ,対事業所サービス需要が発生しても,先進国に頼らざるをえない状況を生み出している[36]。

第4節　価値の創出・提供

❶　融　合

ビジネスを取り巻く環境は,モノ中心の時代と比較して大きく変わってきている。製造業において,モノ中心では差別化戦略を進めることが難しくなっている。製造を中心として,その事業プロセスの川上・川下に付加価値を求めていかなければならないなど,従来の知識・ノウハウだけでは成り立たない。このような環境の変化にあっては,知識やアイデアを社内外から吸収しなければならない[37]。

企業が複数の業界の交わる部分に新たな機会を見出すにつれ,業界の境界線が急速に消えつつある。先述したように,サービス・ビジネスにおいて,製品のサービス化が進行している。それは,程度の差はあるものの,あらゆる製品に何らかのウェイトでサービス要素が付加されることを意味する。その結果,製品は,モノ要素とサービス要素が一体化した「トータル製品」として認識されるようになった。トータル製品を構成するサービス概念は,顧客の満足感を向上するための訴求属性として位置づけることができる[38]。

図表 8 − 7　総合顧客価値

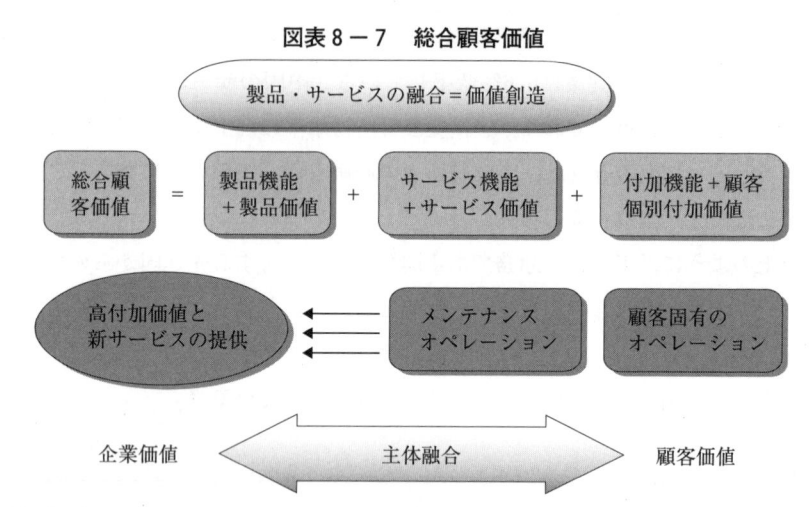

```
          ┌─────────────────────────────┐
          │  製品・サービスの融合＝価値創造  │
          └─────────────────────────────┘

  ┌─────┐    ┌─────────┐    ┌─────────┐    ┌──────────┐
  │総合顧│ ＝ │製品機能  │ ＋ │サービス機能│ ＋ │付加機能＋顧客│
  │客価値│    │＋製品価値│    │＋サービス価値│    │個別付加価値 │
  └─────┘    └─────────┘    └─────────┘    └──────────┘

  ┌─────────┐   ←   ┌─────────┐      ┌─────────┐
  │高付加価値と│   ←   │メンテナンス│      │顧客固有の │
  │新サービスの提供│  ←   │オペレーション│      │オペレーション│
  └─────────┘       └─────────┘      └─────────┘

     企業価値  ←─────── 主体融合 ───────→  顧客価値
```

（出所）　亀岡他［2007］201頁に基づいて筆者が一部修正。

　図表 8 − 7 に示されるように，サービスは顧客満足に至るあらゆるプロセスを対象とするものであり，顧客価値は，製品そのものが提供する製品価値，それに付加して提供される製品＋サービスの融合，さらに，顧客価値創造というように高度化する。企業のブランド・価値創造も同じことがいえる。このように，サービス・ビジネスでは企業と消費者が密接な相互依存関係にある。

　特に，サービス企業は，これまでは標準型しか提供されていなかった製品やサービスをカスタマイズすることができる。例えば，P&Gのリフレクト・ドットコム（Reflect.nom）ウェブサイトは，顧客のニーズにあったスキンケアやヘアケア製品をカスタマイズ化して提供している。

　また2003年，デル，ゲートウェイ，HPなどコンピュータ業界の大手がMP3プレイヤーからプラズマテレビやカムコーダーなど，エンターテインメント機器を次々と発表し，コンピュータ業界と家電業界の融合が起きている。それは，サービス要素の役割が変化していることでもある。もはやサービス要素は，製品の付属機能ではなく，本質機能の中核に位置づけられている。つまり，製品本来の機能の充実が上限に達したために，製品のもつ客観的能力だけで消費者の心をつかむことは困難になりつつある[39]。

第8章 サービス・ビジネスを取り巻く環境

❷ 統　合

　顧客ニーズに合った品揃えは，サービス企業にとって，生き残りをかけた最大の戦略である。工業化時代からICT時代への変化に伴い，大量生産・大量販売のマス・マーケティングは後退し，消費者の多様なニーズに対応するために統合化と専門化が重要な課題になりつつある。

　工藤章＝橘川武郎＝Glenn, D. H. [2005a]は，日本企業は，①製造業とサービス業との新結合，②民需立脚型のサービス・ビジネス，流通ビジネスの開拓，という2つの方策を論じることによって，サービス経済化に対応することは十分に可能であると述べている[40]。製造業とサービス業とを新結合することによって，大きな成功を収めた事例としては，NTTドコモによるiモードの開発やファナックによるメンテナンス事業の拡充などをあげることができる。

　流通業界は，世界各国とも零細企業が大部分を占めており，家族経営が多い。しかし，チェーンストア化を目指すビッグストアづくりでは，どの国でも，大胆な合併・提携，企業そのものの売却や買収といった統合対策が活発に行われている。すなわち，チェーンストア経営システムの最大の特徴は，標準化された小さな力がたくさん統合されて，偉大な力を発揮することである[41]。

　現在，ウォルマート・西友連合，英国小売り最大手のテスコ食品スーパー買収による日本進出など，海外の流通企業が巨大な資本力を背景に国内の総合スーパーや食品スーパーを傘下に収めつつある。国内企業は，大手GMSイオンが，2001年に破綻した総合スーパーのマイカルに続いて，いくつかの破綻企業のスポンサーに積極的に名乗りをあげたり，地方スーパーを買収するなど，規模の拡大を進めている。また，スーパーやコンビニエンスストアに統合商社などの異業種が出資して，経営権を握る動きが活発になってきた。

　特に，大手GMSイオンは，地域の有力ドラックストアと次々に資本提携をしながら巨大連結を形成して，社会的信用や人材，ノウハウなどの獲得を進めている[42]。激変する市場の環境変化に，それぞれの企業が勝ち残るために新しいビジネスモデルを構築し，市場の優位や顧客確保のために，サービス企業群のグループ化（統合）が不可欠である。

❸ スピード

　スピードの経済（economy of speed）とは，企業内部における仕事のスピードを高めることによって実現される効果のことをいう。広義には，それに伴って生み出される経済的なメリットあるいは付加価値を含む。例えば，仕事のスピードを高めることによって生み出される顧客価値は，最近では，規模の経済よりも重要な意味を持つ。また，海外の開発途上国の低価格生産拠点に対抗するためにも，先進国では，スピードの経済を実現することが重要になっている[43]。

　これから知識社会への移行が進むことになる。新しい知識の生産が一段と拡大し，しかも知識変化のスピードも速くなっていく。今までは，経済資源というと土地，建物，人間など，目に見えるものが中心であった。知識社会においては，知識の変化が速いことが特徴である。官庁や大企業または大組織が時代ニーズに合わないのは，スピードとサービスが欠落しているからである。

　また，スピードは，一般的には有効性（Effectiveness）と効率性（Efficiency）の２つの側面から検討することができる。例えば，有効性は顧客満足度に関連し，効率性は在庫コストの削減に関連する。利益を拡大することは，収益と費用の発生のタイミングを調整することである。サービス・ビジネスにおけるスピードの経済によって，図表８－８に示されるように，①経営のスピード化，②スピード・プロダクト，③スピード・ケース・バイ・ケース，④スピード・サービス，⑤スピード・アフターサービス化，を実現することが可能になり，顧客主導型への市場変化に対応することができる。

　特に，デジタル化による製品は複雑であるので，先述したように，製造業は消費者のクレームに対応するためには，スピード・アフターサービスが最も重要である。また，スピード経営は，例えば，経営者の的確な意思決定やリーダーシップによって環境変化に迅速に対応し，正確な業務処理，顧客を待たせないことである。また，自社の原則にとらわれず，顧客の事情に応じて問題を迅速に処理，対応する。つまり，スピード・ケース・バイ・ケースという顧客主導型経営を行うことによって，業務の効率化が実現され，コスト削減にもつながる。

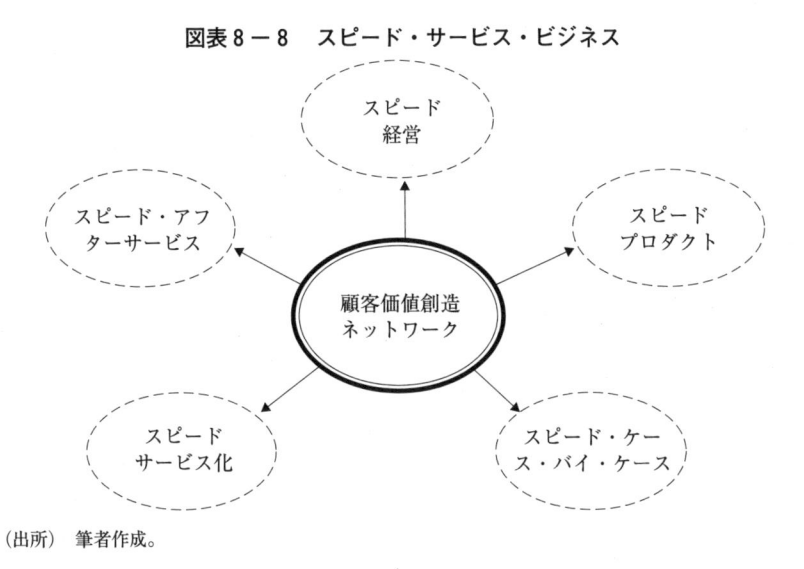

図表 8 − 8 スピード・サービス・ビジネス

- スピード経営
- スピード・アフターサービス
- スピードプロダクト
- 顧客価値創造ネットワーク
- スピードサービス化
- スピード・ケース・バイ・ケース

(出所) 筆者作成。

第5節 GEのケーススタディ

❶ ケース

　米国 GE (General Electric) (以下，GE) は，世界最大のコングロマリット (複合企業) であり，世界第2位の電機メーカーである。本社は米国コネチカット州にあり，ダウ平均株価の構成銘柄のうち，1896年5月26日の算出開始以来，唯一残存している企業である。

　GE は，コングロマリットの強みを生かして，製造業で構築した事業モデルを金融，航空などのサービス分野に展開することによって高い収益を獲得している。

　GE のサービス事業は，図表 8 − 9 に示されるように，ステップアップの過程において，内部資産である設計データベースやスペア・パーツの製造能力，

図表8－9　GEにおけるサービス事業の5つの発展段階

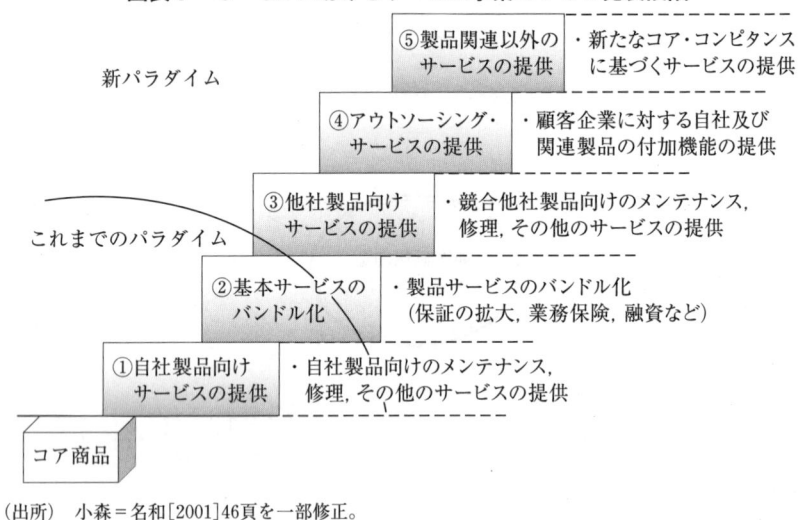

```
新パラダイム
              ⑤製品関連以外の        ・新たなコア・コンピタンス
               サービスの提供          に基づくサービスの提供
          ④アウトソーシング・      ・顧客企業に対する自社及び
           サービスの提供            関連製品の付加機能の提供
      ③他社製品向け          ・競合他社製品向けのメンテナンス，
これまでのパラダイム          修理，その他のサービスの提供
    ②基本サービスの    ・製品サービスのバンドル化
     バンドル化         （保証の拡大，業務保険，融資など）
 ①自社製品向け     ・自社製品向けのメンテナンス，
  サービスの提供     修理，その他のサービスの提供

コア商品
```

（出所）　小森＝名和［2001］46頁を一部修正。

　財務上の強み，高度なエンジン技術，システマティックなメインテナンス・プログラム，対外関係である航空会社やFAA（連邦航空局）とのネットワークといったコア・コンピタンスをフルに活用している[44]。特に，航空機用エンジン分野におけるサービス事業をステップアップした背景には，高いレベルの業績を追求する企業の文化と，自社の強いところに絞って戦うという戦略の基本的な考えが徹底されていることがあげられる。

　GEは，モノの販売から提供した製品の長期保守サービスなど，サービスの販売に経営の軸足を移した。GEの売上高の7割はサービス販売である。また，サービス・プラットフォームにおいて注目すべき点は，自社のコア・コンピタンスに立脚するというポイントを逸脱することなく，儲からない分野に無理してまで進出しないのである[45]。先述したように，GEのサービス事業は，サービス・ビジネスの変化に適したビジネスモデルといえよう。

❷　問題点

　これまでGEは顧客の立場を無視して，自らの製造やサービスの効率だけか

らはじき出した数字を基にして，シックスシグマの成果を測定していた[46]。1982年から1992年の間に製造材料費は16％増加し，他方，GEの製品の価格は数年間一定のままで，その後は下落し始めた。GEは，コア・コンピタンスを活かせるのか，購買システムの問題を解決できるのか，業務のプロセスの統合システムを改善するのか，まず，GEの購買システムの問題点として，次の2点があげられる。

① 調達プロセスの購買注文，受領書，送り状が一致しないため，年間125万の送り状の4分の1以上は再処理しなければならなかった。

② GE Lightingの工場では，低価格の機械部品類を求めて全社資材購買部門に何百という見積り要求（RPQ）を毎日送っていた。それぞれの要求のために，添付の青写真が電算機記録から求められ，保管室から引き出され，処理サイトに輸送され，コピーされ，折り畳められ，そして見積り表付きのペーパー要求書式に貼付され，封筒に詰められて郵送された。このプロセスは少なくても7日を要し，非常に複雑で時間がかかったため，資材購買部門は通常1度に2社あるいは3社の供給業者にだけにしか入札パッケージを送らなかった。

しかし，1997年10月の時点で，GEの8つの部門がその調達ニーズのためにTPN（Trading Process Network）を使っている。TPNとは，GEの子会社であるGEインフォメーションサービス社が，GEの戦略システムとして開発した。具体的には，企業の購買・調達に関する商談プロセスを電子化し，インターネットを介して行うことによって，コスト削減による企業競争力の向上の支援を目的とする購買・調達ネットワークである[47]。

❸ 課　題

なぜ，サービス事業が重要なのか，どこに事業機会があるのかよりも，どのようにサービス事業を展開するかが勝敗の分かれ目となる。特に，製造業がサービス事業を成功させるためには，これまでの価値観や発想を根底から見直すことが必要である。これまでサービスは，交通，ホテル，金融，小売などのサービス業あるいは製造業でも一部の最終消費者を顧客とするBtoCの世界と

理解されてきた。製造業ではその価値観を引きずってしまい，結果としてサービス事業が立ち上がらない，あるいは失速していく。「モノづくりこそが価値の源泉」というメンタリティが強く，サービスに優秀な人材を配置していない企業が多い[48]。

サービス・ビジネスに関するGEのコア・コンピタンスとしては，図表8－9に示されるように，サービス事業の5つの発展段階におけるサービス事業の核になる，製造群，ハイテク事業群，サービス事業群があげられる。中でもとりわけ重要な部門は，サービス事業群の中の金融部門であり，GEキャピタルの利益は52億ドル（2000年）GE全体の利益の41％を占めている[49]。

GEがGEキャピタルを通じて金融サービス事業に参入した際には，GEの高いクレジット・レーティング（内部資源），製造業で培ったパッケージング能力（スキル），そして顧客企業へのアクセス（対外関係）などをフルに活用し，金融事業に不可欠な新たなコア・コンピタンスの構築に注力してきた。このように，既存のコア・コンピタンスを利用しつつ，新しいコア・コンピタンスを生み出していくために，製品事業とサービス事業の関係をいかにバランスよく管理するかが今後の課題である[50]。

またGEキャピタルは，図表8－10に示されるように，モノづくりやマネー

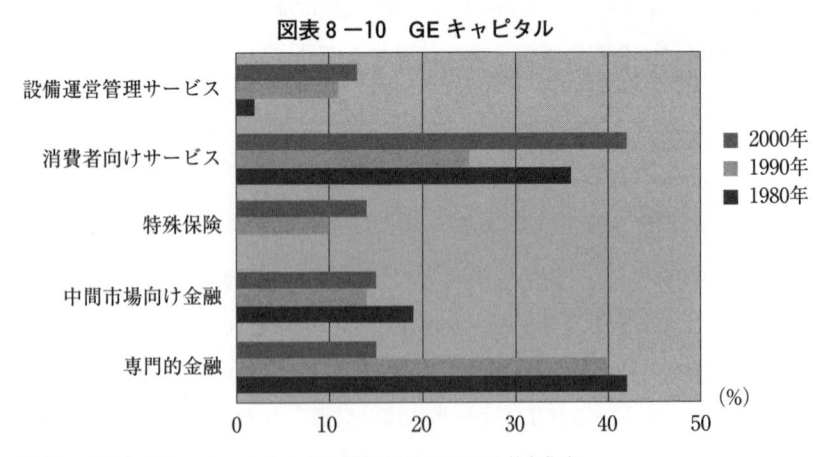

図表8－10　GEキャピタル

（出所）　Welch, J. F. = Byrne, J. A. [2001]訳書67頁に基づく筆者作成。

の規律を巧みに組み合わせる戦略を取っている。企業におけるサービス戦略は，基本的なサービス業が増えるだけでは，空洞化になるだけであるので，有形化から無形化，つまり，顧客の価値を高める手段として，サービスとモノのパッケージ化をすることが今後の課題であるといえよう。

注）
1) 岸川[2006]3頁。
2) Kotler, P. = Hayes, T. = Bloom, P. N. [2002]訳書117頁。
3) Kotler, P. = Keller, K. L. [2006]訳書118頁。
4) 中野安＝明石芳彦[1991] i 頁。
5) 野村[1983]142頁。
6) Kotler, P. = Keller, K. L. [2006]訳書112頁。
7) 経済産業所編[2007]24頁，（なお，環境要因①～⑤については，岸川[2006] 3 - 5 頁を参照した）。
8) Lovelock, C. = Wright, L. [2002]訳書 6 頁。
9) 寺本＝原田編[1999]10頁。
10) サービス産業フォーラム2004年 4 月22日 8 頁。
11) 小森哲郎＝名和高司[2001]277頁。
12) 亀岡他[2007]68-69頁。
13) 同上書70頁を一部修正。
14) 飯盛[2004]16頁。
15) 斉藤重雄[2001]42頁。
16) 羽田[1998]154頁。
17) 寺本＝原田編[1999]10頁。
18) 小山[2005]43頁。
19) 経済産業省編[2007]6頁。
20) 寺本＝原田編[1999]11，12頁。
21) 羽田[1998]83頁。
22) 経済産業省編[2007]2頁。
23) 寺本＝原田編[1999]31頁。
24) Stauss, B. = Engelmann, K. = Kremer, A. = Luhn, A. [2007]訳書 i 頁。
25) Looy, B. V. = Gemmel, P. = Dierdonck, R. V. [1998]訳書 9 頁。
26) 商務情報政策局サービス政策課 HP。
27) 原田保[2008]79頁。
28) 小森＝名和[2001]284頁。
29) 平川均＝石川幸一[2003]138頁。

30) 経済産業省[2005]75頁。
31) 経済産業省編[2007]68頁。
32) 経済産業省[2005]75頁。
33) 石丸哲史[2000]114頁を一部加筆修正。
34) 関下稔他[2006]209頁。
35) 斉藤[2001]325頁。
36) 石丸[2000]114頁。
37) 亀岡他[2007]154頁。
38) 寺本＝原田編[1999]163頁。
39) Kotler, P. = Keller, K. L. [2006]訳書17，66頁。
40) 工藤章＝橘川武郎= Glenn, D. H. [2005a]253頁。
41) 渥美俊一[2008]236頁。
42) 流通小売市場白書[2003]12，19頁。
43) 奥林康司他編[1999]529頁。
44) 小森＝名和[2001]46頁。
45) 羽田編[2002]98頁。
46) Welch, J. F. = Byrne, J. A. [2001]訳書206頁。
47) Turban, E. = Lee, J. = King, D. = Chung, H. M. [2000]訳書261-262頁。
48) 小森＝名和[2001]50頁63頁。
49) Welch, J. F. = Byrne, J. A. [2001]訳書42頁。
50) 小森＝名和[2001]56頁。

第9章
サービス・ビジネスのイノベーションと情報化

　本章では，サービス・ビジネスのイノベーションと情報化について考察する。わが国のサービス・ビジネスの生産性は低く，情報化の進展にうまく対応できていない。

　第一に，サービス・イノベーション・マネジメントの重要性について考察する。まず，サービス・イノベーションの概要を概観する。次に，サービス・イノベーションによる生産性の向上，さらに，サービス・イノベーションによる新価値創出について理解を深める。

　第二に，サービス・イノベーションの構図について考察する。まず，イノベーション・プロセスに関する先行研究をレビューする。次に，本書におけるイノベーション・プロセス・モデルについて，さらに，プロセス・モデルと知識資産の関係性について理解を深める。

　第三に，サービス・イノベーションの課題について考察する。まず，サービス・イノベーションの事例を概観する。次に，わが国におけるサービス・イノベーショについて，さらに，新価値創造について理解を深める。

　第四に，サービス・ビジネスにおける情報資産について考察する。まず，eビジネスにおける価値連鎖について理解する。次に，eビジネスにおける情報資産について，さらに，サービス・ビジネスにおけるeビジネスの進展に言及する。

　第五に，サービス・ビジネス・イノベーションのケース・スタディとして，ヤマト運輸を取り上げる。イノベーションの視点から問題点と課題を分析することによって，理論と実践の融合が可能となるであろう。

第1節 サービス・イノベーション・マネジメント

❶ サービス・イノベーションの概要

近年,サービス産業におけるイノベーションは,製造業のイノベーションとはかなり様相が異なっている。具体的には,研究所における基礎研究の成果によるイノベーションよりも,顧客志向に基づいて課題を解決していく中で,新たなサービスやビジネス・モデルを開発するなど,サービス産業のイノベーションには大きな特徴がある。すなわち,サービス産業のイノベーションは,テクノロジープッシュ型のイノベーションは少なく,マーケットプル型のイノベーションが中心になって進展しつつある。

シュンペーター[1926]は,生産とは利用できる種々の物や力の結合(combination)を意味し,生産物や生産方法や生産手段などの生産諸要素を,非連続的に新結合(new combination)することがイノベーションである,と述べた[1]。

ドラッカー[1954]は,事業の目的は,事業の中ではなく社会の中にあり,最大利潤の追求に代わる顧客の創造こそが事業の目的になりうる。そして,顧客を創造するために行う企業者の機能がマーケティングとイノベーションである。すなわち,事業とは,マーケティングとイノベーションを行うことによって顧客を創造する活動である,と指摘した[2]。

わが国におけるイノベーション研究は,圧倒的に製造業のイノベーションを対象にした研究が多く,サービス業におけるイノベーションの実態を究明した研究は数少ない。しかし,製造業に関するイノベーション研究の成果をサービス業の特性に合わせて,いくらかでも適用することができれば,サービス業におけるイノベーション研究の成果が期待できる。サービス業のイノベーションを研究することは,サービス・ビジネスにおける重要な課題である。

岸川編[2004]は,イノベーションとは,「知識創造によって達成される技術革新や経営革新により新価値を創出する行為」と定義した[3]。サービス分野に

図表9-1　サービス業の特性とイノベーション

在庫ができない	⇒	需要に即応できない
個別性	⇒	規模の経済が効かない
無形性	⇒	収益が不安定
異質性	⇒	標準化ができない

→ イノベーション → サービス業の成果向上

（出所）　岸川善光編［2004］215頁を一部修正。

おけるイノベーションは，需要者のニーズに応じた個別性の強いサービスを提供せざるを得ないので，製造業と比較すると，生産性の向上を実現し難いという特徴をもつ。そのため，無形財であるサービス・イノベーションは，有形財のイノベーションとは異なるアプローチが要請される。

　サービスには，図表9-1に示されるように，様々な特性が存在する。サービス・イノベーションを実施する際に，これらの特性について十分に留意しなければならない。サービスの主な特性として，次の4点があげられる。

　第一に，サービス業において在庫が存在しないという特性から，需要の平準化が困難であることがあげられる。すなわち，サービス業においては，同時に大量のサービス財の需要に即応することが困難である場合が多い。

　第二に，個々の消費者を対象とするサービス業において，個別性という特性に起因して，労働集約的にならざるを得ない。「サービスの工業化」による標準化が有効であるが，一方で，標準化はコモディティ化を招きやすい。個別化と標準化はトレードオフの関係にあり，イノベーションの余地がある。

　第三に，無形性という特性によって，事前に品質が分かりにくいことがあげられる。また，原価に占める変動費の低さおよび固定費の高さを指摘できる[4]。

　第四に，サービスの無形性，異質性という特性によって，標準化がなかなか難しい。サービスの標準化を促進するには，価値の計測，定量化がポイントになる。サービスの価値を定量化することができれば，目に見えない不均質なサービスに適正な価格を付けることが容易になるからである[5]。

❷ サービス・イノベーションによる生産性向上

サービス産業の重要性が増大するなかで，その政策立案や企業活動の基本情報となる統計の拡充が求められており，政府も，統計の改善，充実に向けた取組みを行っている。しかし，以下の理由からサービス産業の統計拡充は容易なことではない。

① 新たなビジネス・モデルが次々と生まれるなど，産業構造の変化が激しい。
② サービスの事業所は，製造事業所と比較すると，外見上事業所と判断しにくい。サービス業は，製造事業所におけるメンテナンスサービスなど，副業的に行われるものが少なくない。
③ 業界の統計も，製造業や金融業に比べて充実していない。

これらを踏まえて，内閣府の「経済社会統計整備推進委員会（2004～2005年）」や「統計制度改革検討委員会（2005～2006年）」において，統計整備に向けた基本的取組みやサービス統計の必要性が指摘された[6]。

従来，サービス生産性の基準は，「サービスの成果」よりも実数が評価され，組織としての目標を考えることなく効率性が重視されてきた。しかし，長期的に見れば，顧客のニーズに合わせたサービスを提供するという目標を常に達成できる組織ほど，高収益を確保し，生産性をあげることができる。つまり，サービス生産性の改善のためには，サービスの品質や価値の向上が不可欠である。

サービスの品質と生産性は，一対のものとして，顧客と企業の双方に価値を生み出す。すなわち，サービスの品質の改善は顧客サイドのメリットとなり，生産性の向上は企業サイドのコスト削減効果に寄与する。そのため，サービス品質と生産性の向上を同時に実現できれば，企業の長期的な収益性改善につながる[7]。

図表9－2は，サービス産業やサービス職種におけるサービス・イノベーションとサービス生産性との関係性を示している。図表9－2に示されるように，サービス・イノベーションの解決課題として，オンディマンド性（関係性・選好性），ビジネス価値（戦略とリスク），プロセス（自動化と能力の増幅化），組織（人と文化），有形財と無形財のパッケージ化，の5つがあげられる[8]。

第9章　サービス・ビジネスのイノベーションと情報化

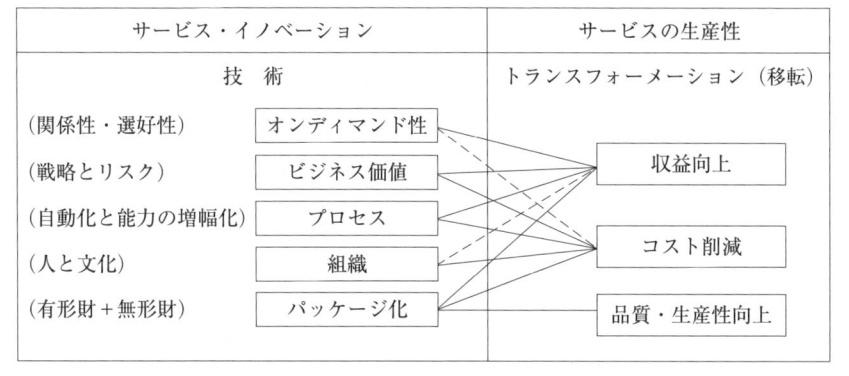

図表9－2　サービス・サイエンスの解決課題

サービス・イノベーション		サービスの生産性
技　術		トランスフォーメーション（移転）
（関係性・選好性）	オンディマンド性	収益向上
（戦略とリスク）	ビジネス価値	
（自動化と能力の増幅化）	プロセス	コスト削減
（人と文化）	組織	
（有形財＋無形財）	パッケージ化	品質・生産性向上

（出所）　上林憲行［2007］155頁を筆者一部加筆修正。

　サービス生産性の観点からは，収益の向上，サービスコストの削減，品質・生産性の向上，などがその目的となる。遅れているわが国のサービス諸分野に対し，科学的な分析手法，効率的なマネジメント手法を用いて，生産性を最大限高める必要がある。そのためには，サービス・ビジネス・イノベーションに関する持続的な研究開発によって，サービス・ビジネス・プロセスの再構築を実現しなければならない。

❸　サービス・イノベーションによる新価値創出

　顧客価値創出型のサービス・イノベーションは，サービスの価値提供プロセスに着目し，新たな顧客価値の創出を主な目的としている。ターバン＝リー＝キング＝チャン（Turban, E. = Lee, J. = King, D. = Chung, H. M.）［2000］は，イノベーションは競争上の優位性を保つために重要であり，競争上の優位性は，将来の顧客ニーズを満足させるために提供された価値命題を絶えず更新することによってのみ，維持もしくは強化することができる，と述べた[9]。

　岸川編［2004］によれば，有形財を提供する製造業中心の社会から，無形財である情報や知識を提供するサービス業が台頭する社会に向けて変貌を遂げている現在，個人の知を組織の知に転換することは極めて重要な課題である[10]。

　具体的には，知識創造のスパイラルプロセスによって，新たな知識を創造し，

213

新価値を創出することによって，新事業，新サービス，新ビジネス・モデルなど，新たな価値を生み出すことが必要不可欠である。

寺本＝原田編[1999]は，21世紀は知識社会となり，産業は情報産業だけになるといっても過言ではない。情報産業では情報を活用した新しいビジネス・モデルの構築が不可欠であり，デジタルネットワークとスピードが欠かせない。コスト，品質，生産性，製造工程のコンピュータ化，特に，インターネットを中心としたデジタルネットワークを活用した仕組みが重要である，と述べた[11]。

新価値を創出するためには，現実の市場に関する深い知識が求められる。つまり，新たなサービスを成功裏に開発し提供するには，顧客の実際の行動と選好を把握する必要がある。市場および顧客に関する情報を見直し，統合して新規サービスを開発した事例をみてみよう。

トラック用の軽油を販売するパシフィック社は，ガソリン・スタンドにATMを使った軽油供給システムを置くことによって，迅速かつ効率的にドライバーが軽油を購入できるようにした。同時に，システムを介して収集した情報を利用して，顧客である運輸会社ごとに，詳細な購入履歴と支払明細を提供している。そうすることによって，高品質な情報という付加価値を顧客に与え，顧客の業務管理の一助となり，業務の効率性向上に貢献している[12]。

このようなICT（情報通信技術）を活用したサービス・イノベーションは，新サービスの開発と同時に，顧客との相互作用や信頼という関係性の構築を可能にする。この関係性の構築が顧客の高いロイヤルティの獲得につながり，新たな顧客価値創出を目指したサービス・イノベーションの原動力となる。

第2節　サービス・イノベーションの構図

❶　サービス・イノベーション・プロセスに関する先行研究

今日，サービス市場における競争は激しくなり，顧客の期待も高まる一方で

ある。その結果，既存のサービスだけでは生き残れないため，新たなサービスの開発が必要となってきた。イノベーション・プロセスは，従来，直線的かつ連続的なプロセスであると考えられてきた。ところが，1970～1980年代に，イノベーション・マネジメントをテーマとした実態調査が行われ，イノベーション・プロセスは，直線的ではなく反復的であり，個々の活動の間に多くのフィードバックが見られることが明らかになった[13]。

イノベーション・プロセスのモデルとして，リニアモデル（linear model）が一般的である。リニアとは，時系列的に順次生起するという意味である。クライン（Kline, S. J.）[1990]によれば[14]，イノベーションのリニアモデルとは，研究→開発→生産→マーケティングと続く一連のプロセスのことである。しかし，実際にはイノベーション・プロセスの一連の活動は，リニアモデルのように個別に行われるのではなく，それぞれの活動が密接に関連し合い，1つの革新活動が次の革新活動を生み出す正の連鎖（フィードバック連鎖を含む）を引き起こすことが多い。

前述したように，クラインも従来のリニアモデルを否定し，図表9－3に示されるように，連鎖モデル（chain-linked model）を提唱した。連鎖モデルにおいて，Fとfは情報の流れのフィードバックを示し，Iは生産部門から研究部門への情報の流れを示している。特に，新製品モデルの重要情報はFとして示されている。リンクKは蓄積された知識の接続を示しており，研究プロジェクトRと結びついている。Sは長期研究に対する援助，C問題提起および研究で生まれた創造的アイディアとの関係を示し，研究と発明を結び付けるものである。なお，ⓒ-ⓒ-ⓞ-①という流れは，通常のイノベーション・プロセスにおける中央連鎖（Central Chain Innovation）を示している[15]。

伊丹敬之[2003]によれば，製造業においては，リニアモデルやクラインモデルがあてはまるケースもあるが，顧客との接点が重視されるサービス業にはなじまない。つまり，情報処理技術を活用して，素早く需要者の「ニーズの束」を捉え，潜在的顧客ニーズを明らかにする必要がある。また，知識資産を蓄積し，サービス活動に反映しなければならない，と指摘した[16]。

近年のイノベーションでは，イノベーション・プロセスを構成する諸活動や

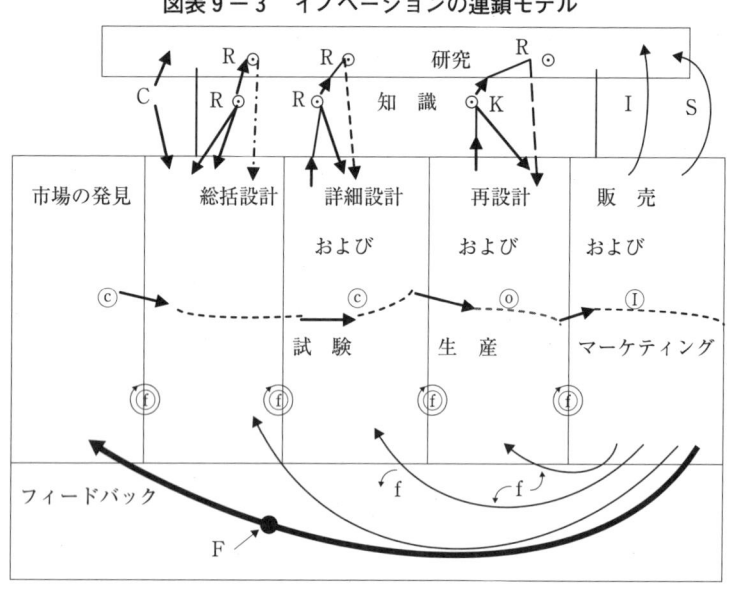

図表9-3　イノベーションの連鎖モデル

```
          R⊙      R⊙    研究  R⊙
     C    R       R          K     I    S
     ↓   ↓↑     ↓↑    知識   ↑↓
  ┌──────┬──────┬──────┬──────┬──────┐
  │市場の発見│総括設計│詳細設計│再設計 │販　売│
  │      │      │および │および │および │
  │      │      │試　験 │生　産 │マーケティング│
  │  ⓒ  │  ⓒ  │      │  ⓞ  │  ⓘ  │
  │  ⓕ  │  ⓕ  │  ⓕ  │  ⓕ  │      │
  └──────┴──────┴──────┴──────┴──────┘
   フィードバック        f    f
             F
```

（出所）　Kline, S. J. [1990] 訳書19頁。

機能が，相互に依存し，かつ重複するケースが増えているので，双方向的かつ反復的なモデルによって新製品・新サービスを開発・設計することは，サービス業に適している，といえよう[17]。

❷　本書におけるイノベーション・プロセス・モデル

本項では，イノベーション・プロセスについて，段階ごとに考察する。イノベーションのプロセスは，いくつかの段階に区分することができる。ベル（Bell, D.）[1973] は，製品の発明（開発）から市場で受け入れられる（普及する）までのプロセスを「発明→革新→普及」という段階で表した。各プロセスの基盤は異なっており，発明は科学，革新は組織，そして普及は市場の原動力をその基盤としている[18]。武石彰＝藤本隆宏＝青島矢一編[2001] は，イノベーション・プロセスを発生，普及，進化というパターンで捉えている[19]。

従来，イノベーションのプロセス・モデルの中には，企業内プロセスのみに

注目している研究が多い。しかし，本書におけるイノベーション・プロセスは，岸川編[2004]に準拠して，企業内的プロセス（発生段階，調整段階，遂行段階）と企業外的プロセス（普及段階，進化段階）に大別し，発生段階，調整段階，遂行段階，普及段階，進化段階，の5段階をイノベーション・プロセスとして分類する。詳しくは，岸川編[2004]を参照されたい。

岸川編[2004]によれば，イノベーションの企業内的プロセス（発生段階，調整段階，遂行段階）の主眼となるのは，いうまでもなく，イノベーションによる新製品・新サービスの開発，新事業の開拓である。特に，企業内的プロセスの最終段階である遂行段階において，技術と経営のシナジーが欠かせない。

ところが，新製品・新サービスの開発，新事業の開拓だけでは，企業の成果（金銭面，イメージ，知名度など）にはつながらない[20]。つまり，イノベーションの普及段階，進化段階という企業外的プロセスこそが，本来，イノベーションに欠かすことができないプロセスなのである。

ロジャーズ（Rogers, E. M.）[1983]は，イノベーションの普及を「あるイノベーションが，コミュニケーション・チャネルを通して，社会システムの成員間において，時間的経過の中で伝達される過程である」と定義した[21]。すなわち，イノベーションによって創出された製品やサービスが，社会のメンバーの中に浸透していく過程が普及である。イノベーションの普及は，さらに2つに大別することができる。

第一に，企業内的プロセスによって生み出された新たな製品やサービス自体の普及が考えられる。すなわち，新たな製品やサービスを購入する消費者が増加するという意味での普及である。

第二に，企業内的プロセスによって生み出された新たな製品やサービスを販売する競合企業の普及が考えられる。例えば，自社が新たに開発した製品が模倣され改良されて，模倣され改良された製品やサービスを販売する競合企業が増加するという意味での普及がこれに該当する。

次に，進化のプロセスについてみてみよう。進化とは，意図的な形であれ，意図せざる形であれ，突然変異的行為によって，現在の次元から環境に適合するために，全く新たな別の次元へ飛躍することである[22]。この進化をイノ

ベーションのプロセスという側面から考えると，産業の成熟化とイノベーションとの相関関係として考察しなければならない。すなわち，産業が成熟化するにつれて，イノベーションが進化し，その姿を変えていくのである。イノベーションの普及段階，進化段階においては，社会や産業がイノベーションに大きな影響力を有している。イノベーションの進化段階は，いうまでもなく普及段階の結果として生じる段階である。

イノベーションは，技術革新と経営革新に大別することができる。すなわち，製品，生産方式などに関する技術分野の革新と，技術革新を成功に導くための経営管理，組織，戦略，マーケティングなどに関する経営分野の革新，の双方をうまく組み合わせて，イノベーション活動を一過性にせず，フィードバックをしながら，継続的なイノベーションを推進しなければならない。

❸ プロセス・モデルと知識資産

近年，企業のみならず地域や国家の競争力にとって，知識資産が極めて重要な資源であるという認識が広まってきた。それに伴って，企業経営の分野における新たな理論・手法の総称あるいはパラダイムとして，ナレッジマネジメントが普及・定着しつつある。ナレッジマネジメントは，「知識管理」あるいは「知識経営」と訳されている。知識管理は，ICTを活用しながら個人やグループの持つ既存知識の共有・活用を目指すのに対して，知識経営はそれを超えて，新たな知識の創造を絶えず行うことによって，連続的にイノベーションを創出し，組織の競争力を獲得しようというものである[23]。

知識の創造は，暗黙知の共有，暗黙知から形式知への転換，また形式知から暗黙知への転換によるプロセスなどを経て実現することができる。知識創造のプロセス・モデルとしては，図表9-4に示されるように，SECIモデルがあげられる。SECIモデルでは，一人ひとりの異なる経験に根ざした暗黙知を共有可能な形式知に転換し，また形式知を暗黙知に転換する相互作用の中で，知識が創造されると述べている。そのスパイラル循環こそが，個人と組織の知の質と量を高める動態プロセスであるとして，知識創造のプロセスを理論化している[24]。

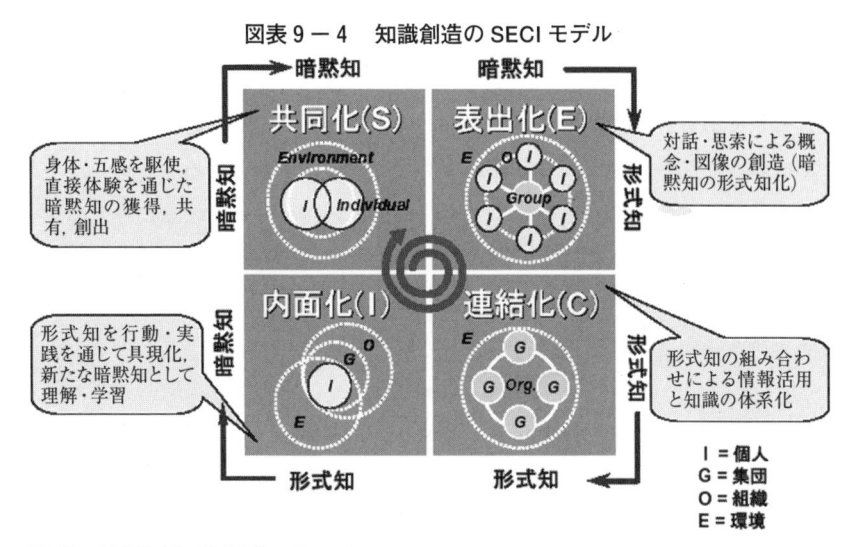

図表9－4　知識創造のSECIモデル

共同化（S）／表出化（E）／内面化（I）／連結化（C）

身体・五感を駆使し，直接体験を通じた暗黙知の獲得，共有，創出

対話・思索による概念・図像の創造（暗黙知の形式知化）

形式知を行動・実践を通じて具現化，新たな暗黙知として理解・学習

形式知の組み合わせによる情報活用と知識の体系化

I＝個人
G＝集団
O＝組織
E＝環境

（出所）　野中郁次郎＝紺野登［1999］111頁。

　野中郁次郎＝紺野登［1999］は，知識創造のプロセスについて次のように述べた[25]。すなわち，暗黙知が形式知化され，それが他者の行動を促進し，その暗黙知が豊かになる。さらに，それがフィードバックされて，新たな発見や概念につながる。このように，暗黙知と形式知の組み合わせによって，4つの知識変換パターンを想定することができる。この知識転換パターンがSECIモデルに他ならない。

① 共同化（Socialization）：個人の中にある目に見えない暗黙知を，多数の個々人の目に見えない暗黙知へ転換するプロセスである。それは，個人の暗黙知を組織内の文化に転換させるプロセスともいえる。

② 表出化（Externalization）：個人の暗黙知を会話や聞き込みなどにより表面化させ，それを文章化，マニュアル化することによって，組織内のメンバーが共有可能な形式知に転換するプロセスである。

③ 連結化（Combination）：すでに文章化，マニュアル化されて形式知として共有されている組織のいくつかを結合したり，整理したり，または体系化することによって新たな形式知を生み出すプロセスである。

④　内面化（Internalization）：共有されている形式知が，深く理解されることで，個人の経験や主観と相まって，新たな暗黙知が個人の中に形成されるプロセスである。暗黙知に注目することによって，より個人的，人間的で，多彩で豊かな知の土壌を，経営理論の対象とすることができる。

野中郁次郎＝竹内弘高［1996］は，暗黙知がイノベーション理論に与える影響として，人間一人ひとりに深くかかわる個人と組織の自己革新であり，新しい「知」を創造することは，社員一人ひとりと会社を，絶え間のない個人的・組織的自己革新によって創り変えることである，と述べている[26]。

SECI モデルにおいては，新しい知識が創造され，蓄積されていくことを重視している。すなわち，知識経営を推進する知の総合力を実現するためのイノベーションのフレームワークが SECI モデルであるといえよう。

第3節　サービス・イノベーションの課題

❶　サービス・ビジネスにおけるイノベーションの事例

前述したように，時代の変化や顧客のニーズの多様化などに適応するために，組織の活性化や組織の価値向上など，サービス・ビジネスの継続的なイノベーションが必要不可欠である。本節では，サービス・イノベーションの事例を取り上げながら，サービスの新価値創出について考察する。

オンラインによるインターネット・マーケットが急速に激化している。また，e ビジネスにおいて，新しいビジネス・モデルが市場に大きなインパクトを与えている。その一つの例がアマゾン社（以下，アマゾン）のワンクリック商品購入システムである。

1999年9月28日に，米アマゾン・ドット・コムの「通信ネットワークによる発注の方法およびシステム」に関する特許（ワンクリック特許）が成立した。これは，オンライン・ショッピング・サイトで，マウスを1回クリックするだ

けで，商品購入手続が完了するシステムである。

　ｅビジネスによって販売される書籍の市場規模についてみてみよう。2005年度の電子書籍の市場規模は約94億円（2004年度の市場規模が約45億円），対前年度比でみると約２倍に成長している[27]。

　アマゾンは，サイバー書籍販売市場の50％の市場シェアを持つ，世界最大のサイバー書籍店舗である。1995年に開設され，1996年には，1,570万ドルを売上げた。さらに1998年には６億ドルを売上げ，2000年は，1,000万タイトルの本をインターネット上に収容掲載するに至っている（ただし，実際の倉庫の在庫は，数千のタイトルの本にすぎない）。また，23分野の書籍を取り扱っており，その分野画面をクリックすれば，目当ての書籍を探し出すことができる。

　アマゾンは，多くの国々においてオンライン企業を買収し，事業の多様化を図っている。例えば，BtoC市場にBtoBを追加して，新たなオンラインビジネス・イノベーションを実現している[28]。図表９－５に示されるように，Web2.0の時代には，ヒト・モノ・カネに加え，Webサイト間，さらにはリアル空間・バーチャル空間の関係性の構築が可能になった。そのような関係性の構築による「新結合」によって，収益を上げる仕組みをビルトインしたビジネス・モデルが多数生み出されている。ICTを活用したサービス・ビジネスにおける大きな課題として，事業の多様化とともに，同時に自社の生産性向上

図表９－５　Web2.0の時代のサービス・イノベーション

新結合	収益の仕組み	ネット系ビジネス
ヒト モノ カネ Webサイト リアル バーチャル	トランザクション アフィリエイト 広告	SNS，出会い系サイトなど イーバンク，ネットマイルなど アマゾン，ネットオークション系，ネットプライスなど カカクコム，ぐるなび，＠COSME，Fashion Walkerなど セカンドライフなど

（出所）　原田[2008]130頁。

を目指すイノベーションの実現を図らねばならない[29]。

❷ 日本におけるサービス・イノベーション

経済産業省[2006]によれば,今後,サービス産業と製造業を双発の成長エンジンとして位置づけ,サービス産業のイノベーションの重要性を強調し,サービス品質の向上,生産性の向上に向けて,ビジネス・モデルの革新,サービス・イノベーションの必要性を示している[30]。サービス・イノベーションによる市場における経営上の成果の確保に向けた,新たな組織経営のあり方の解明と,これによる新しい企業成長の方向が求められている。

サービス産業が製造業とともに,わが国経済成長の「双発のエンジン」として,その持続的発展を担っていくことが不可欠であり,そのためには,サービス産業を全体として捉え,政策課題などを抽出する努力が欠かせない。先述したように,わが国のサービス産業は,すでに日本経済の約7割(GDP・雇用ベース)を占める重要な産業であるということを忘れてはいけない。

図表9-6に示されるように,サービス産業では労働生産性が向上しないため,サービス財には恒常的な価格上昇が続くケースが多い。一般に,価格が上昇するとサービス財需要の弾力性は高いので,需要量は急激に減少してしまう。さらに,労働生産性が一定であれば,サービス企業は取引量の増分に見合った新規労働者を雇うことになるので,賃金上昇のコスト圧力が加わる結果となる。

つまり,サービス産業には,労働生産性があがらない→価格アップ→需要の伸び悩み→規模拡大の抑制→労働生産性があがらない,という悪循環が存在している[31]。

各サービス分野ともに,生産性の向上といった共通の課題に直面しているため,サービス分野について横断的な政策体系を構築していく必要がある[32]。具体的には,①需要の創出・拡大(高齢者向けサービス・ニーズの顕在化,観光分野における外国人観光客誘致の促進など),②競争力・生産性の向上(サービス人材の育成,ICT投資の充実など),③サービス統計の整備など,わが国経済の持続的な成長と,地域経済の活性化を実現することを目指して,すでに分野横断的な対策が打ち出されつつある。

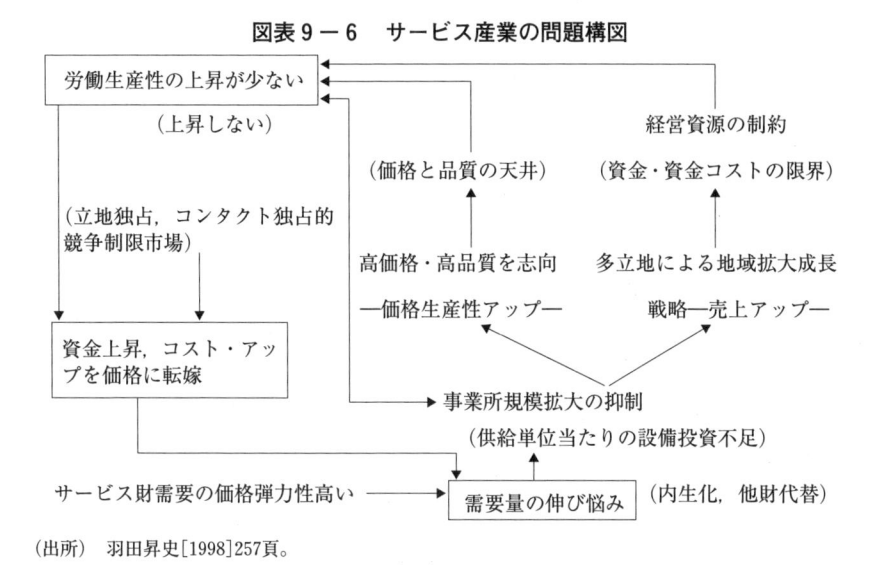

図表9－6　サービス産業の問題構図

労働生産性の上昇が少ない
（上昇しない）

（立地独占，コンタクト独占的競争制限市場）

資金上昇，コスト・アップを価格に転嫁

（価格と品質の天井）

高価格・高品質を志向
—価格生産性アップ—

経営資源の制約
（資金・資金コストの限界）

多立地による地域拡大成長
戦略—売上アップ—

事業所規模拡大の抑制
（供給単位当たりの設備投資不足）

サービス財需要の価格弾力性高い　　　　需要量の伸び悩み　（内生化，他財代替）

（出所）　羽田昇史[1998]257頁。

　しかしながら，サービス産業が抱いている問題に対して，政策課題をあげるだけでは，わが国のサービス産業の発展は遅れる。サービス産業の長期発展のために，サービス業に対する支援や，ICTを利活用してイノベーティブな商品・サービスを提供することが重要である。そのために，イノベーション環境の整備や情報技術など，次世代を視野に入れた戦略的な技術開発を行い，サービス分野における新たなイノベーションを推進することが必要不可欠である。

❸　新価値創造

　先述したように，わが国のサービス産業における労働生産性の問題，サービス財の需要の伸び悩みを解決するためには，イノベーションと需要に関する好循環のメカニズムを形成することが不可欠である。

　日本は，高度成長期を経て，モノの飽和状態が続いている。一方で，国民は健康や介護に関する強い不安，都市・生活環境に対する不満，地球・自然環境に関して不安を感じている[32]。国民が安心・安全に生活するために，政府と企業は，医療・介護・保育や環境分野の新サービスを創出するため，技術開発

および政策パッケージを策定・実施していく必要がある。

総務省統計局[2008]によれば[33]，わが国の65歳以上の高齢者人口（2008年9月15日現在推計）は2,898万人で，総人口に占める割合は22.7%となっている。年齢階級別にみると，70歳以上の人口は，2,060万人（総人口の16.1%）で，前年と比べ44万人増，75歳以上の人口は1,370万人（同10.7%），80歳以上人口は789万人（同6.2%）で，前年と比べていずれも増加傾向にある。

近年，女性の社会進出，働く女性の増加に伴って，家事サービス，育児サービス，教育サービスなど，また，上述した高齢者人口の増加に伴って，高齢者に対する福祉サービスの需要が高まっている。

現在，様々な社会サービスやビジネスサービスの存在と利活用を前提とした生活スタイルへと大きく変貌している[34]。このような変化に伴って，既存の業種を複合化した業態開発，既存技術の活用によるサービスが要請されている。複合サービスの例をいくつかみてみよう。

① 家事代行サービス：ハウスクリーニングサービスなど。
② 育児サービス，教育サービス：出張家庭教師，保育所（長時間の託児が可能な施設），生活を支援するロボット，携帯電話のPCSなど。
③ 高齢者への福祉サービス：都市型老人マンション，リゾート型老人ホーム，ケア付け住宅サービス，葬儀サービス，また，老人の孤独・郷愁を解消するための旅行・料理教室，農村体験などのサービスなど。

このように，業種を複合化し，潜在的なニーズに合致した新たな顧客価値を創出し，新事業創造を実現しなければならない。近年では，高齢者を対象とした医療ビックバンという用語まで登場している。潜在的なニーズが次第に顕在化しつつあるといえよう。

先述したように，企業の利益は，決して製品から生まれるのではない。利益は，製品を購入し，使用してくれる顧客から生まれることを認識し，顧客の生涯価値を最大化するために，モノという製品ではなく，顧客価値というサービスの視点から[35]新たな顧客価値の創出に取り組む必要がある。

第4節　サービス・ビジネスにおける情報資産

❶ eビジネスにおける価値連鎖

　ICT（情報通信技術）は，企業のオペレーションの手法を変えつつある。ICTは，企業が製品を作り出すプロセス全体に影響を与えており，製品そのものにも変化が表れている。

　ポーター[1998]は，物理的な製品，サービス，そして企業が買い手にとっての価値を生み出すために，提供する情報といったパッケージ全体が変わりつつある。すなわち，情報技術が競争において果たす役割を明確に浮かび上がらせるコンセプトが価値連鎖（バリューチェーン）である，と述べている[36]。

　岸川[2006]は，価値連鎖は，単に個々の独立した価値活動の集合体ではなく，相互に依存したシステムである。また，価値システムにおける連結関係は，原材料供給企業（川上），流通チャネル企業（川中），買い手・顧客（川下）など，多くの企業・顧客との間で，様々な連結の形態が存在すると述べている[37]。

　従来の製品志向の企業主導型ビジネス・システムでは，「製品企画・開発（製品設計・プロセスを設計）」，「生産（原材料調達・生産・サービス）」，「販売（マーケティング―リサーチ・広告・プロモーション・価格・物流・販売）」という垂直的な発想によって，ビジネス・システムが構築される場合が多かった。

　しかし，顧客主導型の顧客価値提供システムでは，「価値の選択（求められた価値の理解・ターゲットの選択）」から「価値の創造（ベネフィットと価格設定・商品設計・提供プロセスの設計・原材料調達・生産の設計・サービス設計・価値の設定）」，さらに，「価値の伝達（価格設定・販売・広告宣伝・プロモーション・PR）」というプロセスに変りつつある。つまり，図表9－7に示されるように，事業全体を顧客に対する価値提供を基軸とした，Ⓐのバリュー・デリバリー・システムとして据えるのである[38]。

図表9－7　バリュー・デリバリー・システム

Ⓐ

価値の選択	価値の創造	価値の伝達
求められる「価値」の理解 / ターゲットの選択	ベネフィットと価格設定 / 商品および提供プロセス設計 / 原材料設計・生産設計 / 流通設計 / サービス設計	価格設定 / 販売 / 広告宣伝 / プロモーション・PR

Ⓑ　eSCMのBtoB&C

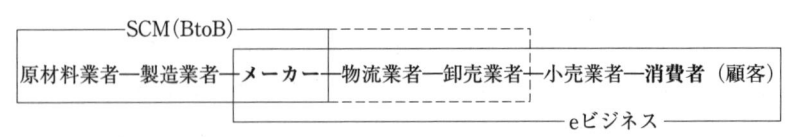

```
┌──────SCM(BtoB)──────┐
                     ┌─ ─ ─ ─ ─ ─ ─ ─ ─ ─┐
原材料業者―製造業者―│メーカー│―物流業者―卸売業者│―小売業者―消費者（顧客）
                     └─ ─ ─ ─ ─ ─ ─ ─ ─ ─┘
                          └──────────eビジネス──────────┘
```

(出所)　マッキンゼー・マーケティング・グループ編[1994]193頁，神田範明[2004]20頁を抜粋して作成（図表Ⓑは，山下洋史＝村田潔[2006]26頁）。

eSCMでは，ICTの有効活用と，それによる顧客情報の共有化を通して，これまで以上に市場の動向をストレートにサプライチェーンに導くことになる。これまでのSCMとeビジネスのそれぞれの領域において分離して行ってきた情報共有を一本化することにより，顧客とのタイムリーかつインタラクティブな関係性の構築，時間的・空間的制約の克服ができるため，情報ネットワークの有効活用へと結びつく[39]。その典型的な事例が先述したアマゾンのワンクリックシステムである。

❷　eビジネスにおける情報資産

経営管理を遂行する上で，情報通信システムが有効であるためには，情報資産管理が不可欠である。情報資産管理（IRM：information resource management）とは，データや情報通信システムなどの各種情報資産を，企業の経営管理にとって最も有効に活用できるように運用・管理することである。情報資産管理は，企業内で蓄積すべきデータのあるべき姿を規定して，各部門がバラ

バラのデータをもつことではなく，企業全体でデータを共有することによって，情報資産の有効活用を図ることである。情報資産には，基礎的なデータベースの他に，顧客の行動に関するデータなども当然含まれる。従来のeビジネスの大きな変化の一つは，物理的資産に代わって情報資産がビジネスの価値を創出する源となった。つまり，何を所有しているかではなく，何を知っているかによって価値を生み出すことができるのである[40]。

ICTがサービス活動に与える影響として，サービス活動に対する支援機能の拡大をあげなければならない。この効果は，急速にサービス生産場面に広がりつつある。この新たなICTによる支援機能を利用して，顧客との取引記録を蓄積して，そのデータの中から顧客のニーズを見つけ，ニーズの発生時期を予測してサービス提供をタイミング良く行うといった顧客の個別対応管理は，技術的には意外と簡単に実行することができる。

また，情報が取り得るパターンは無限であり融通無碍であるので，この点でもサービスに似ている。この無形性という共通点を捉えて，サービスと情報を中核的財とする社会をソフト化社会という。

近年，複数のコンピュータを情報通信網でつないだ大規模な情報システムが，様々な分野に利用されている。例えば，小売り，外食といった流通業で使われているPOSシステムは，店舗，本部，仕入先などを回線で結び，業務を瞬時に実行することができる[41]。

また，音楽や映像をインターネットを通じて配信するシステムが登場している。一方で，新たな著作権の問題（例えば，ナップスターが提起した問題）が発生し始めた。

新技術によって生まれた新たな「サービス財的情報」を提供する例をみてみよう。バーチャル・リアリティ（仮想現実）の技術を利用した，ゲームセンターやアミューズメント・パークなどでは，ジェット戦闘機に乗って敵機と戦ったり，宇宙船で宇宙空間を飛行したりする体験ができる。

NECでは，実際にスキーをしているかのような疑似体験が可能な「バーチャルスキー」システムを制作した。このほか，ハイビジョンとバーチャル・リアリティを利用した仮想美術館などのソフトも作られている。また，花王が

三菱電機と共同開発したカウンセリング・システムで，顧客の肌の状況を端末の画面上で診断し，顧客の情報データを収集して本社のコンピュータと結び，店頭情報をデータベース化して，マーケティングや新製品の開発に適用している事例など，「サービス財的情報」を提供する事例は枚挙にいとまがない[42]。

以上のように，情報はサービス・ビジネスにおける最も重要な要素の1つであり，経済的・企業的（特許権）情報資産であると位置づけることができる。

❸ サービス・ビジネスにおけるeビジネスの進展

先述したように，インターネットに代表されるICT（情報通信技術）の急速な進展と普及が，経済社会に大きなインパクトを与えている。WWW (World Wide Web) や電子メールといったインターネット技術の普及は，企業と顧客との新たな取引関係を生み出し，eビジネス市場の拡大を推し進めている。

eビジネスは，1997年にIBMが「e-business」として，情報技術とインターネット技術を融合することにより，ビジネスの機会を広げる新たな業務形態として始まった。当初のeビジネスは，インターネット上に自社のホームページを開設し，情報を提供することが中心的であった。しかしながら，インターネットはオープンな情報ネットワークであるという特徴から，顧客と企業とのインタラクティブなコミュニケーションを可能にしている[43]。

インターネットでは，効率性のみならず，創造性も併行して発揮される可能性が高い。具体的には，モノやサービス，知識に関わる情報がデジタル財として蓄積，流通，統合することによって，創造的なビジネスが日々生まれている。eサービスは，インターネットの場であるネットプレイスにおいて現出する。

図表9－8に示されるように，一定の目的やルールを持って，情報や言葉を交換するネットコミュニティという空間が存在し，ネットプレイスがプラットフォームあるいはネットコミュニティという枠組みに進化していったとき，eサービス・ビジネスが生まれる[44]。ICTを活用することによって，物理的な距離を克服することが可能となり，膨大な人数を対象としたサービスの提供，事業の効率化，新たなビジネス・モデルの創造が可能となった。例えば，警備業では，ICTを活用することにより，警備員を効果的に配置するビジネスが

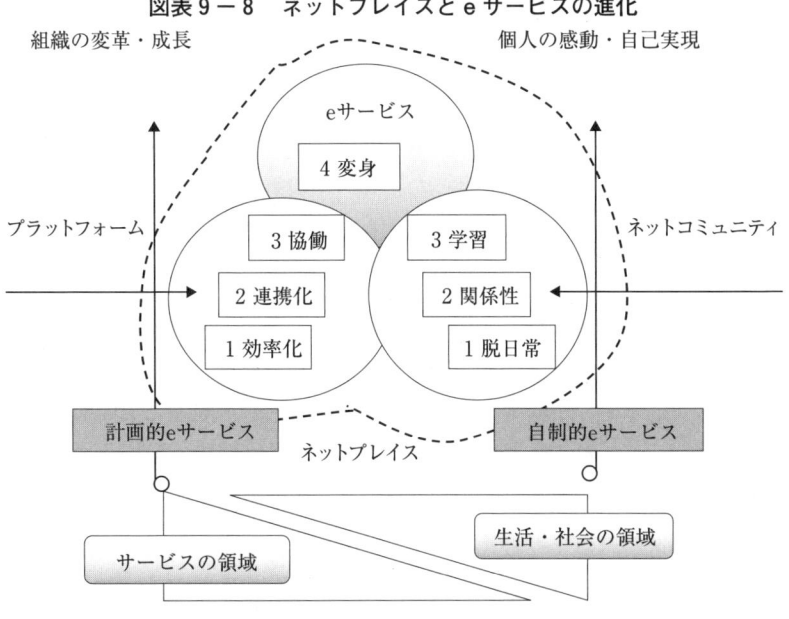

第 9 章　サービス・ビジネスのイノベーションと情報化

図表 9 − 8　ネットプレイスと e サービスの進化

組織の変革・成長　　　　　　　　　　　　個人の感動・自己実現

eサービス
4 変身
プラットフォーム　　　　　　　　　　　　　　　ネットコミュニティ
3 協働　　3 学習
2 連携化　　2 関係性
1 効率化　　1 脱日常

計画的eサービス　　　ネットプレイス　　　自制的eサービス

サービスの領域　　　　　　生活・社会の領域

（出所）　原田［2000］6 頁。

生まれた。また，教育では，遠隔教育が受けられるようになってきた[45]。

　e ビジネスの進展によって，企業と顧客との双方向（インタラクティブ）の関係性が形成される。すなわち，サービス・ビジネスにおける e ビジネスは，消費者のニーズに迅速かつ柔軟に対応できるため，顧客満足の向上へつながり，新しいビジネス・モデルの実現を可能にしている。

第 5 節　クロネコヤマト宅急便のケーススタディ

❶ ケース

　本章では，サービス・ビジネス・イノベーションに取り組んでいるクロネコ

ヤマト宅急便（以下，ヤマト）のサービス・イノベーションについて考察する。

1919年創業のヤマト運輸は，トラックの運輸会社としてスタートした。1929年に，東京，横浜間で日本初の路線事業を開始したものの，関東地域限定でトラックを高密度に走らせるという「関東一円主義」に特化したため，全国に規模の拡大を進めた他社に遅れをとった。1974年の第一次オイルショックによって，運輸業界は企業の荷物を奪い合うようになり，その結果，競争に惨敗したヤマト運輸は，業績悪化の一途をたどり存亡の危機に瀕することになった。

そこで，起死回生策として，1976年1月20日，電話1本で集荷・1個でも家庭へ集荷・翌日配達・運賃は安くて明瞭・荷造りが簡単，というコンセプトの商品である「宅急便」が誕生した。小口荷物は，集荷・配達に手間がかかり採算が合わない。小さな荷物を何度も運ぶより，大口の荷物を一度に運ぶ方が合理的で得という理屈が誤りであることに気付いたからである[46]。

しかし，輸送業界のサービスドライバーの不足，運賃下げなど輸送業界に激動の時代がやってきつつある。それは，運輸業における多頻度小口化，荷主のニーズに対応するためには，時間指定便や即日配送が重要であるが，ドライバーが集まらない。その理由は，わが国の年間平均労働時間は2,100時間であるが，輸送に携わる人は2,700時間でオーバーワークであるからである。ヤマトは，人件費が売上げの5割近くを占める。また，人手不足が収益にマイナスに響いている[47]。

ヤマトは，図表9－9に示されるように，利益を生むビジネス・モデルの変換（法人市場から個人市場へ）を行い，生産を生み出す領域（スキー，ゴルフ宅急便などの新市場）を創造し，全国的に展開している。また，顧客先のデータ入力とリアルタイム処理で，24時間顧客サービスの提供を目指している。また，担当業務分担の再構築，地域センターを倍増するという戦略を実現するため，業務を見直し，業務移管と廃止，システム化などによって，業務の効率化を図っている[48]。

❷ 問題点

宅配便のコモディティ化によって，宅配便の単価の下落が止まらない。2001

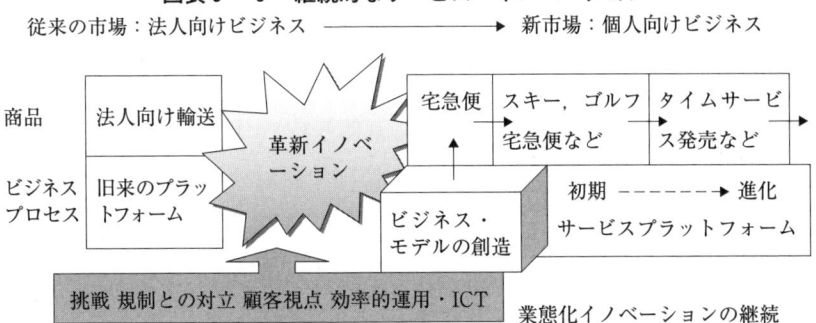

図表9－9　継続的なサービス・イノベーション

従来の市場：法人向けビジネス ────────▶ 新市場：個人向けビジネス

商品	法人向け輸送	革新イノベーション	宅急便	スキー，ゴルフ宅急便など	タイムサービス発売など
ビジネスプロセス	旧来のプラットフォーム		ビジネス・モデルの創造	初期 ------▶ 進化 サービスプラットフォーム	

挑戦　規制との対立　顧客視点　効率的運用・ICT　　業態化イノベーションの継続

（出所）　亀岡他[2007]190頁を一部修正。

年から5年間で，732円から653円へ10％以上も値下がりした。今後も反転は期待できない。市場の淘汰が終わり，勝ち組同士の競争になった今日，サービス品質による差別化は難しくなっている。郵政公社によるコンビニの囲い込みも，定価で売れるチャネルだけに単価下落に拍車をかける要因となる。巨額の投資を必要とする配送ネットワークの整備は既に峠を越えた。

　宅急便依存体質からの脱却が，ヤマトにとって最大の経営課題であることは，1990年代から指摘されていた。そのために，これまでも引越やメール便，ロジスティクス事業，ネット関連サービス，ファイナンス事業など数々の手を打ってきた。しかし，今のところどれも柱と呼べるほどには育っていない。

　人材面での補強も喫緊の課題である。ヤマトは全国に約7万7,000人のパートタイマーを抱えている。うち1万5,000人程度がMD（マーチャンダイジング）と推測される。残りの大部分はパート契約のメイトも含めた長期パートで，業務委託契約のメイトや短期バイトはそこに含まれていない。この膨大なパート層の労務管理が，現在，ヤマトの最も大きな課題となっている[49]。

　宅急便市場は，従来のような伸びは見込めない状況にある。しかし，成熟市場となり右肩上がりの成長が止まれば組織を保てない。現在，生活・消費が多様化し，これに対応して宅急便の差別化が進んでいる。ヤマトのクール宅急便の場合，首都圏を始めとする大都市では，交通事情の悪化，人手不足などの要因から輸送効率の低下が著しい。また，安全，迅速，確実を輸送の3原則にあ

げているが，不着や紛失，輸送質の高度化に関する問題点が山積している[50]。

❸ 課題

ヤマトの宅急便サービス経営における課題として，①人材の確保，②安全性の向上，③小口化・スピード化への対応，④新規参入への対応，の4点があげられる。

ヤマトは，セールスドライバー（SD）や，クロネコメイトと呼ぶ主婦層を，安い賃金で業務委託契約やパート契約によって組織化をしているため，品質面の問題が大きい。

小口化・スピード化が要求される今日，区域積み合わせ輸送の利用者が増えているため，他社とのネットワーク連携による地域でのスピード配送・時間短縮が必要不可欠である。また，集荷物の破損，紛失による消費者の不安を解消しなければならない。さらに，経営組織環境を改善し，消費者との信頼関係を構築する必要がある。

月刊ロジスティクス・ビジネス[2006]によれば，今後，日本では勝ち組同士による資本提携が経営手段となりつつあり，資本の交換や，相互のネットワークをつなげるだけでは何も果実は生まれない。設計思想の違うインフラをつなげた不完全なプラットフォームは機能しない。むしろアセットが制約となって，

図表9－10　サービス・マネジメント・イノベーションへの取組み

課　題	顧客満足・従業員満足イノベーションへの取組み
①人材不足	人材育成をして正規社員を増加する。経営組織環境の改善は，消費者との信頼関係が構築され顧客満足度を得る（顧客維持）。
②安全性の問題	集荷物の破損，紛失（保険加入など，消費者の不安を解消）。
③小口化・スピード化	交通事情の悪化，人手不足の要因から輸送効率の低下を防ぐための対策（例えば，他社とのネットワーク連携による地域でのスピード配送・時間短縮が可能）。
④新規参入の脅威	新規参入によるコストダウンに対応するためには，イノベーションによるブランド戦略・集中戦略（顧客サービス中心，顧客エンパワーメント）。

（出所）　筆者作成。

3PLのようなカスタマイズしたソリューションにはマイナスに働く。新たなサービス商品の開発が突破口になる。荷主のニーズを分析し，それを満たす商品を設計して，提携先と投資やオペレーションのリスクと報酬を分担する。その売れ行きが提携の求心力になる[51]。

注)

1) Schmpeter, J. A. [1926]訳書182-183頁。
2) Drucker, P. A. [1954]訳書48, 55頁。
3) 岸川編[2004] 6 頁。
4) 同上書212頁。
5) 亀岡他[2007]160頁。
6) 経済産業省編[2007]120-121頁。
7) Lovelock, C. = Wirtz, J. [2007]訳書417, 436頁。
8) 上林[2007]155頁を一部修正。
9) Turban, E. = Lee, J. = King, D. = Chung, H. M. [2000]訳書345頁。
10) 岸川編[2004]89頁。
11) 寺本=原田編[1999]112頁。
12) Looy, B. V. = Gemmel, P. = Dierdonck, R. V. [1998]訳書510頁。
13) 同上書602頁。
14) Kline, S. J. [1990]訳書20頁。
15) 同上書21頁。
16) 伊丹敬之[2003]36頁。
17) Looy, B. V. = Gemmel, P. = Dierdonck, R. V. [1998]訳書603頁。
18) Bell, D. [1973]訳書149頁。
19) 武石彰=藤本隆宏=青島矢一編[2001]68, 95頁。
20) 岸川編[2004]66-67頁。
21) Rogers, E. M. [1983]訳書11頁。
22) 岸川編[2004]70-71頁。
23) 杉山公造他[2002]22頁。
24) 大薗恵美=児玉充=谷地弘安=野中郁次郎[2006] 2 頁。
25) 野中=紺野[1999]111頁。
26) 野中=竹内[1996]268頁。
27) ニュース・ネット・メディア2006年9月21日。
28) Turban, E. = Lee, J. = King, D. = Chung, H. M. [2000]訳書51, 564頁。
29) 原田[2008]130頁。
30) 経済産業省[2006] 4 頁。

31) 羽田[1998]。
32) 経済産業省[2006]10頁。
33) 経済産業省経済産業政策局[2002]38頁。
34) 総務省統計局[2008]ホームページ。
35) 小山[2005]54頁。
36) Porter, M. E. [1998]訳書135頁。
37) 岸川[2006]171頁。
38) 神田範明[2004]20頁。
39) 山下洋史＝村田潔[2006]27頁。
40) 岸川[1999]173頁。
41) 近藤[1995]129，131頁。
42) 近藤[2007]145頁。
43) 山下＝村田[2006] 3 - 4 頁。
44) 原田[2000] 7 頁を一部修正。
45) 経済産業省[2004] 7 頁。
46) 坂口義弘[1990]166頁。
47) 亀岡他[2007]190頁。
48) ビジネスプロセス革新協議会[2005]27頁。
49) 月刊ロジスティクス・ビジネス，2006年 7 月14-15頁。
50) 坂口[1990]95頁。
51) 月刊ロジスティクス・ビジネス，2006年 7 月15頁。

第10章
サービス・ビジネス論の今日的課題

　本章では，サービス・ビジネス論の今日的課題について考察する。紙幅の都合もあり，本書では独立した章として扱うことはできなかったものの，今後，教科書の独立した章として記述されるかも知れない重要課題を5つ選択した。

　第一に，価値観の多様化と消費者行動について考察する。まず，近年のライフスタイルと消費者行動について概観する。次に，ライフスタイルの変化とサービス・ビジネスとの関係性について理解する。さらに，今後の課題について理解を深める。

　第二に，サービス・ビジネスの拡大について考察する。まず，サービス・ビジネスの広がりについて，対個人サービスおよび対事業所サービスに絞って概観する。次に，戦略的提携について理解する。さらに，今後の課題について言及する。

　第三に，サービス・ビジネスの国際化について考察する。まず，サービス・ビジネスの国際化の阻害要因について理解する。次に，わが国におけるサービス・ビジネスの海外展開について理解を深める。さらに，今後の課題について言及する。

　第四に，サービス・ビジネスにおける原価管理について考察する。まず，製造業とサービス産業におけるコスト構成要素の比較を行う。次に，サービス財の原価管理について理解する。さらに，今後の課題について言及する。

　第五に，サービス・ビジネスの方向性について考察する。まず，サービス・ビジネスの今後の発展について理解を深める。次に，サービス・ビジネスにおける社会的責任について言及する。さらに，今後の課題について言及する。

第1節　価値観の多様化と消費者行動

❶　近年のライフスタイルと消費者行動

　近年,国際化・情報化・高齢化などに伴って,国を問わずライフスタイルが大きく変化している。ライフスタイルとは,消費者の生活態度,生活様式のことである。社会的,文化的,経済的な様々な要素の組み合わせや,個人の価値観や行動様式などによって,ライフスタイルが決定される。また,ライフスタイルの違いによって,消費者の行動は大きな影響を受ける。言い換えれば,購買し消費する製品やサービスが,その人のライフスタイルを具現化し,価値観やパーソナリティを代弁しているのである。

　ライフスタイルの概念が登場してきた背景には,消費者が自分の生活を創造する生活の主体であるという認識が広まり,それまでの受動的な消費者から能動的な存在へと視点が移ったことがあげられる[1]。

　コトラー=ケラー[2006]は,消費者の購買行動に影響を及ぼす要因として,① 文化的要因（人の欲求と行動の根本的な決定要素）,② 社会的要因（準拠集団,家族,そして社会的役割と地位）,③ 個人的要因（年齢とライフスタイルの段階,職業と経済状態,パーソナリティと自己概念,ライフスタイルと価値観）,の3点をあげている。なかでも文化的要因は,消費者の購買行動に対して,最も幅広い影響を及ぼす,と指摘している[2]。

　ライフスタイルと消費者行動（consumer behavior）は,相互に密接に関連している。田中洋=清水聰編[2006]は,消費者行動とは,人間が消費に関して,様々な活動を実行し経験することを意味している。個人の消費動機は,商品自体の属性だけで規定されるのではなく,商品や消費者行動に込められた文化的意味によって規定される,と述べている[3]。

　わが国のライフスタイルは,1980年代を境に大きく変化した。具体的には,耐久消費財を中心にして,消費の平準化と消費の同質化を実現させた成長型消

第10章　サービス・ビジネス論の今日的課題

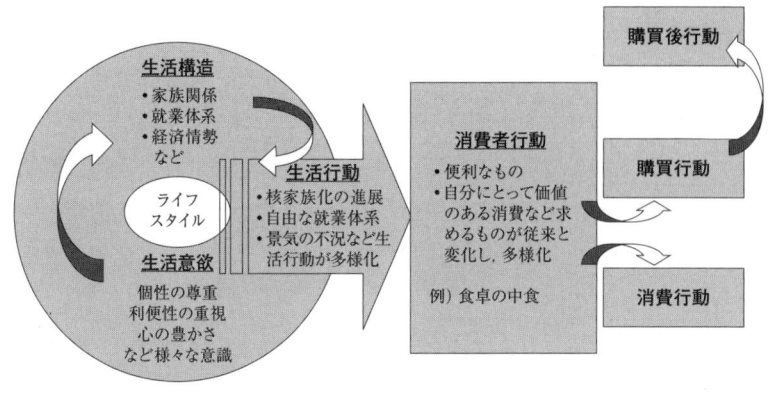

図表10－1　ライフスタイルと消費者行動

```
生活構造
・家族関係
・就業体系
・経済情勢
　など

生活行動
・核家族化の進展
・自由な就業体系
・景気の不況など生
　活行動が多様化

ライフ
スタイル

生活意欲
個性の尊重
利便性の重視
心の豊かさ
など様々な意識

消費者行動
・便利なもの
・自分にとって価値
　のある消費など求
　めるものが従来と
　変化し，多様化

例）食卓の中食

購買後行動
購買行動
消費行動
```

（出所）　東珠実[2008]22頁を一部修正。

費社会から，利便性・快適性・健康志向の商品やサービスを追求する成熟型消費社会への転換が実現し，いわば消費のソフト化現象が高まった。つまり，成熟型消費社会では，他人の消費者行動といかに差異化するかに消費の関心が移ったことになる[4]。

　近年，わが国のライフスタイルは，図表10－1に示されるように，個性的な価値観の尊重や利便性の重視，心の豊かさなどが重視されつつある。このライフスタイルの変化は，家族関係や就業体系，経済情勢などの生活構造に変化を及ぼしている。生活意欲，生活構造，生活行動が多様化したライフスタイルは，消費者の購買行動にも大きな影響を及ぼすのである。

❷　ライフスタイルの変化とサービス・ビジネス

　わが国のライフスタイルの変化は，成長型社会から成熟型社会へ移行し，消費者の意識は，基本的に「モノの豊かさ」を重視することから「心の豊かさ」を重視することへと変化してきている。高度経済成長による所得水準の上昇とともに，消費者が自己の個性を重視し，自分自身の価値観に基づいて，自発的・主体的な消費を行うようになった。

　現在，わが国の個人消費は，国民経済全体の60％を超えている。個人消費が

主導する経済では，消費者が選択権を持つ。すなわち，消費者は大量で多様な情報を獲得することによって，高度な選択能力を有しているからである[5]。

野村総合研究所[2005]は，わが国の消費スタイルを，利便性消費，安さ納得消費，プレミアム消費，徹底比較消費，の4つに分類している[6]。野村総合研究所のアンケート調査結果によれば，図表10-2に示されるように，低価格や実用性といったものに選択基準を置かなくなったせいか，利便性消費や安さ納得消費の割合が減少し，2000年に比べ，2003年は，プレミアム消費や徹底比較消費の割合が増加している。

このように，わが国のライフスタイルは，自分にとって価値のあるもの，個性的なものを求める形に変化しつつある。

山下洋史＝村田潔[2006]によれば，消費者のライフスタイルの多様性に対応するための方策として，以下の3点があげられる[7]。

① アソートメント：消費者に，十分な選択肢の中から消費者が納得あるいは

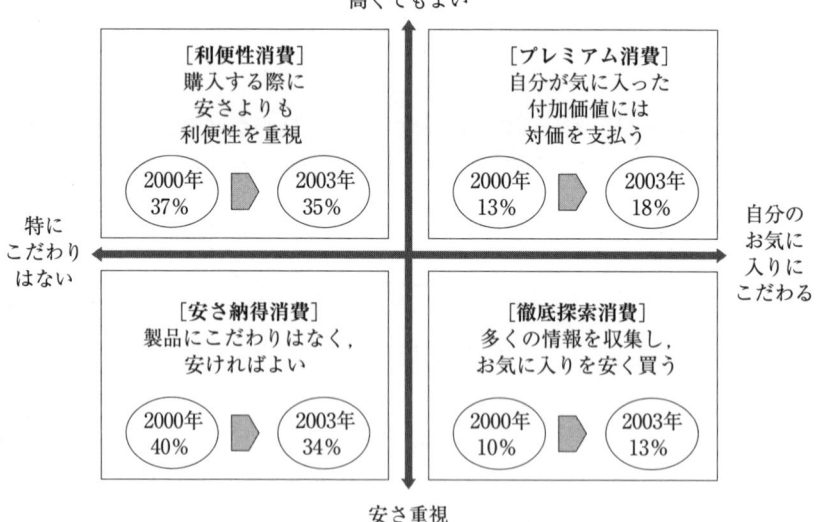

図表10-2　日本人の4つの消費スタイル

高くてもよい

[利便性消費]
購入する際に
安さよりも
利便性を重視
2000年 37% → 2003年 35%

[プレミアム消費]
自分が気に入った
付加価値には
対価を支払う
2000年 13% → 2003年 18%

[安さ納得消費]
製品にこだわりはなく，
安ければよい
2000年 40% → 2003年 34%

[徹底探索消費]
多くの情報を収集し，
お気に入りを安く買う
2000年 10% → 2003年 13%

特にこだわりはない　←　　→　自分のお気に入りにこだわる

安さ重視

（出所）　野村総合研究所[2005]16, 25頁を筆者が一部修正。

満足のいく選択を行えることを保証する機能である。
② パーソナライゼーション：個人対応の形で，それぞれの消費者のニーズに適合していくことを可能にする方法である。
③ カスタマイゼーション：単に個々の消費者ニーズを満たす製品の選択の支援だけではなく，個人のニーズに適合した製品を作り出すという生産過程にまで踏み込んだ対応を指している。サービス・ビジネス企業は，消費者のライフスタイルの多様性に対応するために，各ターゲット市場で，どのような購買行動をとるかを見極めなければならない[8]。

上述したように，現代のライフスタイルに対応するには，付加価値志向で個性，私性，アート性，独自性，限定性などを有するサービスが要求される。例えば，カシオのGショックは，徹底的に「限定性」を強調して，新鮮さと個性の維持を実現している[9]。

サービスを提供する企業は，平均的な豊かさを求める時代から，個人の価値観にあった豊かさを求める時代に，変化していることに気がつかなければならない。時代の変化に対応しなければ，サービス・ビジネスは，社会が求めている適切な価値を提供することができない。

❸ 今後の課題

先述したように，消費者による購買行動は，社会の発展とともに，高度化・成熟化し，利便性・快適性・納得性を中心として展開されている。消費者にとって，消費とは自己への投資であり，かつ自己実現のための変革の契機でもある。このような状況では，自己実現を目指す消費者にとって，インターネットは情報の宝である[10]。このインターネット環境は，急速なスピードで進展しており，消費者の購買行動に大きな変化をもたらしている。

しかし，消費者は商業的情報源，つまり，マーケターがコントロールできる情報源からも最も多くの情報を得ている。今日の市場は，従来型消費者（オンライン・ショッピングはしない），サイバー型消費者（ほとんどの買いものをオンラインで済ませる），混合型消費者，によって構成されている。消費者は，トマトを手にとって品定めしたり，生地に直接触れたり，香水を嗅いでみたり，

販売員とやり取りをすることを好む。消費者は，買い物の効率性以外のものにも動機づけをされている。大半の企業は，このような混合型消費者に対応するため，オフラインとオンラインの両方でビジネスを展開する必要がある[11]。

サービス・ビジネスにおいて，消費者ニーズは常に変化するため，特定の時点において消費者のニーズに適合したサービスを提供しても，消費者が長期間にわたって，同じニーズを同じ水準でもち続けることはあり得ない。つまり，消費者のニーズは，年齢上昇や所得の上昇などによる価値観の変化とともに，当然のこととして変化する。

企業は，消費者のニーズの変化に積極的に応えようとする姿勢を持って，ニーズの変化に迅速かつ的確に対応し，消費者ニーズのサイクルを的確に把握するなど，新たなサービス戦略に取り組むことが重要である[12]。すなわち，サービス企業は，消費者の購買行動に対して，消費者がどのような活動（Activities）を行い，どのような興味・関心（Interest）を持ち，どのような意見（Opinions）を持っているかを分析[13]し，データを収集し，その結果から消費者の価値観，ライフスタイルの形態を常に把握することが必要不可欠である。

第2節　サービス・ビジネスの拡大

❶　サービス・ビジネスの広がり

近年，情報化の進展によって，新たなビジネス・モデルの創出，顧客ニーズの多様化・複雑化などを背景に，サービス・ビジネスの範囲が広がりを見せている。その広がりについて，第8章において，第1.5次産業，第2.5次産業，第3.5次産業のような，他産業との連携によるサービス・ビジネスの範囲の広がりについて考察した。本節では，主として対個人サービスおよび対事業所サービスの広がりについて考察する。

バブル経済の崩壊とともに，製造業の落ち込みに対して，少子高齢化や高度

医療の普及にみられるように，サービス業の中で「医療」，「社会福祉，社会保険」など，サービス分野の就業者の伸びが著しい[14]。

　第三次産業の中で，就業者が一貫して増加しているのは，対個人サービスおよび対事業所サービスである。2005年のサービス業の就業者数の推移をみると，生活関連サービスは1,610,000人，余暇サービス2,174,000人，企業関連サービス6,699,000人であり，特に，公共サービスにおける社会保障（介護含む）サービスの就業者は，1990年の68万人から2005年の225万人へと急増している。また，社会保障サービスの就業者は，老人福祉93万人，社会保険・福祉（訪問介護ほか）44万人，児童福祉63万人などである。これは介護・福祉事業の急成長によるものである[15]。

　わが国の現状におけるサービス・ビジネスは，図表10-3に示されるように，市場層・顧客層，サービス・ビジネス層などの階層に基づいて分類すると，サービス・ビジネスの方向としては，ネット層・デバイス層の方向に向かって展開している。逆に，サービス・ビジネスの拡大可能性をみると，市場層・顧客層の方向に向かって拡大する可能性が高い。現在，わが国では業界団体や先進企業において，これらの実証研究が鋭意行われており，展開の方向と拡大可能性に対応するインフラの整備が求められている[16]。

　わが国のサービス事業主体には制限があり，事業関連サービス業を兼業することが難しく，サービス事業の規模を拡大することが困難である場合が多い。サービス・ビジネスを拡大するためには，新規参入の積極的な受け入れや異業種との兼業について容認し，規模や範囲を拡大することによる多様なサービスの提供の可能性を広げるべきである。

　今後，医療，社会福祉，社会保険分野の対個人サービスの市場拡大が見込まれるので，政府は，サービス・ビジネスの拡大のため，規制緩和や要素技術を開発・支援し，新サービス産業の創出を図らなければならない。それによって，労働集約型である対個人サービスの雇用創出にもつながるであろう。

❷　戦略的提携

　従来，サービス産業は，金融，医療のように各省庁に分掌され，各々異なる

図表10-3 類型的サービス・ビジネスの階層構造的分析

階　　層	現在のサービス・ビジネス	サービス・ビジネスの拡大可能性
①市場層・顧客層	・インフラ整備済みの医療関係者 ・一部の患者や要介護者	・患者承認済みの関係者のみ，どこからでも ・健康アラームを受ける広範な健常者
②サービス・ビジネス層	・利用者の自助努力によるサービスの向上が中心 ・部分的な試行サービスに留まる	・利用者の健康上のライフサイクル管理 ・テーラーメードなCRM的医療サービスの提供
③組織層・業務層	・医療部分の漸進的規制緩和 ・部分的な医療機関ごとの連携	・企業や地域との連携 ・ヒト・モノ間の補完関係の構築
④情報層・知識層	・文書情報から画面情報の活用へ ・患者の静的情報から履歴情報の利用へ移行中	・患者の履歴情報に関してセキュリティ保持と広範な場所からの利用の両立 ・メーカーや専門医療者の専門知遠隔活用
⑤ネット層・デバイス層	・ASPサーバーや医療用端末による院内効率化 ・一部のみ電子カルテや計測センサーは試行段階	・ネットの複数の医療機関などへ拡大 ・電子カルテの普及とマイクロセンサー・タグ，介護ロボットなどユビキタス機器の活用

（出所）　亀岡他[2007]78頁。

規制の対象となってきた。そのせいか，これらを全体として横断的に捕捉し，政策課題等を抽出し，体系化をする努力がほとんど行われてこなかった。しかしながら，今日サービス産業を取り巻く環境変化の中で，各サービス分野は，生産性向上といった共通の課題に直面しているため，各種サービス分野を横断する政策体系を構築していく必要がある[17]。

全日法規研究所[2003]によれば，戦略的提携とは，現在多くの企業が行っているように，企業間やグループ内企業間で，様々な提携関係を結ぶことを通して，自社やグループ全体の競争優位を高めることを目的とした企業行動である[18]。戦略的提携の目的は，技術，ノウハウなどの能力を共同事業などによって吸収し，自社の開発投資コスト，リスクおよび時間を低減し，両者の技術の相乗効果を獲得することである。

現在，わが国における医療事業，老人ホーム事業，高齢者向け住宅改修事業，在宅介護サービス事業に取り組んでいるサービス業の提携の現状を見てみよう。

医療・介護・教育関連企業である株式会社ニチイ（以下，ニチイ）は，セブンイレブン・ジャパン，三井物産，NECと提携して介護関連事業に参入し，初年度160億円，3年後に700億円の売上げを目指している。

株式会社TOTO（以下，TOTO）は，要介護度や身体状況，予算に合わせて住宅改修ができるソフトを保有しており，これを基盤として，高齢者向け住宅改修分野で，在宅介護サービス大手のニチイと業務提携をして，ニチイのケアマネジャーやヘルパーに提供している。また，高齢者に便利な住宅設備機器や高齢者向け増改築を行う施行業者を全国に500社持っており，ニチイとの戦略的提携を推進することによって，全国規模での事業展開を行い，売上550億円を目指している[19]。

羽田昇史編[2002]によれば，近年，成長の著しい介護保険の費用額が約4兆円，高齢者医療，福祉の関連産業は34兆円の規模である[20]。つまり，介護，医療，福祉の関連サービス・ビジネスは，これから大いに成長が期待される産業分野である。

図表10-4は，対個人サービス向け関連サービス業の提携状況について示したものである。その提携によって，サービスの専門化・機敏性・柔軟性という効用を生み出す。以上のように，サービス・ビジネスの戦略的提携によって，サービス分野における生産性向上など，自社のシナジー効果を向上することが期待できる。今後，わが国が直面している社会福祉施設問題や医療機関・医師の不足など各種問題を解決するために，サービス・ビジネスの戦略的提携は，経済のサービス化の促進に必要不可欠であるといえよう。

3 今後の課題

飯盛[1993]は，近年，わが国が直面している諸問題（新規産業の展開の遅れ，産業の空洞化，雇用問題，高齢社会のくらしへの不安など）に対する解決策として，構造改革が必要であると指摘している。サービス経済化という言葉のみが先行し，現実にそれを担っている圧倒多数の中小零細業者の実態は軽視され

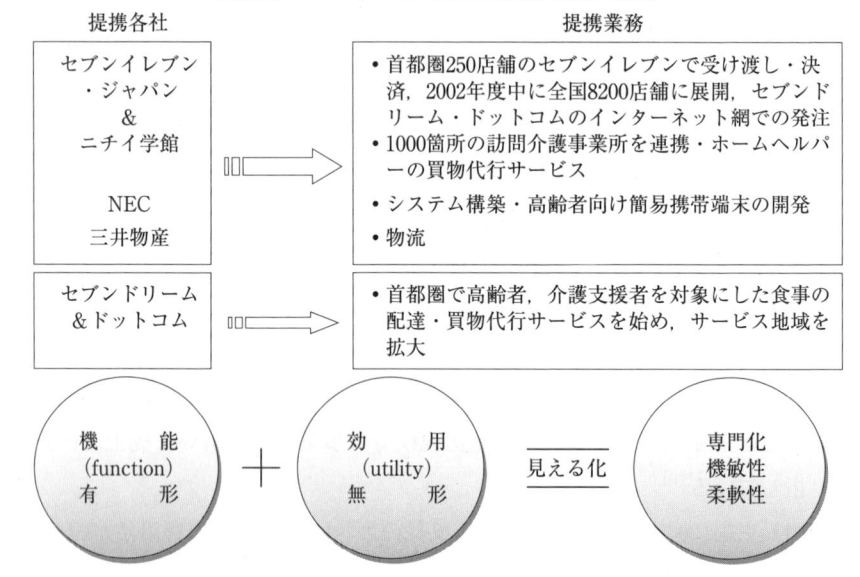

図表10－4　サービス各社の提携状況と効用

提携各社	提携業務
セブンイレブン・ジャパン & ニチイ学館 NEC 三井物産	・首都圏250店舗のセブンイレブンで受け渡し・決済，2002年度中に全国8200店舗に展開，セブンドリーム・ドットコムのインターネット網での発注 ・1000箇所の訪問介護事業所を連携・ホームヘルパーの買物代行サービス ・システム構築・高齢者向け簡易携帯端末の開発 ・物流
セブンドリーム&ドットコム	・首都圏で高齢者，介護支援者を対象にした食事の配達・買物代行サービスを始め，サービス地域を拡大

機　能 (function) 有　形　＋　効　用 (utility) 無　形　──見える化──　専門化　機敏性　柔軟性

(出所)　筆者作成（提携状況は，http://www.refonavi.com/feature/kaigo/toto.html
　　　　http://www.sej.co.jp/mngdbps/_material_/localhost/ 参考）。

てきた。また，わが国のサービス産業の成長は，従業員の数，設備投資額などによって明らかなように，大資本・大企業によって進行している。サービス業は，中小企業の大きな活動分野であるという事実は否定できないので，サービス業の中小企業が発展していくための課題として，業界の組織化，人材育成の確立，高度情報化への対応，政策主体の確立，などを主張している[21]。

　高度情報化社会への移行の流れの中で，サービス・ビジネスを拡大するためには，情報化への対応が必要不可欠である。サービス・ビジネスの情報化は，多様化・高度化してきている消費者ニーズに対応して，新たな市場の創業・開拓を図っていく上で必要不可欠である。

　波形克彦[2000]によれば，電子ネットワークの急速な普及によって，消費者行動の変化が始まり，変化への対応としてサービス企業側のマーケティングの革新が進行した。マーケティングの革新に伴って，カスタマーサポートという視点に立って，流通システムを改革するという連鎖的な動きが現実のものにな

りつつある。ICT化社会への転換がもたらしたものとして、次の4点があげられる[22]。
① ICT化とデジタル化が結びついて、各分野で急激な変化が起きている。
② ICT化と輸送の高度化が結びついて、経済のグローバル化が推進する。
③ パソコンとインターネットが結びつき、個人が主役になっている。
④ ICT化と権限委譲が結びつき、ネットワーク組織の構築が進んでいる。

21世紀の流通システムは、人や組織を結び合わせた様々なネットワークを中心としたシステムになるであろう。サービス企業は、これらのネットワークを活用し、顧客の求める製品・サービスを迅速に提供することができる。

21世紀は、市場への俊敏な対応が最大の課題であり、そのためには全体最適化と共生の視点のもと、単に情報の共有にとどまらず、縦のネットワークも横のネットワークも、ともに相互の能力の発揮とシナジー効果を求めて、サイバー世界とリアル世界をうまく融合したネットワーク型経営を目指していかなければならない。ネットワーク型のスピード経営を実践できる企業のみが活躍できる時代になると考えられる[23]。

第3節　サービス・ビジネスの国際化

❶ サービス・ビジネスの国際化の阻害要因

1985年のプラザ合意以降、円高で国際競争力が低下した日本企業は、生産拠点の海外シフトに向かった。国際ビジネスにおいて、社会規範、文化、政治、宗教など、すぐには排除できない根深い阻害要因も少なくない[24]。

近年、海外における消費のサービス化の進展に伴って、海外展開を行う企業が増加しつつある。サービス・ビジネスの国際化は、経済価値の創出や国のブランドイメージの獲得にも寄与するなど、多くの意義がある。

しかし、サービス企業の外国市場参入は、製造企業と比べて、対応する参入

方式が大きく異なる点を認識しなければならない。サービス企業には，国際的な多様化を図ったとしても，現地顧客に対する適合を強く要求され，サービス産出物には生産と消費の同時性（一過性）が強く求められ，かつ不可分性があるので，規模の経済が機能しにくいという特徴が指摘されている[25]。

サービス・ビジネスは，ICT（情報通信技術）の進化などを背景として，国際化が容易になってきている面もあるが，まだ，国際化が困難な分野があることも間違いのない事実である。

ラブロック＝ウィルツ[2008]は，国際化の主な阻害要因として，①政府規制の存在，②文化の違い，をあげている。現在，世界的に規制緩和が進展しつつあるものの，まだ多くの規制が存在している。例えば，航空路線の新規路線の開設には，就航地点となる2国間の同意を必要としている国が多く，どちらかが同意しなければ開設できないのが現状である。また，文化の異なる外国で経営を行う際，相手国の文化を認識した上で事業展開を行うことは必要不可欠である。顧客とのエンカウンターが大事であるサービス・ビジネスにおいて，文化について考慮した上で戦略を練ることは絶対的に欠かせない[26]。

図表10－5に示されるように，わが国におけるサービス・ビジネスの生産性の伸びは，製造業よりも大きく劣り，かつ米国・英国・ドイツ・韓国と比較しても，伸び率がやや小さいという事実がある。

このような事実を踏まえて，サービス・ビジネスの国際化が加速しない要因として，次の3点があげられる[27]。

第一に，上述したサービス生産性が低いことがあげられる。サービス企業が海外展開を図る際の条件として，サービス生産性が一定程度高くなければならない。経済産業省編[2007]では，サービス生産性が低い要因として，新規参入企

図表10－5　製造業とサービス産業の労働生産性上昇率の各国比率（1995～2003年）

国別	米国	英国	ドイツ	韓国	日本
製造業	3.3%	2.0%	1.7%	8.3%	4.1%
サービス業	2.3%	1.3%	0.9%	1.3%	0.8%

（出所）　経済産業省編[2007] 5頁。

業が少ないことをあげている。

　第二に，外資企業の国内参入が少ないことがあげられる。具体的には，外資企業の国内への参入は，自国市場の競争激化を引き起こすデメリットもあるが，新しいビジネス・モデルや新しい経営資源の流入による生産性の向上，国内に無かった新しいサービスの提供など，消費者にとってメリットの増大をもたらすことが多い。

　第三に，言語や慣習といった文化の違いがあげられる。文化の違いは，サービス・ビジネスにおける国際化の弊害となっている。特に，わが国における国際語（英語）のレベルが低いことは周知の事実であり，海外展開において大きな阻害要因となっている。

❷　わが国におけるサービス・ビジネスの海外展開

　1980年代半ばまで，日本のグローバル戦略の概念は，まだ希薄であった。しかし，1985年のプラザ合意以来，1990年代を通じて，円高，日本経済のバブル崩壊，アジア工業国の台頭，デジタル情報技術による米国経済の復活，WTO体制下の貿易・投資規制の緩和などが原因となり，経済のグローバル化は急速に進展した[28]。

　わが国の小売業で，戦後初めて海外に進出したのは高島屋である。1962年には，西武百貨店がロサンゼルスに出店し，1970年代には，ヤオハンがブラジルやシンガポールに進出した。1980年代後半から，次々に各スーパーが海外に出店した。進出地域はアジアが多く，実に海外店舗の約90％がアジアに集中している[29]。その理由は，わが国の企業がグローバル化を推進するにあたって，アジアにふさわしい国際分業の仕組みの確立が不可欠であるからである。現実に，アジアに対する企業進出の目的が，低賃金労働を活用する生産や輸出基地としての分業体制の構築から，現地の国内市場での販売を意図する生産拠点の構築へと変化しつつある。

　アジア進出の事例をみてみよう。アジアに多くの生産拠点を設置している味の素は，アジアにおける現地化の先駆であり，生産拠点網の構築は，ほぼ完成の域に近づいている。すでにタイ，フィリピン，マレーシア，インドネシアな

ど次々と進出を果たしている[30]。

　日本のグローバル化の進展を概念的に見ると，モノを中心とした取引の段階から，コスト削減を人件費の削減によって解決しようとする製造業の生産拠点の段階に入り，さらに国際的な取引全体に及んでいる。現在は，グローバルマーケットあるいはグローバル経営の対象として，最適な事業展開，ビジネスユニットの拠点戦略となって進展しつつある段階にある[31]。

　しかし，わが国におけるサービス・ビジネスの国際化のレベルは，図表10－6に示されるように低い状況にある。グローバル企業のレベル（進出している国数および海外売上高比率）が高いほど，売上高成長率が高いという傾向がある。その中で，日系企業の海外売上高は，2005年の視点で1.2%に過ぎない[32]。

　先述したように，サービス・ビジネスのグローバル化を実現するためには，各サービス分野の増大といった共通の課題解決に努力し，サービス分野の横断的な政策体系を構築していく必要がある。製造業においてもモノの販売だけではなく，サービスの質的（ブランド）販売を併行するという取組みによって，新しいサービスに対する需要の創出・拡大を図る必要がある。

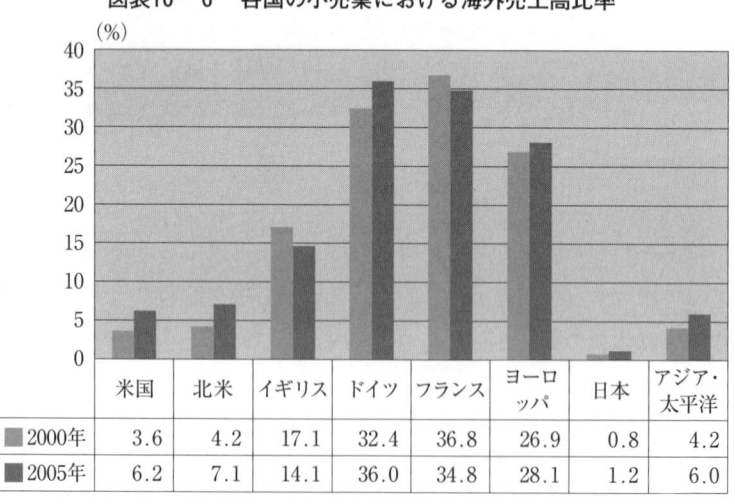

図表10－6　各国の小売業における海外売上高比率

	米国	北米	イギリス	ドイツ	フランス	ヨーロッパ	日本	アジア・太平洋
2000年	3.6	4.2	17.1	32.4	36.8	26.9	0.8	4.2
2005年	6.2	7.1	14.1	36.0	34.8	28.1	1.2	6.0

（出所）　江夏健一＝大東和武司＝藤澤武史[2008]23頁を抜粋作成。

❸ 今後の課題

　上述したように，わが国におけるサービス・ビジネスの国際化は，他国に比べて遅れをとっている。現在，経済活動のボーダーレス化，メガコンペティション（大競争時代）の到来，グローバリゼーションの進展など，サービス・ビジネスは大きな変化のなかにある。サービス・ビジネスのグローバル化は，21世紀の社会環境としての知識や技術力，広範な組織力など国家的な資質が問われている。

　ローイ＝ゲンメル＝ディードンク[1998]は，国際化戦略を策定する企業は，潜在的な文化の相違に配慮しなければならない，と述べている[33]。サービスは，国の文化の影響を直接的に受けるからである。サービスとサービス提供システムを設計する際には，企業文化，従業員の文化，あるいは顧客の文化，のそれぞれにおいて衝突が起きないように，また，サービス・コンセプトに文化的偏りが生じないように留意しなければならない。

　例えば，米国の主婦は，スーパーマーケットの店員に食料や雑貨を袋詰めしてもらう。ベルギーではこうしたサービスは，プライバシーの侵害になるとして嫌われる。フランスの一部のレストランでは，男女のトイレが共用であったり，犬の同伴が許されたりする。それは，米国人にとっては，理解できないことであろう。海外市場に進出するサービス企業は，様々な異文化を理解することが重要である。

　江夏健一＝大東和武司＝藤澤武史[2008]は，多国籍企業の課題として，次の3点をあげている[34]。すなわち，①国・地域によって，考え方や問題を解決するアプローチ，行動の基準が異なる場合が多い。②長い歴史的な背景，宗教，風土，文化，習慣などが異なる。そのために，意思の疎通が上手く作用せず，誤解を招くことがある。③一つの組織として，存在しうるこうした多様な選択肢をどのように組み合わせまた活用して，グローバルな規模での競争優位を手に入れるか，という課題である。

　日本がグローバル化の進展の中で，経済成長を維持して，豊かで安全な生活を維持していくためには，グローバル市場で勝ち抜く企業や人材の育成のみな

らず，地域統合の視点が不可欠である。欧州や北米は，深くて強い地域統合によって，大きな市場作り，地域の企業に有利な市場や制度を作り出し，それをもとに，さらなるグローバルな制度作りに活かそうとしている。今後，グローバル化に対応するためには，日本自らが働きかけることにより，アジア地域の経済統合を進めて，規模の経済を実現できる地域市場や制度・基準を構築していくことが重要である[35]。

サービス・ビジネスにおいても，グローバライゼーションが次第に進展しつつあり，サービス・ビジネスの国際展開を図るため，諸外国からの投資・ビジネス環境の整備に向けた取組みを強化していく必要がある。

第4節　サービス・ビジネスにおける原価管理

❶ 製造業とサービス産業におけるコスト構成要素の比較

サービス分野では，財務・経理面の要請からコスト・プラス法（原価加算法）による価格設定が行われることが多く，価格体系は監督官庁から厳しい規制を受けてきた。現在では，多くのサービス分野においてかなり自由に価格を設定できるようになり，サービス価値に基づく価格設定の意義や価格競争についても理解されつつある。その結果，新たな工夫を凝らした料金体系が生まれ，収益管理システムも進化している[36]。

サイモン＝ドーラン（Simon, H. ＝ Dolan, L, R.）[2002]は，企業が価格設定を行う場合，ビジネス上でのコスト，顧客価値評価のプロセス，競合他社の活動に関するファクトデータが重要であると述べている。具体的には，コストを知ることが，価格戦略の第一歩であると述べている[37]。コストの構成要素は，材料費，労務費，経費の3つに分けられる。製造業とサービス産業では，図表10-7に示されるように，コストの構成比率が大きく異なる。コストの構成要素が大きく異なるのは，製造業とサービス産業の性質が，大きく異なるからで

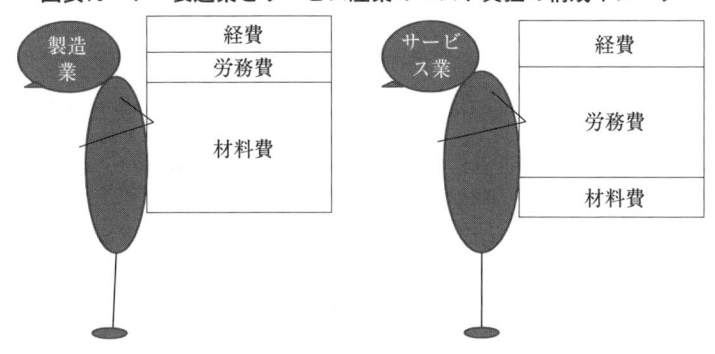

図表10－7　製造業とサービス産業のコスト負担の構成イメージ

製造業		サービス業	
	経費		経費
	労務費		労務費
	材料費		材料費

（出所）東洋ビジネスエンジニアリング株式会社編［2007］48-54頁に基づいて筆者作成。

ある。

　製造業は，材料費がコストの大半を占めている[38]。材料費がコストの大半を占める理由は，原材料によって，製品が製造されるからである。製造業のコスト管理には，主に材料費を管理すればよい。

　それに対して，サービス産業のコストは，労務費が大半を占めている。サービス産業が扱っているサービス財は，第1章で述べたように，①非貯蔵性，②同時性（一過性），③不可逆性，④無形性，⑤認識の困難性，という基本特性がある[39]。

　サービス産業の5つの基本特性をみても，サービス産業は人が関わらなければならない部分が多く，不安定な部分が多い。労務費を管理することは，材料費の管理よりも難しいのである。すなわち，サービス産業は，製造業に比べて，コスト管理が難しいといえる。

❷　サービス財の原価管理

　サービス・ビジネスにおいて，経営管理上，最も大切なことは，コスト管理である。上述したように，サービスという無形財は，物財と比べて価格設定が困難である。顧客にサービスを提供するために要するコスト算定は，物財生産に必要な労働，原材料，機械の稼動，保管，輸送などのコスト算定よりも難し

図表10－8　原価管理

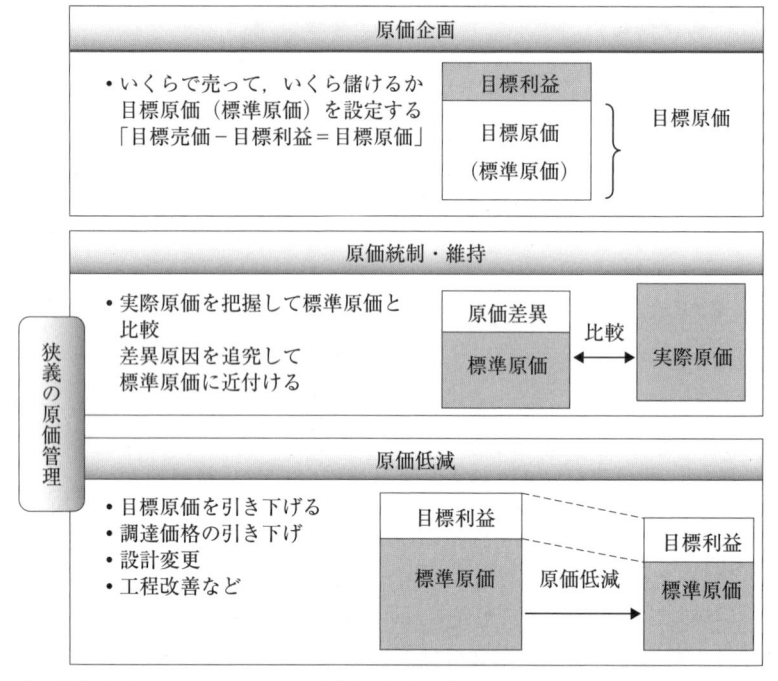

	広義の原価管理
狭義の原価管理	**原価企画** ・いくらで売って，いくら儲けるか　目標原価（標準原価）を設定する 「目標売価－目標利益＝目標原価」 （目標利益／目標原価（標準原価）＝目標原価）
	原価統制・維持 ・実際原価を把握して標準原価と比較 差異原因を追究して標準原価に近付ける （原価差異／標準原価　⇔比較⇔　実際原価）
	原価低減 ・目標原価を引き下げる ・調達価格の引き下げ ・設計変更 ・工程改善など （目標利益／標準原価　→原価低減→　目標利益／標準原価）

（出所）東洋ビジネスエンジニアリング株式会社編[2007]33頁。

い。また，サービス一単位を生み出すのに要するコストはいつも同じとは限らない。

コスト算定において，物財とサービスで大きく異なる点として，サービスでは，変動費に比べて，固定費の比率が非常に高い場合がある。固定費の比率が高いサービス・ビジネスには，高価な物理的施設（ホテルや病院など），輸送手段（飛行機，バス，トラックなど），ネットワーク（テレコムやガスのパイプラインなど）を要するサービス・ビジネスが含まれる[40]。

経済のサービス化が進んでいるにもかかわらず，わが国のサービス業の管理会計に関する研究はまだあまり進んでいない。サービス業においては，通常の原価計算情報が管理会計に有効な情報を提供しないという認識があることも大

きな原因の一つである[41]。

　原価管理とは，狭義には，作業能率の改善による原価引下げのための管理活動をいう。原価の発生を規定する要因としては，作業能率のほかに，設備，製品設計，操業，工程設計，材料価格などがある。原価管理では，設備，製品設計，工程設計，などの長期の条件を所与として，作業能率（生産性）をあげることによって原価を引き下げようとする。つまり，材料や作業時間のインプットをできるだけ少なくして，最大のアウトプットを得ようとする管理活動が原価管理である[42]。

　青木章通[2000]によれば，一般に，サービス業において原価計算情報を用いた経常的な管理会計は有用でないとされている。これは，サービスは無形財であり，かつその形態は定型的ではないという前提と，非定形的で無形財を取り扱う企業には，標準原価計算は適さないという前提があることを指摘している[43]。すなわち，サービス業で用いられる標準は，金額の標準ではなく，生産数量に関する標準が多く，しかも生産数量に関する標準は，業務の中のわずかな部分にしか適用できない。また，標準原価の主たる対象である直接材料費と直接労働費の原価に占める割合が高くない。つまり，サービスに製造業の原価管理手法をそのまま導入すると，かえって効率性を落とす可能性がある。サービスの原価管理は，サービス企業側の視点から考えるのではなく，顧客側の視点から推進しなければならない。

❸ 今後の課題

　製造業のような原価管理法を，そのままサービス産業にあてはめると失敗する。サービス産業に適した原価管理を行わなくてはならない。現在，多くの企業で実施されている原価管理は，実際原価計算法である。実際原価計算法は，実際購入費用，実際消費量，実際稼働時間，実経費など，実績値をもとに，原価を計算する[44]。

　製造の過程で発生する間接費も，一定の割合で配賦される。実際原価計算法は，単純に，工場で製品の生産を行う製造業には，理にかなった計算方法であるが，様々な活動が，複雑に絡み合うサービスの原価を計算するには，原価が

正しく割り振られないという問題点が発生する。

近年,サービス産業では,活動基準原価計算(activity-based costing,以下ABC)の導入が盛んである。ABCは,組織内のすべての活動が,直接的,あるいは間接的に,モノやサービスの生産を支えているという前提に立っている。ラブロック＝ウィルツ[2007]によれば,ABCは,経営資源の原価を,それぞれのモノやサービスに直接に振り分ける。サービス産業は,様々な活動で,制度の設計や,プロセスを組み立てている。つまり,各活動は,各ステップの組み合わせによってできている。ABC法は,サービス産業の活動の特性を捉えた原価計算方法であり,サービスのコストを計算する上で,最適であると述べている[45]。

ABCは,コストを把握するためには有効な手法であるが,効率的なサービスの提供を実現するには,その結果を分析し,いかに改善につなげるかが重要となる。千葉県市川市では,2001年度に障害者支援課でABCを試行的に導入し,その後,市民課など24の課に適用を広げ,職員の仕事量を大幅に削減する効果が得られた。これは単にABCを用いたからではなく,その分析結果に基づいて,市民サービスに直結する業務により多くの職員を配置し,それ以外の業務には業務委託を活用するなどの改善を行ったことによって実現したものである[46]。

サービス企業にABCを導入することによる利点はあるが,実際にはサービス企業におけるABCの認知度はまだ低い。ABCは,通常の原価計算の適用が困難なサービス企業に対しても有効な情報を提供してくれるので,その潜在的な有効性は大きいと考えられる[47]。

第5節　サービス・ビジネスの方向性

当節では,サービス・ビジネスの今後の発展,サービス・ビジネスにおける社会的責任,そして今後の課題を考察してみよう。

❶ サービス・ビジネスの今後の発展

日本の経済が高度成長を経て，一人当たり GDP が一時期，世界最高水準に達したせいか，一定程度の豊かさが実現された現在，消費の目的や対象が多様化している。先述したように，家事労働の大変さなど我慢からの解放を求めて，必要があるから消費する，というような受け身の消費ではなくなっている。本項では，現在，わが国の国民の潜在ニーズの大きな分野，および今後生成・拡大していくことが期待される財やサービスについて考察する。

経済産業省経済産業政策局[2002]によれば，今後サービス・ビジネスの発展が期待される主要な財・サービスとして，次の5点をあげている[48]。①技術

図表10-9　今後サービス・ビジネスの発展分野

サービスの分野	サービスの内容	消費額 2000年→2010年
技術革新による新しい医療サービス	・医療・介護ロボットの導入 ・医療福祉情報サービスによる病院の選択 ・在宅で診断や医療が受けられるための機器・システムなど	3.8兆円→ 10.7兆円
自由時間に関するサービス	・ITSを通じて交通情報などを提供する情報通信サービス ・ITSを実現するための端末機器	0.3兆円→ 2.1兆円
豊かで居心地の良い空間サービス	・高齢者に快適な住居環境の実現 ・既存住宅のバリアフリー化など	0.2兆円→ 1.6兆円
人々のつながり（コミュニケーション・参画）に関するサービス	・ITの進歩によって，大量の情報を高速に収集・伝達することが可能となる。 ・大容量のデータをやりとりできる高速・超高速接続サービス・インターネット接続サービスなど	5.0兆円→ 11.3兆円
自己啓発，再教育に関するサービス	・情報家電，デジタル放送，高速・超高速ネットワークなどの高度化・普及によって，より選択の幅が広がり，多様な情報・デジタルコンテンツを自由に選択し，楽しむことが可能になる。 ・マルチマディア効果を利用した効率的な教育用ソフトなど	2.4兆円→ 14.7兆円

（出所）　経済産業省経済産業政策局[2002]81-86頁を基づいて筆者作成。

革新による新しい医療などの実現,② 自由時間に関する需要,③ 豊かで居心地の良い空間消費に関する需要,④ 人々のつながり（コミュニケーション・参画）に関する需要,⑤ 自己啓発,再教育に関する需要または安心感の増加による消費の拡大である。

わが国の個人消費は,国内総支出の約6割を占めており,その伸びが,今後の経済発展の鍵を握っている。実際経済において消費は,可処分所得や家計金融資産に依存するだけでなく,ニーズにあった魅力的な財・サービスの開発・提供の速度や将来に対する確信・不安の大きさにも依存していると考えられる。

さらにこれからは,産・官・学における技術シーズを新たなサービス事業に結び付けるシステムの整備を図る必要がある。新しい財・サービスの開発・提供を行うことは,サービス・ビジネスの発展にも大きく寄与すると期待される。また,国民一人ひとりが消費を通して健康,時間,空間面での生活の充実を図りつつ,自己実現に向けてチャレンジする社会が実現すると期待される。

岸川善光[2007b]は,技術革新,生活の多様化,産業ニーズの多様化に伴い,サービス分野において新たな業態転換が進展しつつあることを指摘している[49]。

近年,サービス分野は,高度化・専門化しつつあり,企業活動や個人生活の一部を専門家にアウトソーシングをする動きが活発化している。サービス企業は,知識,アイデア,情報を有効に活用し,顧客ニーズにあったサービス・システムを開発し,提供することによって,サービス・ビジネスの発展につなげる必要がある。

❷ サービス・ビジネスにおける社会的責任

今日,企業が経済的・社会的影響力を強めていることから,その影響力に見合う社会的責任（Corporate Social Responsibility：以下,CSR）を果たし,社会に貢献することを一般社会から求められており,これに応えず自らの利益のみを追求する企業は,社会や市場の支持を失い,中長期的にみれば存続・発展が困難になることが予想される[50]。

CSRとは,「企業組織と社会の健全な成長を保護し,促進することを目的と

して，不祥事の発生を未然に防ぐとともに，社会に積極的に貢献していくために企業内外に働きかける制度的義務と責任」とされている[51]。すなわち，CSRは，社会や企業を様々なリスクから保護する活動であり，企業に対するネガティブな意味をもつ倫理違反の行動や不祥事の発生を未然に防ぐ活動である。

上林憲行[2007]は，サービス業は，そのサービスを取り巻くステークホルダー（利害関係者）が，利益を相互に享受する構図が成立する場合，初めて社会的受容がもたらされ，社会に根付くものであると述べている[52]。CSRに取り組むことによって，リスクの低減，従業員の意欲向上，新製品・サービス市場の開拓，ブランド価値向上などの効果が得られる。

わが国の企業は，ステークホルダーとの関係については，これまであまり意識して取り組んできたとはいえない，また，CSRは組織内だけでは解決できない課題であり，それだけにCSR経営に取り組む企業の真価が問われるテーマである。社会のニーズを先取りした自社独自のCSR経営に成功すれば，社会の支持を得てプラスの評判を獲得し，その結果，競合他社に対する優位性を保持し，企業価値を高めることができる。場合によっては，優れた人材の確保や株価の上昇，市場の拡大に有利に働くことになる[53]。

サービス・ビジネスにおけるCSRの果たすべき課題として，① 経済的責任，② 株主に対する責任，③ 社会に対する責任，④ 従業員に対する責任，⑤ 顧客に対する責任，の5点があげられる。つまり，生産の確保，雇用の創出と確保，利益創出，コンプライアンス，公害防止，オープン化経営などを実践することがCSRの課題である。

❸ 今後の課題

経済産業省経済産業政策局[2002]，飯盛[1993][2007]は，サービス産業の分野別課題について，
① 需要拡大：新ビジネス・モデルの開拓（新分野の開拓），国際的需要拡大（海外展開），規制改革（ニーズの拡大）
② 競争力・生産性向上：経営理念と人材育成（高度専門人材の育成），ICT

の利活用（ビジネス・モデルの創造，顧客サービスの強化，効率性強化など），品質の確保・向上（認証，フランチャイズ，標準化）規制改革（競争の活性化）対日直接投資の促進

③　政策インフラ：サービス設計の戦略的整備（各省庁の統計の再編・統合，新サービスの補足），サービス政策の体系的整備，サービス政策・企画立案機能の強化など，をあげている[54]。

わが国のサービス産業は，行政による対応が遅れている分野であり，サービス業における行政の役割は，従来，衛生（保健所）や保安（警察）など監督の面に重点が置かれていた。これからは，サービス産業の分野別課題に重点を置くべきである。

消費者ニーズと同様，働く人間の労働観，動機もまた多様化，高次化している。経営者には，従来以上に「フロンティアに挑戦する強い意志とビジョン」が求められる[55]。

図表10-10に示されるように，経験を提供する経済とは，顧客を魅了しサービスを思い出に残る出来事に変える経験を提供することにより，製品やサービスの付加価値を高める活動である。この経験価値をあらゆる顧客との接点で統

図表10-10　経済の相違点と価値成長の進化

	コモディティを扱う経済	製品を扱う経済	サービスを提供する経済	経験を提供する経済
提供する製品・サービス	コモディティ製品	パッケージ製品	コモディティサービス	消費者サービス
経済的機能	抽出	生産	デリバリ	演出
提供の特質	自然	有形物	無形	記憶性
主要属性	代替性	規格化	カスタム化	パーソナル化
提供方法	大量在庫	製品の発明	オンデマンド	リピート
売り手	トレーダー	製造会社	プロバイダー	ステージャー
買い手	市場	消費者	顧客	ゲスト
需要の源泉	性質	特長	便益	感動

（出所）　上林憲行[2007]108頁。

一的なサービスを行うことにより，ブランド力や顧客満足度を向上させることにつながる[56]。

現在，世界的に工業製品の設備過剰，供給過剰が高まる中で，新たなサービス・ビジネスを切り開くためには，製造業のみを中心に経済発展を目指すのではなく，サービス産業分野に，新たな需要創出のための創意工夫や，知恵が価値を生み出すサービス経済化の新たな経済発展のパターンを作り上げることが不可欠になってきた。

今後は，サービス産業界が政策的な課題を検討し，積極的に政策的提言を行っていくことが望まれる。同時に，サービス産業界としても，高齢化対策などわが国の経済社会の発展にとって必要不可欠な存在になるべく強い自覚を持って自己研鑽に努めるべきである[57]。

注）
1) 出牛正芳編著[2004]228頁。
2) Kotler, P. = Keller, K. L. [2006]訳書216, 225頁。
3) 田中洋＝清水聰編[2006]272-273頁。
4) 原田＝寺本[1996]116頁。
5) 寺本＝原田編[1999]14頁。
6) 野村総合研究所[2005]16-17, 24頁。
7) 山下洋史＝村田潔[2006]177頁。
8) Kotler, P. = Hayes, T. = Bloom, P. N. [2000]訳書183頁を一部修正。
9) 谷口正和[1999]227頁を一部修正。
10) 原田＝寺本[1996]111頁。
11) Kotler, P. = Keller, K. L. [2006]訳書241頁。
12) 南方建明＝酒井理[2006]112-113。
13) 新井貴之＝金澤周子[2004]64頁。
14) 白井義男[2003]5頁。
15) 飯盛[2007]133頁。
16) 亀岡他[2007]80頁を一部修正。
17) 飯盛[1993]51頁。
18) 全日法規研究所[2003]37頁。
19) セブンイレブン・ジャパンホームページ。
20) 羽田編[2002]245頁。
21) 飯盛[1993]51, 54頁。

22) 波形克彦[2000]59-60頁を一部加筆修正。
23) 原田[2001]202頁。
24) 井沢良智＝八杉哲編[2003]22頁。
25) 江夏＝大東＝藤澤[2008]228頁。
26) Lovelock, C. H. ＝ Wirtz, J.[2007]訳書131頁を一部修正。
27) 経済産業省編[2007]189-190頁。
28) 新宅純二郎＝天野倫文[2009] 4 頁。
29) 吉原英樹[2002]248頁。
30) 原田保＝清家彰敏[1999]213，217頁。
31) 玉地康雄[2008]60頁。
32) 江夏健一＝大東和武司＝藤澤武史[2008]23頁。
33) Looy, B. V. ＝ Gemmel, P. ＝ Dierdonck, R. V.[1998]訳書664，667頁。
34) 江夏＝大東＝藤澤[2008]131，141頁。
35) 玉地[2008]61頁。
36) Lovelock, C. H. ＝ Wirtz, J.[2007]訳書140頁。
37) Simon, H. ＝ Dolan, L, R.[2002]訳書15-16頁。
38) 東洋システムエンジニアリング株式会社編[2007]54-55頁。
39) 野村[1983]193頁。
40) Lovelock, C. H. ＝ Wright, L. K.[1999]訳書250頁。
41) 青木章通[2000]89頁。
42) 奥林他[1999]259頁。
43) 青木[2000]89，92頁。
44) 東洋システムエンジニアリング株式会社編[2007]76頁。
45) Lovelock, C. H. ＝ Wiltz, J.[2007]訳書144頁。
46) 日立総合計画研究所編2004。
47) 青木[2000]104頁。
48) 経済産業省経済産業政策局[2002]80-86頁。
49) 岸川編[2007b]227頁。
50) 岩倉秀雄[2008]173頁。
51) 日本CSR協議会[2005]157頁。
52) 上林[2007]139頁。
53) 岩倉秀雄[2008]174頁。
54) 経済産業省経済産業政策局[2002]138-141頁，飯盛[2007]50，51頁，飯盛[1993]55頁を一部修正。
55) 経済産業省経済産業政策局[2002]149頁。
56) 上林[2007]108-109頁。
57) 経済産業省[2003] 8，13頁。

参考文献

＜欧文文献＞

Aaker, D. A. [1984], *Strategic Market Management*, John Wiley&Sons.（野中郁次郎＝北洞忠宏＝嶋口充輝＝石井淳蔵訳[1986]『戦略市場経営』ダイヤモンド社）

Aaker, D. A. [1991], *Managing Brand Equity*, The Free Press.（陶山計介他訳[1994]『ブランド・エクイティ戦略』ダイヤモンド社）

Aaker, D. A. [1996], *Building Strong Brands*, The Free Press.（陶山計介他訳[1997]『ブランド優位の戦略』ダイヤモンド社）

Aaker, D. A. [2001], *Developing Business Strategies*, 6th ed., John Wiley&Sons.（今枝昌宏訳[2002]『戦略立案ハンドブック』東洋経済新報社）

Abell, D. F. = Hammond, J. S. [1979], *Strategic Market Planning*, Prentice-Hall.（片岡一郎＝古川公成＝滝沢茂＝嶋口充輝＝和田充夫訳[1982]『戦略市場計画』ダイヤモンド社）

Abell, D. F. [1980], *Defining the Business : The Starting Point of Strategic Planning*, Prentice-Hall.（石井淳蔵訳[1984]『事業の定義』千倉書房）

Albrecht, K. = Zemke, R. [2002], *Service America in the New Economy*, McGraw-Hill.（和田正春訳[2003]『サービス・マネジメント』ダイヤモンド社）

Alsop = Abrams [1986], *The Wall Street Journal on Marketing*, Dow Jones & Company Inc.（目黒昭一郎訳[1989]『ウォールストリート・ジャーナル版マーケティング・コラム集』ティビーエス・ブリタニカ）

Ansoff, H. I. [1965], *Corporate Strategy : An Analytic Approach to Business Policy for Growth and Expansion*, McGraw-Hill.（広田寿亮訳[1969]『企業戦略論』産能大学出版部）

Ansoff, H. I. [1988], *The New Corporate Strategy*, John Wiley&Sons.（中村元一＝黒田哲彦訳[1990]『最新・経営戦略』産能大学出版部）

Bain, J. S. [1968], *Industrial Organization*, 2nd ed., John Wiley&Sons.（宮沢健一監訳[1970]『産業組織論』丸善書店）

Barnard, C. I. [1938], *The Functions of the Executive*, Harvard University Press.（山本安二郎＝田杉競＝飯野春樹訳[1968]『新訳　経営者の役割』ダイヤモンド社）

Barney, J. B. [2002], *Gaining and Sustaining Competitive Advantage*, 2nd ed., Pearson Education Inc.（岡田正大訳[2003]『企業戦略論　上・中・下』ダイヤモンド社）

Bartlett, C. A. = Ghoshal, S. [1989], *Managing Across Borders*, Harvard Business School Press.（吉原秀樹監訳[1990]『地球市場時代の企業戦略』日本経済新聞社）

Bartlett, C. A. = Ghoshal, S. [1992], *Transnational Management*, Richard D. Irwin.

Inc. (梅津祐良訳[1998]『MBA のグローバル経営』日本能率協会マネジメントセンター)
Bell, D. [1973], The *Coming of Post-Industrial Society*, Basic Books. (内田忠夫他訳[1975]『脱工業社会の到来　上・下』ダイヤモンド社)
Berry, L. L. = Parasuraman, A. [1991], *Marketing Services*, The Free Press.
Berry, L. L. [1999], *Discovering the Soul of Service*, The Free Press. (和田正春訳[2001]『成功企業のサービス戦略』ダイヤモンド社)
Botkin, J. [1999] , *Smart Business*, The Free Press. (米倉誠一郎監訳[2001]『ナレッジ・イノベーション』ダイヤモンド社)
Bressard, A. [1990], *Networld*, Promethee. (会津泉訳[1991]『ネットワールド』東洋経済新報社)
Carlzon, J. [1985], *Riv Pyramiderna*, Albert Bonniers Fölag AB. (堤猶二訳[1990]『真実の瞬間』ダイヤモンド社)
Chandler, A. D. Jr. [1964], *Strategy and Structure*, The MIT Press. (有賀裕子訳[2004]『組織は戦略に従う』ダイヤモンド社)
Christensen, C. M. [1997], *The Innovator's Dilemma*, Harvard Business School Press. (伊豆原弓訳[2001]『イノベーションのジレンマ増補改訂版』翔泳社)
Davenport, T. H. [1992], *Process Innovation : Reengineering Work through Information Technology*, Harvard Business Press. (卜部正夫他訳[1994]『プロセス・イノベーション』日経 BP 出版センター)
Donnelly, J. H. = Georgr, W. R. [1981], *Proceedings of Marketing of Services*, American Marketing Association.
Drucker, P. F. [1954], *The Practice of Management*, Harper&Brothers. (野田一夫監訳『現代の経営　上・下』ダイヤモンド社)
Drucker, P. F. [1974], *Management*, Harper&Low. (上田惇生訳[2007]『マネジメント』ダイヤモンド社)
Drucker, P. F. [1993], *Post-Capitalist Society*, Harper Business. (上田惇生訳[2007]『ポスト資本主義社会』ダイヤモンド社)
Drucker, P. F. [1996], *Peter Drucker on the Profession of Management*, Harvard Business School Press. (上田惇生訳[1998]『P. F. ドラッカー経営論集』ダイヤモンド社)
Evans, P. = Wurster, T. S. [1999], *BLOWN to BITS*, Harvard Business School Press. (ボストン・コンサルティング・グループ訳[1999]『ネット資本主義の企業戦略』ダイヤモンド社)
Fisk, R. P. = Grove, S. J. = John, J. [2004], *Interactive Services Marketing*, 2nd ed., Houghton Mifflin Company. (小川孔輔＝戸谷圭子訳[2005]『サービス・マーケティング入門』法政大学出版局)
Gershuny, J. I. = Miles. I. D. [1983], *The New Service Economy : The Trans-

formation of Employment in Industrial Societies, Continuum International Publishing Group Ltd. (安部真也他訳[1987]『現代のサービス経済』ミネルヴァ書房)

Ghemawat, P. [2007], *Redefining Global Strategy : Crossing Borders in A World Where Differences Still Matter*, Harvard Business School Press. (望月衛訳[2009]『コークの味は国ごとに違うべきか』文藝春秋)

Gilmore, J. H. = Pine, II, J. B. [2000], *Markets of One*, Harvard Business School Press. (DIAMOND ハーバード・ビジネス編集部訳[2001]『IT マーケティング』ダイヤモンド社)

Godin, S. [2000], *Unleashing the ideavirus*, Do You Zoom. (大橋禅太郎訳[2001]『バイラルマーケティング』翔泳社)

Grant, R. M. [2008], *Contemporary Strategy Analysis*, 6th. ed., Blackwell. (加瀬公夫監修訳[2008]『現代戦略分析』中央経済社)

Gummesson, E. [1999], *Total relationship marketing*, 2nd ed., Butterworth-Heinemann. (若林靖永=太田真治=崔容薫=藤岡章子訳[2007]『リレーションシップ・マーケティング・ビジネスの発想を変える30の関係性』中央経済社)

Hammel, P. = Prahalad, C. K. [1994], *Competing for the Future*, Harvard Business School Press. (一條和夫訳[1995]『コア・コンピタンス経営』日本経済新聞社)

Hammer, M. = Champy, J. [1993], *Reengineering the Corporation : A Manifest for Business Revolution*, Harper Business. (野中郁次郎監訳[1993]『リエンジニアリング革命』日本経済新聞社)

Hawkins, D. = Best, K. = Coney, A. C. [1983], *Consumer Behavior Implications for Marketing Strategy*, Revised ed., Business Publications, Inc.,

Heskett, J. L. [1986], *Managing in The Service Economy*, Harvard Business School Press. (山本昭二訳[1992]『サービス経済下のマネジメント』千倉書房)

Heskett, J. L. = Sasser, W. E. = Schlesinger, L. A. [1997], *The Service Profit Chain*, The Free Press. (島田陽介訳[1998]『カスタマー・ロイヤルティの経営』日本経済新聞社)

Hofer, C. W. = Shendel, D. E. [1978], *Strategy Formulation : Analytical Concept*, West Publishing. (奥村昭博=榊原清則=野中郁次郎訳[1981]『戦略策定』千倉書房)

Iacobucci, D. [2001], *Kellogg on Marketing*, John Wiley&Sons. (奥村昭博=岸本義之訳[2001]『マーケティング戦略論』ダイヤモンド社)

Iacobucci, D. = Calder, B. J. [2003], *Kellogg on Integrated Marketing*, John Wiley&Sons. (小林保彦=広瀬哲治訳[2003]『統合マーケティング戦略論』ダイヤモンド社)

Jackson, R. = Wang, P. [1994], *Strategic Database Marketing*, NTC Contemporary Publishing Group. (日紫喜一史訳[1999]『戦略的データベース・マーケティン

グ』ダイヤモンド社）

Kapferer, J. N. [1992], *Strategic Brand Management : New Approaches to Creating and Evaluating Brand Equity*, Kogan Page Ltd.

Katzenback, J. R. [1997], *Harvard Business Review Anthology Service Management*, Harvard Business School Publishing Corporation. （DIAMOND ハーバード・ビジネス・レビュー編集部[2005]『いかにサービスを収益化するか』ダイヤモンド社）

Katzenback, J. R. [1999], *Harvard Business Review Anthology Service Management*, Harvard Business School Publishing Corporation. （DIAMOND ハーバード・ビジネス・レビュー編集部[2000]『顧客サービス戦略』ダイヤモンド社）

Kim, W. C. = Mauborgne, R. [2005], *Blue Ocean Strategy*, Harvard Business School Press. （有賀裕子訳[2005]『ブルーオーシャン戦略』ランダムハウス講談社）

Kline, S. J. [1990], *Innovation Styles*, Stanford University. （鴫原文七訳[1992]『イノベーション・スタイル』アグネ承風社）

Kotler, P. = Andreasen, A. R. [1982], *Strategic Marketing for Nonprofit Organizations*, 6th ed., Pearson Education. （井関利明訳[2005]『非営利組織のマーケティング戦略』第一法規）

Kotler, P. [1997], *Marketing Management- Analysis, Planning Implementation, and Control*, 9th ed., Prentice-Hall Inc.

Kotler, P. [1999], *Kotler on Marketing : How to Create, Win, and Dominate Markets*, The Free Press. （木村達也訳[2000]『コトラーの戦略的マーケティング いかに市場を創造し，攻略し，支配するか』ダイヤモンド社）

Kotler, P. = Hayes, T. = Bloom, P. N. [2000], *Marketing Professional Services*, Prentice Hall Press. （平林祥訳[2002]『コトラーのプロフェッショナル・サービス・マーケティング』ピアソン・エデュケーション）

Kotler, P. = Bowen, J. R = Makens, J. C. [2003], *Marketing for Hospitality Tourism*, 3rd. ed., Pearson Education. （平林祥訳[2003]『コトラーのホスピタリティ＆ツーリズム・マーケティング』ピアソン・エデュケーション）

Kotler, P. = Keller, K. L. [2006], *Marketing Management*, Prentice Hall. （月谷真紀訳[2008]『コトラー＆ケラーのマーケティング・マネジメント　第12版』ピアソン・エデュケーション）

Kuhn, T. S. [1962], *The Structure of Scientific Revolutions*, The University of Chicago Press. （中山茂訳[1971]『科学革命の構造』みすず書房）

Levitt, T. [1956], *Theodore Levitt on Marketing*, Harvard Business School Press. （有賀裕子＝DIAMOND ハーバード・ビジネス・レビュー編集部訳[2007]『T. レビットマーケティング論』ダイヤモンド社）

参考文献

Levitt, T. [1960], "Marketing Myopia", *Harvard Business Review*, July-Aug., 1960.
Levitt, T. [1969], *The Marketing Mode : Pathway to Corporate Growth*, McGraw-Hill. (土岐坤訳[1971]『マーケティング発想法』ダイヤモンド社)
Levitt, T. [1974], *Marketing For Business Growth*, McGraw-Hill. (土岐坤訳[1975]『発展のマーケティング』ダイヤモンド社)
Looy, B. V. = Gemmel, P. = Dierdonck, R. V. [1998], *Services Management : An Integrated Approach*, 2nd ed., Financial Times Management. (平林祥訳[2004]『サービス・マネジメント—総合的アプローチ 上・中・下』ピアソン・エデュケーション)
Lovelock, C. = Wright, L. [1999], *Principles of Service Marketing and Management*, Prentice-Hall. (小宮路雅博監訳[2002]『サービス・マーケティング原理』白桃書房)
Lovelock, C. = Wirtz, J. [2007], *Service Marketing : people, technology, strategy*, 6th ed., Pearson Education. (武田玲子訳[2008]『ラブロック＆ウィルツのサービスマーケティング』ピアソン・エデュケーション)
Mclnerney, F. I. = White, S. [2000], *Future Wealth*, North River Ventures, Inc. (竹中平蔵訳[2000]『スピードの経営革命』三笠書房)
Meyer, D. [2006], *Setting the Table : The Transforming Power of Hospitality in Business*, Harper Collins. (島田楓子訳[2008]『おもてなしの天才』ダイヤモンド社)
Michelli, J. A. [2008], *The New Gold Standard*, McGraw-Hill. (月沢李歌子訳[2009]『ゴールドスタンダード』ブックマン社)
Mills, Q. D. [2005], *Principles of Management*, Mind Edge Press. (スコフィールド素子訳[2006]『ハーバード流 マネジメント入門』ファーストプレス)
Norman, R. [1991], *Service Management : Strategy and Leadership in Service Business*, John Wiley&Sons. (近藤隆雄訳[1993]『サービス・マネジメント』NTT出版)
Peppers, D. = Rogers, M. [1993], *The One to One Future*, Doubleyday. (井関利明監訳[1995]『One to Oneマーケティング—顧客リレーションシップ戦略—』ダイヤモンド社)
Peppers, D. = Rogers, M. [1997], *Enterprise One to One*, Doubleyday. (井関利明監訳[1997]『One to One企業戦略』ダイヤモンド社)
Porter, M. E. [1980], *Coporate Strategy*, The Free Press. (土岐坤＝中辻萬治＝服部照夫訳[1982]『競争の戦略』ダイヤモンド社)
Porter, M. E. [1985], *Competitive Advantage*, The Free Press. (土岐坤＝中辻萬治＝小野寺武夫訳[1985]『競争優位の戦略』ダイヤモンド社)
Porter, M. E. [1990], *The Competitive Advantage of Nations*, The Free Press. (土岐坤＝中辻萬治＝小野寺武夫＝戸成富美子訳[1992]『国の競争優位』ダイヤモン

ド社)

Porter, M. E. [1998], *On Competition*, Harvard Business School Press. (竹内弘高訳[1999]『競争戦略論Ⅰ・Ⅱ』ダイヤモンド社)

Power, J. D. = Denove, C. [2006], *Satisfaction*, J. D. Power and Associates. (蓮見南海男訳[2006]『J. D. パワー 顧客満足のすべて』ダイヤモンド社)

Rogers, E. M. = Shoemaker, F. F. [1971], *Communication of Innovation*, The Free Press. (宇野善康訳[1981]『イノベーション普及学入門』産業能率大学出版部)

Rogers, E. M. [1982], *Diffusion of Innovation*, The Free Press. (青池愼一=宇野善康監訳[1990]『イノベーション普及学』産能大学出版部)

Rogers, E. M. [1995], *Diffusion of Innovations*, 5th ed., The Free Press. (三藤利雄訳[2007]『イノベーションの普及』翔泳社)

Sanders, B. A. [2000], *On Service Leadership*, Betsy Sanders. (田辺希久子[2002]『サービス・リーダーシップとは何か』ダイヤモンド社)

Sanders, B. A. [1998], *The Fabled Service Organization*, Betsy Sanders. (ダイヤモンド・ハーバード・ビジネス編集部[1998]『顧客サービスの競争優位戦略』ダイヤモンド)

Schumpeter, J. A. [1912, 1926], *Theories Der Wirtschaftlichen Entwicklung*, Duncker& Humblot. (塩野谷祐一=中山伊知郎=東畑精一訳[1977]『経済発展の理論 上・下』岩波書店)

Simon, H. = Dolan, L, R. [2002], *Power Pricing : How Managing Price Transform*, The Bottom Line. (吉川尚宏監訳=エコノミクス・コンサルティング研究会訳[2002]『価格戦略論』ダイヤモンド社)

Slywotzky, A. J. [2007], *The Upside : The Strategies for Turning Big Threats into Growth Breakthroughs*, Crown Business. (伊藤元重=佐藤徳之訳[2008]『大逆転の経営』日本経済新聞出版社)

Smith, A. [1776], *An Inquiry into the Nature and Causes of the Wealth of Nations*, 5th ed., London. (大河内一男監訳[1978]『国富論Ⅰ』中央公論社)

Stauss, B. = Engelmann, K. = Kremer, A. = Luhn, A. [2008], *Services science : Fundamentals, Challenges and Future Developments*, Springer. (近藤隆雄=日高一義=水田秀行訳[2009]『サービス・サイエンスの展開』生産性出版)

Teboul, J. [2006], *Service is Front Stage*, Palgrave Macmillan. (有賀裕子訳[2007]『サービス・ストラテジー 価値優位のポジショニング』ファーストプレス)

Tidd, J. = Bessant, J. = Pavitt, K. [2001], *Managing Innovation : Integrating Technological, Market and Organizational Change*, 2nd ed., John Wiley&Sons. (後藤晃=鈴木潤訳[2004]『イノベーションの経営学』NTT出版)

Toffler, A. [1980], *The Third Wave*, Harper Collins Publishers. (徳岡孝夫監訳[1982]『第三の波』中央公論社)

参考文献

Tschirky, H. = Jung, H. H. = Savioz, P. [2003], *Technology and Innovation Management on the Move*, Orell Fussli Verlag. (ヒューゴ・チルキー訳[2005]『科学経営のための実践的MOP』日経BP社)

Turban, E. = Lee, J. = King, D. = Chung, M. H. [2000], *Electronic Commerce : A Managerial Perspective*, 1st ed., Prentice-Hall, Inc. (阿保栄司他訳[2000]『e-コマース』ピアソン・エデュケーション)

Utterback, J. M. [1994], *Mastering The Dynamics of Innovation*, Harvard Business School Press. (大津正和=小川進監訳[1998]『イノベーション・ダイナミクス』有斐閣)

Watkins, K. E. = Marsick, V. J. [1993], *Sculpting the Learning Organization*, Jossey-Bass. (神田良=岩崎尚人[1995]『学習する組織をつくる』日本能率協会マネジメントセンター)

Welch, J. F. = Byrne, J. A. [2001], *Jack Straight the from Gut*, Diane Pub Co. (宮本喜一訳[2005]『わが経営 上・下』日本経済新聞社)

Zeithaml, V. A. = Parasuraman, A. = Berry, L. L. [1986], *Servqual : A Muliple-Item Scale for Measuring Consumer Perceptions of Service Quality*, Marketing Science Institute.

Zook, C. [2007], *Unstoppable : Finding Hidden Assets to Renew the Core and Fuel Profitable Growth*, Harvard Business School Press. (山本真司=牧岡宏訳[2008]『コア事業進化論』ダイヤモンド社)

＜和文文献＞

青木淳[2003]『プライシング』ダイヤモンド社
秋場良宜[2006]『サントリー知られざる研究開発力』ダイヤモンド社
浅井慶三郎[1989]『サービスのマーケティング管理』同文舘出版
浅井慶三郎[2000]『サービスとマーケティング』同文舘出版
浅井慶三郎[2003]『サービスとマーケティング 増補版』同文舘出版
渥美俊一[2008]『21世紀のチェーンストア』実務教育出版
阿部正浩[2005]『日本経済の環境変化と労働市場』東洋経済新報社
新井貴之=金澤周子[2004]『マーケティングクイックマスター』同友館
荒木久義=牧田幸裕[2002]『ユビキタス革命』日経BP企画
安藤史江[2001]『組織学習と組織内地図』白桃書房
飯沼光夫=大平号声=増田祐司[1996]『情報経済論』有斐閣
飯盛信男[1993]『サービス産業論の課題』同文舘出版
飯盛信男[1998]『規制緩和とサービス産業』新日本出版社
飯盛信男[2001]『経済再生とサービス産業』九州大学出版会
飯盛信男[2004]『サービス産業』新日本出版社
飯盛信男[2007]『構造改革とサービス産業』青木書店

井口貢[2008]『観光学への扉』学芸出版社
池上重輔[2007]『マーケティングの実践教科書』日本能率協会マネジメントセンター
石井淳蔵＝奥村昭博＝加護野忠男＝野中郁次郎[1996]『経営戦略論』有斐閣
石井淳蔵[2001]『マーケティング』八千代出版
石丸哲史[2000]『サービス経済化と都市』大明堂
伊丹敬之[2003]『経営戦略の論理　第3版』日本経済新聞社
伊丹敬之＝軽部大[2004]『見えざる資産の戦略と論理』日本経済新聞社
一条和生[2004]『企業変革のプロフェッショナル』ダイヤモンド社
井上照幸編[2007]『ユビキタス時代の産業と企業』税務経理協会
井上富美子＝DeBlank, R.[2007]『リッツ・カールトン20の秘密』オータパブリケイションズ
井上理江[2002]『リッツ・カールトン物語』日経BP社
井之上喬[2006]『パブリック・リレーションズ』日本評論社
井原哲夫[1979]『サービス経済学入門』東洋経済新報社
井原哲夫[1990]『ポスト大企業体制　サービス分業化が経済を変える』講談社
井原哲夫[1999]『サービス・エコノミー（第2版）』東洋経済新報社
井原哲夫＝岡田康司＝中山裕登[1988]『サービスとニュービジネスの組織』第一法規出版
岩倉秀雄[2008]『コンプライアンスの理論と実践』商事法務
上田隆穂他[2004]『フードサービス業における情報化戦略とテクノロジー』中央経済社
薄井誠[2009]『図解　セブン-イレブン流　サービス・イノベーションの条件』日経BP社
内崎巌＝畑村洋太郎[2008]『リコール学の法則』文藝春秋
内山力[2006]『コーポレート・イノベーション』産業能率大学出版部
浦郷義朗[2003]『ホスピタリティがお客さまを引きつける』ダイヤモンド社
江夏健一＝桑名義晴＝IBI国際ビジネスセンター[2006]『理論とケースで学ぶ国際ビジネス』同文舘出版
江夏健一＝大東和武司＝藤澤武史[2008]『サービス産業の国際展開』中央経済社
NTT東日本法人[2001]『実践CRM構築「顧客満足」を獲得するシステム』NTT出版
大澤幸生[2006]『チャンス発見のデータ分析』東京電機大学出版局
大薗恵美＝児玉充＝谷地弘安＝野中郁次郎[2006]『イノベーションの実践理論』白桃書房
大滝精一＝金井一頼＝山田英夫＝岩田智[1997]『経営戦略』有斐閣
小川雅人他[2005]『現代のマーケティング』創風社
奥林康司他編[1999]『経営学大辞典』中央経済社

参考文献

奥林康司編[2003]『入門　人的資源管理』中央経済社
小田切宏之[2001]『新しい産業組織論』有斐閣
織畑基一[2001]『ラジカル・イノベーション戦略』日本経済新聞社
柏倉康夫＝林敏彦＝天川晃[2006]『情報と社会』放送大学教育振興会
片山又一郎[2003]『マーケティングを学ぶ人のためのコトラー入門』日本実業出版社
加藤勇夫＝寶多國弘＝尾碕眞編[2006]『現代のマーケティング論』ナカニシヤ出版
金井進他[2008]『顧客の声　分析・活用術』リックテレコム
亀岡秋男＝古川公成[2001]『イノベーション経営』放送大学教育振興会
亀岡秋男[2002]『ナレッジサイエンス』紀伊國屋書店
亀岡秋男他[2007]『サービス・サイエンス』エヌ・ティー・エス
川井十郎[1987]『ソフトサービス化戦略』海南書房
川井十郎[1990]『サービス経営学』同文舘出版
神田範明[2004]『顧客価値創造ハンドブック』日科技連出版社
上林憲行[2007]『サービス・サイエンス入門』オーム社
岸川善光[1999]『経営管理入門』同文舘出版
岸川善光他[2003]『環境問題と経営診断』同友館
岸川善光編[2004]『イノベーション要論』同文舘出版
岸川善光[2006]『経営戦略要論』同文舘出版
岸川善光編[2007a]『ケースブック経営診断要論』同文舘出版
岸川善光[2007b]『経営診断要論』同文舘出版
岸川善光[2008a]『ベンチャー・ビジネス要論（改訂版）』同文舘出版
岸川善光[2008b]『図説経営学演習（改訂版）』同文舘出版
岸川善光編[2009]『ケースブック経営管理要論』同文舘出版
岸川善光編[2010a]『エコビジネス特論』学文社
岸川善光編[2010b]『アグリビジネス特論』学文社
岸川善光編[2010c]『コンテンツビジネス特論』学文社
葛田一雄[1988]『"サービスごころ"が会社をグングン伸ばす』こう書房
工藤章＝橘川武郎＝Glenn, D. H.[2005a]『現代日本企業1　企業体制（上）』有斐閣
工藤章＝橘川武郎＝Glenn, D. H.[2005b]『現代日本企業2　企業体制（下）』有斐閣
慶應義塾大学ビジネス・スクール編[2004]『人的資源マネジメント戦略』有斐閣
経済産業省編[2002]『通商白書　平成14年版』ぎょうせい
経済産業省経済産業政策局編[2002]『イノベーションと需要の好循環』経済産業調査会
経済産業省編[2007]『サービス産業におけるイノベーションと生産性の向上に向けて』経済産業調査会
小池澄男[1998]『新・情報社会論』学文社
河野豊弘[1999]『新・現代の経営戦略』ダイヤモンド社
小林啓孝[2008]『エキサイティング管理会計』中央経済社

小森哲郎＝名和高司［2001］『高業績メーカーは「サービス」を売る』ダイヤモンド社
小山周三［2005］『サービス経営戦略——モノづくりからサービスづくりへ』NTT出版
近藤隆雄［1995］『サービス・マネジメント入門』生産性出版
近藤隆雄［2004］『新版　サービス・マネジメント入門』生産性出版
近藤隆雄［2007］『サービス・マネジメント入門　第3版』生産性出版
近藤文男＝陶山計介＝青木俊昭編［2001］『21世紀のマーケティング戦略』ミネルヴァ書房
斉藤悦子［2009］『CSRとヒューマン・ライツ』白桃書房
斉藤重雄　［2001］『現代サービス経済論』創風社
三枝利隆〔2008〕『すぐに使える顧客満足調査の進め方』生産性出版
榊原清則［1992］『企業ドメインの戦略論』中央公論社
坂口義弘［1990］『ヤマト宅急便・快進撃の秘密』青年書館
酒巻貞夫［2009］『流通革新のマーケティング』創成社
櫻井通晴編著［2004］『ABCの基礎とケーススタディ　改訂版』東洋経済新報社
作古貞義編［2006］『サービス・マネジメント概論』学文社
佐々木晃彦［2006］『文化産業論』北樹出版
笹森正［1984］『青森県の小さな地場産業』北の街社
佐藤正雄［2004］『原価管理会計』同文舘出版
塩田静雄編［2008］『現代社会の消費とマーケティング』税務経理協会
嶋口充輝［1994］『顧客満足型マーケティングの構図』有斐閣
嶋口充輝［2000］『マーケティング・パラダイム』有斐閣
清水公一［1989］『広告の理論と戦略』創成社
清水公一［1996］『共生マーケティング戦略論』創成社
清水公一［2000］『共生マーケティング戦略論　第2版』創成社
清水滋［1968］『サービスの話』日本経済新聞社
白井義男［2003］『サービス・マーケティングとマネジメント』同友館
新庄浩二＝岩崎晃＝土井教之＝井手秀樹［1990］『新・産業の経済学』昭和堂
新庄浩二編［2003］『産業組織論』有斐閣
新宅純二郎＝天野倫文［2009］『ものづくりの国際経営戦略』有斐閣
杉田芳夫［1999］『実践「企業広報」入門』中央経済社
杉原淳子［2007］『ホスピタリティ・マーケティング』嵯峨野書院
杉山公造他［2002］『ナレッジサイエンス』紀伊國屋書店
壽里茂＝桜井洋＝北沢裕［1996］『ライフスタイルと社会構造』誠製本株式会社
鈴木剛一郎［2002］『「顧客創造」時代の経営戦略』プレジデント社
鈴木貴博［2006］『アマゾンのロングテールは二度笑う——「50年勝ち組企業」をつくる8つの戦略』講談社
関下稔＝板木雅彦＝中川涼司［2006］『サービス多国籍企業とアジア経済』ナカニシヤ出版

全国大学・短期大学実務教育協会編[1999]『ビジネス実務総論—付加価値創造のための基礎実務論』紀伊國屋書店
全日法規研究所[2003]『最新・現代経営戦略事例全集』エム・シーコーポレーション
総務省編[2004]『情報通信白書　平成16年版』ぎょうせい
総務省編[2007]『情報通信白書　平成19年版』ぎょうせい
ダイヤモンド・ハーバード・ビジネス・レビュー編集部編[1998]『顧客サービスの競争優位戦略』ダイヤモンド社
ダイヤモンド・ハーバード・ビジネス・レビュー編集部編[2000]『顧客サービス戦略』ダイヤモンド社
ダイヤモンド・ハーバード・ビジネス・レビュー編集部編[2005]『いかに「サービス」を収益化するか』ダイヤモンド社
ダイヤモンド・ハーバード・ビジネス・レビュー編集部編[2006]『顧客を知り尽くし顧客を満足させる法』ダイヤモンド社
ダイヤモンド・ハーバード・ビジネス・レビュー編集部編[2006a]『顧客を知り尽くし顧客を満足させる法』ダイヤモンド社
ダイヤモンド・ハーバード・ビジネス・レビュー編集部編[2006b]『顧客サービスのプロフェッショナル』ダイヤモンド社
ダイヤモンド・ハーバード・ビジネス・レビュー編集部編[2007]『組織能力の経営論』ダイヤモンド社
田尾雅夫[2007]「モチベーション・アップ法」PHP研究所
高月璋介＝山田寛[2005]『ホテルのサービス・マーケティング』柴田書店
高野登[2005]『リッツ・カールトンが大切にするサービスを超える瞬間』かんき出版
高萩徳宗[2004]『サービスの教科書』明日香出版社
高萩徳宗[2009]『顧客「不満足」度のつかみ方・活かし方』PHPビジネス新書
高橋郁夫[1999]『消費者購買行動　小売マーケティングへの写像』千倉書房
高橋秀雄[1998]『サービス業の戦略的マーケティング　第2版』中央経済社
高橋秀雄[2009]『サービス・マーケティング戦略』中央経済社
高橋安弘[2004]『サービス品質革命「顧客とともに，CSを超えて」NECフィールディングの挑戦』ダイヤモンド社
高谷和夫[2008]『サステイナビリティ時代のマーケティング戦略』白桃書房
武石彰＝藤本隆宏＝青島矢一編[2001]『ビジネス・アーキテクチャ』有斐閣
武奈緒子[2000]『消費行動』晃洋書房
武田哲男[2006]『顧客満足の常識』PHPビジネス新書
館澤貢次[1996]『ヤマト運輸の超物流革命』オーエス出版
田中洋＝清水聰編[2006]『消費者・コミュニケーション戦略』有斐閣アルマ
田中洋[2008]『消費者行動論体系』中央経済社
田中由多加他[1990]『新・マーケティング総論』創成社
谷口正和[1999]『ライフスタイル市場』繊研新聞社

谷口正和[2008]『市場の次なる価値目線　ライフスタイルコンセプト』繊研新聞社
谷本寛治[2004]『CSR経営　企業の社会的責任とステイクホルダー』中央経済社
玉地康雄[2008]『Open Universe—2025年の未来研究』日経BP出版センター
田村正紀[1989]『現代の市場戦略』日本経済新聞社
丹下博文[2001]『企業経営の社会性研究—社会貢献・地域環境・高齢化への対応』中央経済社
力石寛夫[1997]『ホスピタリティサービスの原点』商業界
中小企業診断協会編[2004]『中小企業診断士の「経営診断・支援原則」と「業務遂行指針」』同友館
鄭森豪[2006]『ビジネス・サービス』同文舘出版
出牛正芳編著[2004]『マーケティング用語辞典』白桃書房
出口将人[2004]『組織文化のネジメント』白桃書房
寺本義也＝原田保編[1999]『パワーイノベーション①　サービス経営』同友館
寺本義也＝原田保[2006]『無形資産価値経営』生産性出版
照井伸彦＝Dahana, W. D.＝伴正隆[2009]『マーケティングの統計分析』朝倉書店
電通シニアプロジェクト編著[2007]『団塊マーケティング』電通
土井教之編[2008]『産業組織論入門』ミネルヴァ書房
東北大学経営学グループ[1998]『ケースに学ぶ経営学』有斐閣
東洋ビジネスエンジニアリング株式会社編[2007]『図解でわかる生産の実務　原価管理』日本能率協会マネジメントセンター
遠山暁＝村田潔＝岸眞理子[2008]『経営情報論　新版』有斐閣アルマ
常盤猛男[2007]『顧客満足経営事典』ファーストプレス
Toffler, A.＝田中直毅[2007]『アルビン・トフラー「生産消費者」の時代』日本放送出版協会
富澤永光＝城田吉孝＝江尻行男編[2009]『現代マーケティング』ナカニシヤ出版
鳥居保徳＝早川典雄編[2006]『物流セキュリティ時代』成山堂書店
中谷彰宏[2000]『スピードサービス』ダイヤモンド社
中谷巌[2001]『IT革命と商社の未来像』東洋経済新報社
中野安＝明石芳彦[1991]『経済サービス化と産業展開』大阪市立大学出版社
波形克彦[2000]『21世紀を勝ち抜く経営戦略』経林書房
波形克彦＝坂本晃編[2003]『サービス業のIT投資・活用成功事例集』経林書房
仁科貞文[2001]『広告効果論』電通
日本広告研究所編[2007]『基礎から学べる広告の総合講座』日本経済新聞社
日本CSR協議会[2005]『実践CSR経営』創成社
根本孝編[2006]『経営入門　マネジメント基本全集』学文社
野中郁次郎[1990]『知識創造の経営』日本経済新聞社
野中郁次郎＝竹内弘高[1996]『知識創造企業』東洋経済新報社
野中郁次郎＝山下義通他[1997]『イノベーション・カンパニー』ダイヤモンド社

野中郁次郎＝紺野登[1999]『知識経営のすすめ』筑摩書房
野中郁次郎＝紺野登[2003]『知識創造の方法論』東洋経済新報社
野村清[1983]『サービス産業の発想と戦略』電通
野村清[2008]『サービス産業の発想と戦略　改訂版』ランダムハウス講談社
野村総合研究所[2005]『第三の消費スタイル　日本人独自の"利便性消費"を解く　マーケティング戦略』野村総合研究所
畠山芳雄[1988]『サービスの品質とは何か』日本能率協会
畑村洋太郎[2005]『失敗学のすすめ』講談社
服部勝人[2004]『ホスピタリティ・マネジメント入門』丸善
服部勝人[2008]『ホスピタリティ・マネジメント入門　第2版』丸善
花井喜六[1986]『激変する産業構造』教育社
羽田昇史[1998]『サービス経済と産業組織論』同文舘出版
羽田昇史編[2002]『サービス産業経営論』税務経理協会
羽田昇史＝中西泰夫[2005]『サービス経済と産業組織　改訂版』同文舘出版
原田勝広＝塚本一郎[2006]『ボーダレス化するCSR―企業とNPOの境界を越えて』同文舘出版
原田保[2000]『eサービス』東洋経済新報社
原田保[2001]『IT時代の先端ビジネスモデル』同友館出版
原田保[2008]『日本企業のサービス戦略』中央経済社
原田保＝寺本義也[1996]『電子取引革命』東洋経済新報社
原田保＝清家彰敏[1999]『創造する経営　上巻』日科技連出版社
原田保＝三浦俊彦編[2002]『eマーケティングの戦略原理』有斐閣
原田勉[2006]『実践力を鍛える戦略ノート　マーケティング編』東洋経済新報社
林　上[2005]『都市サービス地域論』原書房
林敏彦[1994]『講座・公的規制と産業③　電気通信』NTT出版
林雄二郎[1969]『情報化社会』講談社
林田正光[2006]『サービスで小さな奇跡を起こす方法』ダイヤモンド社
林田正光[2007]『ホスピタリティの教科書』あさ出版
ビジネスプロセス革新協議会[2005]『ビジネス・プロセス・イノベーション』マネジメント社
一橋大学イノベーション研究センター編[2001a]『イノベーション・マネジメント入門』日本経済新聞出版社
一橋大学イノベーション研究センター編[2001b]『知識とイノベーション』東洋経済新報社
平川均＝石川幸一[2003]『新・東アジア経済論-改訂版』ミネルヴァ書房
平久保仲人[2005]『消費者行動論』ダイヤモンド社
平野龍一[1984]『情報化と社会』東京大学出版会
藤江俊彦＝舘輝和[1999]『経営とイメージ戦略』国元書房

古川一郎＝守口剛＝阿部誠[2003]『マーケティング・サイエンス入門』有斐閣
古川久敬[2002]『コンピテンシーラーニング』日本能率協会マネジメントセンター
北條宗男[1995]『新・原価管理システムの実際』同友館
北陸先端科学技術大学院大学MOTコース編集委員会サービスサイエンス・イノベーションLLP編[2007]『サービスサイエンス』エヌ・ティー・エス
干川剛史[2008]『現代社会と社会学』同友館
マーケティング史研究会[1993]『マーケティング学説史　アメリカ編』同文舘出版
マーケティング史研究会[1998]『マーケティング学説史　日本編』同文舘出版
町田守弘＝大竹佳憲[2003]『実践ロイヤル・カスタマー経営　顧客戦略で小売業の再生を目指すFSP』コンピュータ・エージ社
松江宏＝秋山憲治＝村松潤一＝謝憲文＝村松幸廣[1994]『サービス産業と国際化』愛知大学経営総合科学研究所
松尾睦[2009]『学習する病院組織』同文舘出版
松田義郎＝鈴木昭男＝花上雅男[1995]『信頼と好意の企業イメージ創造』日経広告研究所
水野肇＝山田紘祥他[1988]『健康とレジャーの組織』第一法規出版
三菱UFJリサーチ＆コンサルティング[2006]『図解　経営キーワード』日本実業出版社
南方建明＝酒井理[2006]『サービス産業の構造とマーケティング』中央経済社
南知惠子[2006]『顧客リレーションシップ戦略』有斐閣
三宅隆之[1999]『現代マーケティング概論』同友館
宮崎勇[1996]『日本経済図説　第二版』岩波書店
宮沢健一[1987]『産業の経済学』東洋経済新報社
室井鐵衛[1985]『行動空間へのマーケティング』誠文堂新光社
守口剛[2002]『プロモーション効果測定』朝倉書店
森本典繁＝澤谷由里子[2005]『サービス・サイエンスの可能性』ダイヤモンド社
森本三男編[1999]『実践経営の課題と経営教育』学文社
山上徹＝堀野正人編[2001]『ホスピタリティ・観光事典』白桃書房
八巻俊雄編[1994]『広告用語辞典』東洋経済新報社
山崎和海[1997]『情報化戦略とシステムパラダイム』中央経済社
山下洋史＝村田潔[2006]『スマート・シンクロナイゼーション』同文舘出版
山本昭二[2007]『サービス・マーケティング入門』日本経済新聞出版社
山本哲士[2008]『ホスピタリティ原論』文化科学高等研究院出版局
横山隆治[2006]『究極のターゲティング　次世代ネット広告テクノロジー』宣伝会議
吉澤兄一[2005]『超同期世代のマーケティング』同文舘出版
吉原英樹他[1981]『日本企業の多角化戦略　経営資源アプローチ』日本経済新聞社
吉原英樹[2002]『国際経営論への招待』有斐閣
渡辺一明[2000]『コンピテンシー成果主義人事』日本実業出版社

渡辺利夫[2004]『東アジア市場統合への道』勁草書房

＜雑誌・論文＞

青木章通[2000]「サービス業における経常的な管理会計の検討」『三田商学研究』第43巻第2号，2000年6月

『明日の食品産業』2008年6月号，食品産業センター

経済産業省[2003]「東アジアにおける経済連携強化に向けた経済協力の在り方についての調査」アジアダイナミズム研究会・国際開発センター

『経済産業ジャーナル』2007年7月号，経済産業調査会

『月刊レジャー産業資料』2006年3月号，綜合ユニコム

『月刊ロジスティクス・ビジネス』2006年7月号

『国民生活』「金融サービスの融合化と消費生活」2006年3月号，独立行政法人国民生活センター

小宮山康朗[2008]「携帯電話企業とホスピタリティ・マネジメント」『Hospitality』2008年3月号，日本ホスピタリティ・マネジメント学会

商務情報政策局[2007]「サービス産業におけるイノベーションと生産性向上に向けて」(報告書)

『宣伝会議』2007年5月15日号，宣伝会議

『宣伝会議』2008年8月1日号，宣伝会議

Diamond Harvard Business Review 編[1997]『顧客関係性のマーケティング戦略』ダイヤモンド社

Diamond Harvard Business Review 編[1999]『顧客生涯価値のマーケティング』ダイヤモンド社

Diamond Harvard Business Review 編[2001]『カスタマー・エクイティ戦略』ダイヤモンド社

Diamond Harvard Business Review 編[2003]『顧客接点のマネジメント』ダイヤモンド社

Diamond Harvard Business Review 編[2004]『顧客満足の戦略シナリオ』ダイヤモンド社

Diamond Harvard Business Review 編[2009]『競争の技術』ダイヤモンド社

西崎信男[2005]「中小企業とホスピタリティ・マネジメント：中小企業経営におけるホスピタリティの重要性」『Hospitality』2005年3月号，日本ホスピタリティ・マネジメント学会

『日経ビジネス』1982年12月27日号，日経BP社

日経ビジネス ON LINE (2009年2月4日)

『日本経済新聞』2010年2月3日朝刊，日本経済新聞社

『日本経済新聞』2010年2月17日朝刊，日本経済新聞社

服部勝人[2004]「営利・非営利組織におけるホスピタリティ・マネジメント」

『Hospitality』2004年3月号，日本ホスピタリティ・マネジメント学会
東珠実＝小田奈緒美［2008］『社会とマネジメント』「ミニ・ミュンヘンにおける消費者教育―消費者市民の主体形成の視点から」6巻1号
『マーケティングジャーナル』1999年3月号，日本マーケティング協会
『流通小売市場百書』2003年6月30日号，矢野経済研究所市場開発室

＜URL 等＞

IBMホームページ〈http://www.ibm.com/us/en/〉
MBA用語集〈http://gms.globis.co.jp〉
経済産業省［2003］，サービス産業フォーラム「サービス産業の輝く未来に向けて」〈http://www.meti.go.jp/publication/2003_07.html〉
経済産業省［2004］，サービス産業フォーラム〈http://www.meti.go.jp/report/downloadfiles/g30422b03j.pdf〉
経済産業省［2005］，中進国グループサービス業　ASEAN事例国の産業人材育成分野の現状と課題75〈http://www.jica.go.jp/jica-ri/publication/archives/jica/field/pdf/200512_edu_05〉
経済産業省［2006］，「サービス産業の革新に向けて」2006年6月〈http://www.meti.go.jp/press/20060609003/chuukan,torimatome-set.pdf＃search＝'サービス産業の革新に向けて　経済産業省'〉
経済産業省（通商白書）〈http://www.chusho.meti.go.jp/hakusho/tsusyo/soron/H16/03-04-02-02.html〉
経済産業省報告書〈http://www.meti.go.jp/report/downloadfiles/g30324b03j.pdf〉
経済産業省ホームページ〈http://www.meti.go.jp/discussion/topic_2003_07/kikou_03.htm〉
ザ・リッツ・カールトン・ホテルホームページ〈http://corporate.ritzcarlton.com/ja/About/OurHistory.htm〉
japan.internet.com ウェブニュース〈http://japan.internet.com/wmnews/20080226/11.html〉
商務情報政策局サービス政策課ホームページ〈http://blog.goo.ne.jp/chikibosai/e/af2395ce286daf8dfef07b3df7a08ab〉
セブンイレブン・ジャパンホームページ〈http://www.sej.co.jp/mngdbps/_material_/localhost/pdf/2000/022901.pdf〉
総務省統計局ホームページ［2008］〈http://www.stat.go.jp/data/topics/topi411.htm〉
総務省（日本標準産業分類）〈http://www.stat.go.jp/index/seido/sangyo/1.htm〉
総務省（日本標準産業分類　大・中分類項目新旧対照表）〈http://www.stat.go.jp/index/seido/sangyo/19-4.htm〉

参考文献

総務省（平成18年度事業所・企業統計調査）〈http://www.stat.go.jp/data/jigyou/2006/index.htm〉

大和証券グループ　CSR報告書〈http://www.daiwa-grp.jp/branding/report/pdf/2009_Sustainability_Report/09_report_all.pdf〉

大和総研〈http://www.dir.co.jp/souken/research/report/emg-inc/biz-model/09020202biz-model.pdf〉

東芝ホームページ〈http://www.toshiba.co.jp/tech/review/2006/12/61_12pdf/a02.pdf〉

TOTOホームページ〈http://www.refonavi.com/feature/kaigol/toto.html〉

日本林業経営者協会〈http://www.rinkeikyo.jp/2004teigen/teigen1.html〉

ニュース・ネット・メディア2006年9月21日〈http://japan.cnet.com/sp/research_column_market/story/0,3800106084,20239927,00.htm〉

日立総合計画研究所編2004年11月11日〈http://itpro.nikkeibp.co.jp/free/NGT/govtech/20050413/159142/〉

マイクロソフトホームページ〈http://www.microsoft.com/ja/jp/default.aspx〉

ヤマトホームページ〈http://www.kuronekoyamato.co.jp/index.html〉

索　引

あ　行

イノベーション・プロセス・モデル　216
イノベーション論　45
eビジネス　225,228
イメージ戦略　119
STP戦略　114
エンパワーメント　161

か　行

開発途上国　197
価格マネジメント　118
学際化　72
学習　160
学習する組織　175
価値の創出・提供　199
業際化　73
競争優位　93
競争力の源泉　95
クレーム対応システム　142,144
経営資源　67
経営戦略の構成要素　38
経営戦略論　37
経済のサービス化　6
原価管理　250
広告　119
顧客維持　110,148
顧客価値　132
顧客価値ヒエラルキー　133
顧客接点　147
顧客満足　84,137
顧客ロイヤルティ　139
　――のはしご　141
国際化　75
コンピテンシー　158

さ　行

サービス　2
　――の工業化　89
　――の生産性　54
　――の定義　2
　――の特性　3

　――の品質　55
　――の分類　4
サービス・イノベーション　48,210,222
サービス化　8
　――の進展　8
　――の要因　9
サービス・コンセプト　63
サービス財の特質　41
サービス産業　193
　――の成長要因　13
　――の分類　11
　――の問題点　31
サービス・トライアングル　166
サービス・ビジネス　16
　――の環境要因　184
　――の構成要素　60
　――の定義　21
　――の特性　58
　――の役割　62
サービス・プロセス　168
サービス・プロセス・イノベーション　171
サービス・プロフィット・チェーン　135
サービス保証　145
サービス・マーケティング　110,113
サービス・マネジメント　91
産業構造　43
産業組織論　28
持続可能な競争優位　97
社会的責任　256
従業員満足　165
需要バランス　90
消費者行動　236
情報経済論　41
情報的資源　70
新価値創出　213
新価値創造　223
真実の瞬間　147
人的資源　69,158
スピードの経済　202
スマイル・カーブ　195
生産性　47
生産性向上　212

セグメンテーション　115
戦略的提携　242
組織構造　173
組織文化　173

た　行

第一次産業　189
第三次産業　192
第二次産業　191
ターゲティング　115
知識資産　218
統合　201
同時性（一過性）　3
ドメイン　80

な　行

NIEs　196
日本標準産業分類　12
認識の困難性　4

は　行

バリュー・デリバリー・システム　226
ビジネス　21
　——の6要素　21
　——の定義　21
ビジネス・システム　84

ビジネス・モデル　81
非貯蔵性　3
不可逆性　4
プライシング　114, 117
プロセス管理　168
プロモーション　119
ペティ＝クラークの法則　29
ポジショニング　116
ホスピタリティ　106

ま　行

マーケティング・ミックス　33
マーケティング論　32
無形性　4

や　行

融合　199
4C　34
4P　33

ら　行

ライフタイル　236
リーダーシップ　174
リレーションシップ　110, 150
ロイヤルカスタマー　140

<編著者略歴>

岸川善光（KISHIKAWA, Zenko）
- 学　歴：東京大学大学院工学系研究科博士課程（先端学際工学専攻）修了。博士（学術）。
- 職　歴：産業能率大学経営コンサルティングセンター主幹研究員、日本総合研究所経営システム研究部長、同理事、東亜大学大学院教授、久留米大学教授（商学部・大学院ビジネス研究科）を経て、現在、横浜市立大学教授（国際総合科学部・大学院国際マネジメント研究科）。その間、通産省（現経済産業省）監修『情報サービス産業白書』白書部会長を歴任。1981年、経営コンサルタント・オブ・ザ・イヤーとして「通産大臣賞」受賞。
- 主要著書：『ロジスティクス戦略と情報システム』産業能率大学、『ゼロベース計画と予算編成』（共訳）産能大学出版部、『経営管理入門』同文舘出版、『図説経営学演習（改訂版）』同文舘出版、『環境問題と経営診断』（共著）同友館（日本経営診断学会・学会賞受賞）、『ベンチャー・ビジネス要論』（編著）同文舘出版、『イノベーション要論』（編著）同文舘出版、『ビジネス研究のニューフロンティア』（共著）五弦社、『経営戦略要論』同文舘出版、『経営診断要論』同文舘出版（日本経営診断学会・学会賞（優秀賞）受賞）、『ケースブック経営診断要論』（編著）同文舘出版、『ケースブック経営管理要論』（編著）同文舘出版、『エコビジネス特論』（編著）学文社、『アグリビジネス特論』（編著）学文社、『コンテンツビジネス特論』（編著）学文社など多数。

朴慶心（PARK, Kyeong Sim）
- 学　歴：久留米大学大学院ビジネス研究科博士前期課程修了。修士（経営学）。現在、横浜市立大学大学院国際マネジメント研究科博士後期課程在学中。
- 主要著書・論文：『エコビジネス特論』（共編著）学文社、『アグリビジネス特論』（共編著）学文社、『コンテンツビジネス特論』（分担執筆）学文社、「半導体市場における韓国企業の競争優位戦略の枠組みと特徴に関する一考察―三星・東芝・インテルの比較分析の視点から―」久留米大学大学院ビジネス研究科など。

サービス・ビジネス特論

2011年2月25日　第一版第一刷発行

編著者　岸川善光
発行所　株式会社　学文社
発行者　田中千津子

〒153-0064　東京都目黒区下目黒3-6-1
電話(03)3715-1501(代表)　振替 00130-9-98842
http://www.gakubunsha.com

落丁、乱丁本は、本社にてお取り替え致します。
定価は、売上カード、カバーに表示してあります。

印刷／東光整版印刷㈱
<検印省略>

ISBN 978-4-7620-2079-7
© 2011 KISHIKAWA Zenko　Printed in Japan

岸川善光編著／特論シリーズ

「よい理論とは、
ソリューションにおいて
パワフルでなければならない」

従来のビジネス論、マネジメント（経営管理）理論を超える5つのテーマに着眼。数百冊におよぶ内外の先行研究を網羅し、体系的な総論に基づいた各論とケーススタディにより今日的課題を検証。豊富な図表と併せた立体的な記述スタイルで「理論と実践の融合」をめざす全5冊。

エコビジネス特論 Eco-business

岸川 善光 編著／朴 慶心 編著補　　　（既刊・本体3000円　ISBN978-4-7620-2076-6）

エコビジネスの今日的意義をふまえ、生成と発展の背景やその体系を考察。また法規制、市場動向、国際間競争について各企業のケーススタディを含めつつ分析。「環境経営特論」等の教科書・参考書として、また実務家の自己啓発書としても有意義。

アグリビジネス特論 Agri-business

岸川 善光 編著／朴 慶心 編著補　　　（既刊・本体3000円　ISBN978-4-7620-2077-3）

食料自給率の低下，食の安全性の問題など，国防に匹敵する国民生活上極めて重要なテーマであるアグリビジネスを取り上げる。総論と各論から構成。

コンテンツビジネス特論 Contents Business

岸川 善光 編著 （既刊・本体 3000 円　ISBN978-4-7620-2078-0）

次世代を牽引するコンテンツビジネスを文字媒体産業，音楽・音声媒体産業，映画媒体産業，ゲーム産業，コンシューマー・ジェネレイテッド・メディアの5分野に焦点をあて，さまざまな視点から考察する。

サービス・ビジネス特論 Service Business

岸川 善光 編著 （既刊・本体 3000 円　ISBN978-4-7620-2079-7）

意義、生成・発展、体系、経営戦略、サービス・マーケティング、顧客価値創造、組織マネジメント、各産業におけるサービス・ビジネス化、イノベーションと情報化、そして今日的課題についてケーススタディをふくめ解析。

スポーツビジネス特論 Sports Business

岸川 善光 編著 （近刊・ISBN978-4-7620-2080-3）
近刊につきましては内容が一部変更されることがあります。